中等职业学校教学用书（计算机技术专业）

网页制作基础教程
（Dreamweaver CS3 版）

黄洪杰　王　军　主编
田　敏　副主编
史建军　主审

電子工業出版社
Publishing House of Electronics Industry
北京 · BEIJING

内 容 简 介

本书以Dreamweaver CS软件为依托，以建立一个网站为实例过程，系统地介绍网页的设计与制作过程。本教材对文字、图像、超链接、样式、行为、AP元素和表单等网页元素的含义及应用进行了详细的讲解，并且加入Dreamweaver与Fireworks、Flash的整合应用，最后介绍网站的管理方法和上传步骤。

本书从基础知识和基本操作入手，循序渐进，直观明了地阐述了各知识点，并配有大量的图片和实例，使读者在本书的指导下能够自己建立简单的网站，制作和维护网页，尤其是制作动态网页，并学会申请空间和上传网页。

本书是中等职业学校的教材，兼顾了目前中等职业教育的几种办学模式（中专、职高、技校）的特点和差异，淡化了各类中等职业学校的界限，可以作为上述几类中等职业学校的教材，也可以作为具有中等文化程度的学生、计算机爱好者和工程技术人员自学的参考教材。

本书还配有电子教学参考资料包（包括电子教案、教学指南及习题答案）。

图书在版编目（CIP）数据

网页制作基础教程：Dreamweaver CS3版/黄洪杰，王军主编. —北京：电子工业出版社，2009.7
中等职业学校教学用书·计算机技术专业
ISBN 978-7-121-09111-7

I. 网… II. ①黄…②王… III. 主页制作—图形软件，Dreamweaver CS3—专业学校—教材 IV. TP393.092

中国版本图书馆CIP数据核字（2009）第102224号

策划编辑：关雅莉
责任编辑：肖博爱　　　　特约编辑：李新承
印　　刷：北京京师印务有限公司
装　　订：北京京师印务有限公司
出版发行：电子工业出版社
　　　　　北京市海淀区万寿路173信箱　邮编　100036
开　　本：787×1 092　1/16　印张：13.5　字数：345.6千字
版　　次：2009年7月第1版
印　　次：2016年8月第8次印刷
定　　价：23.00元

凡所购买电子工业出版社图书有缺损问题，请向购买书店调换。若书店售缺，请与本社发行部联系，联系及邮购电话：（010）88254888，88258888。

质量投诉请发邮件至zlts@phei.com.cn，盗版侵权举报请发邮件至dbqq@phei.com.cn。
本书咨询联系方式：（010）88254617，luomn@phei.com.cn。

前　言

本教材适应中等职业教育课程改革的需要，特别是面向学分制的模块式课程和综合化课程的需要，并增强了课程的灵活性、适用性和实践性。本教材的体系采用模块化结构、单元组合、任务驱动的模式，在每个单元学完后能掌握部分基本知识，学会一些操作技能，最后完成一个具体任务；通过将几个单元形成一个模块，将几个小任务组合成一个大任务，并以完成任务为手段，实现教学目标。

本教材既兼顾目前中等职业教育的几种办学模式（中专、职高、技校）的特点和差异，又淡化了各类中等职业学校的界限。将培养目标统一定位在“具有综合职业能力，在生产、服务、技术和管理第一线工作的高素质劳动者及初、中级专门人才”上，淡化“技术员”和“操作工人”的界限。

本教材的知识和技能体系按照由浅入深、先易后难的原则，采用双重模块结构，增强了课程的灵活性和适用性。教材设计为 5 个模块，分别是网页制作前的准备、网页布局与规划、网页的编辑、服务器的配置，以及网页的管理与上传。其中前 4 个模块为基础模块，要求开设该课程的学校必须完成这些模块的教学；网页的管理与上传为选修模块，可以根据地区和学校的实际情况酌情选用。

本课程的参考教学时数为 72 学时。全书共分 10 章。第 1 章，网站的建立；第 2 章，网页的布局；第 3 章，网页的编辑；第 4 章，超链接的创建与管理；第 5 章，样式表与行为；第 6 章，AP 元素和时间轴；第 7 章，表单的使用；第 8 章，图像和动画的制作与优化；第 9 章，网页的管理；第 10 章，网页的上传。其中，第 1～4、9、10 章为本书的重点。

本教材由黄洪杰、王军担任主编，田敏老师任副主编，青岛科技大学的周新老师和青岛外事学校的王钰等老师参加了本书的编写工作。史建军老师审阅了全书。

编者意在奉献给读者一本实用并具有特色的教材，但由于水平有限，难免有不妥之处，敬请广大师生和读者批评指正。

为了方便教师教学，本书还配有教学指南、电子教案及习题答案（电子版）。请有此需要的教师登录华信教育资源网（www.hxedu.com.cn）免费注册后再进行下载，有问题时请在网站留言板留言或与电子工业出版社联系（E-mail:hxedu@phei.com.cn）。

编　者

2009 年 7 月

目 录

第1章 网站的建立

1.1 网页与制作工具

作为全球性的最大计算机网络——因特网以丰富的资源，多样的表现形式吸引着广大网民，被称为继报纸、广播、电视之后的“第四媒体”。而它与其他三大媒体相比的优势在于，除了及时、迅速、形式多样外，还始终有一个开放的原则，也就是说，只要你有一台连入网络的计算机，就可以成为因特网的一部分。

加入因特网的最佳方式就是拥有一个属于自己的网站。

1.1.1 网页与网站

当我们在因特网上浏览的时候，见到的每一张页面都可以称其为网页。那什么是网页呢？简单地说，网页就是把文字、图形、声音和影片等多种媒体形式的信息，以及分布在因特网上的各种相关信息相互链接起来而构成的一种信息表达方式。

我们平常阅读书籍，内容采用的都是一种线性结构，也就是说，只有看完第 1 章，才能看第 2 章，否则内容的衔接就会出现问题。而因特网采用了一种网状的结构，浏览者可以根据自己的喜好随时改变阅读的顺序。这种形式就是超文本，改变顺序的就是超链接。

实际上，在一些词典及大百科全书中，早已采用了这种链接式的信息表达方式。例如，在某书中，对“虎”字的解释如下。

虎，又称老虎，是一种大型食肉野生动物，属猫科哺乳动物，产于亚洲。			
参见：动物	（第 104 页）；猫科动物	（第 201 页）；	
哺乳动物	（第 316 页）；亚洲	（第 276 页）。	

这里面的“第 104 页”、“第 201 页”、“第 316 页”和“第 276 页”分别用来标明“动物”、“猫科动物”、“哺乳动物”和“亚洲”等词的内容在大百科全书中的位置。读者在阅读时，只要到上述页码查阅相关信息，就可以全面了解“虎”这个字的含义了。

网页中仅仅有文字内容是不够的，还需要加入其他内容进行修饰，如图片、声音、动画等。有了这些内容的帮助，人们见到的网页才会色彩斑斓，妙趣横生。网站就是由一个个网页构成的。

如果把因特网上的每个网站看成一本书，那么在浏览网站时看到的每个画面就是这本书中的一页，也就是我们说的网页。而在进入网站后显示的第一个网页，我们称其为“主页”。主页就像一本书的目录，它是所有网页的索引页。通过单击主页上的超级链接，可以打开这个网站中的其他网页。

现在，人们已经不满足于仅仅在因特网上浏览，而是通过制作网页，加入因特网的大家庭，向他人展示自己的爱好、才能等个性化的东西。其中，最明显的例子莫过于博客的兴起。不论普通的网民，还是影视界、体育界、文化界的明星，都纷纷建立自己的博客，亲自撰稿，表达自己对生活、对世界的看法。一些名人的博客日浏览量甚至超过了一般的门户网站，如图 1.1 所示的是电影工作者徐静蕾的博客。

博客即 BLOG，又称网志，是一种有时间特性、分类的、可通过评论等形式实现作者与读者的交流的、有符合通用标准的内容摘要的网站内容管理系统（CMS）。

图 1.1　徐静蕾的博客

博客具有简单、可操作性强等优点，但往往受到服务商的功能限制，甚至不能随意更改文字和图片的位置。程式化的模板给人一种千篇一律的感觉。要想充分展示自己的个性魅力，发掘自己的能力，还是要使用专业的网页制作软件，建立一个属于自己的网站，按照自己的想法设计网页。

在本教材中，网站的建设是通过制作网页来完成的，网页之间通过超链接连接起来，掌握这些技能就可以制作出一个简单的网站，进而加入到因特网的大家庭中。

1.1.2　HTML

早期制作网页需要熟练掌握超文本标记语言（Hyper Text Markup Language，HTML），它用来描述某个事物应该如何合理地显示在计算机屏幕上。也可以说，HTML 就是以特殊的标记形式存储为通常的文本文件。我们能够用文本文件编辑软件（如记事本）打开 HTML 文件或编辑 HTML 文件。而要把 HTML 文件显示出来，必须借助 Microsoft Internet Explorer 或 Netscape Communicator 等因特网浏览器。

除了用于控制文本如何在浏览器内显示外，HTML 还包括很多不同的组件。例如，我们可以随心所欲地在网页上添加对象、建立项目列表、创建表格及表单等。而它最大的功能是在世界范围内，通过超链接，使当前网页与因特网上的其他网页连接起来。

用 HTML 语言来制作网页是一件非常麻烦的事。如果用 HTML 语言来描述如图 1.2 所示的“中央电视台”主页，将会是如图 1.3 所示的样子。窗口右端的滚动条清楚地告诉我们窗口中显示的仅仅是整个 HTML 文件的一小部分。

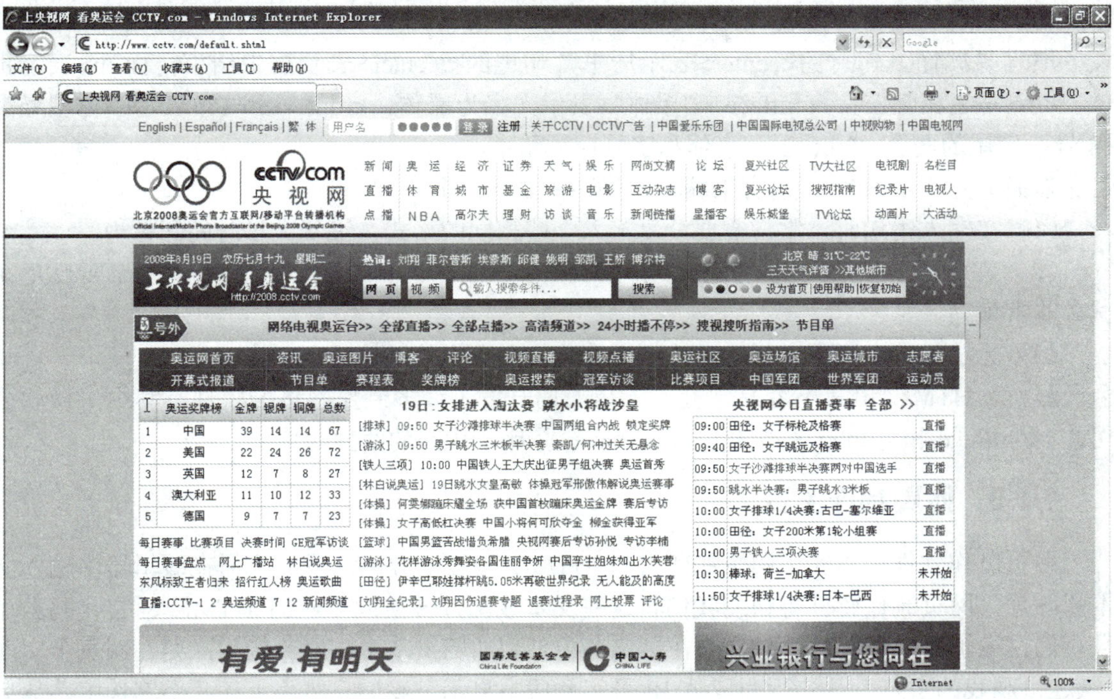

图 1.2　“中央电视台”主页

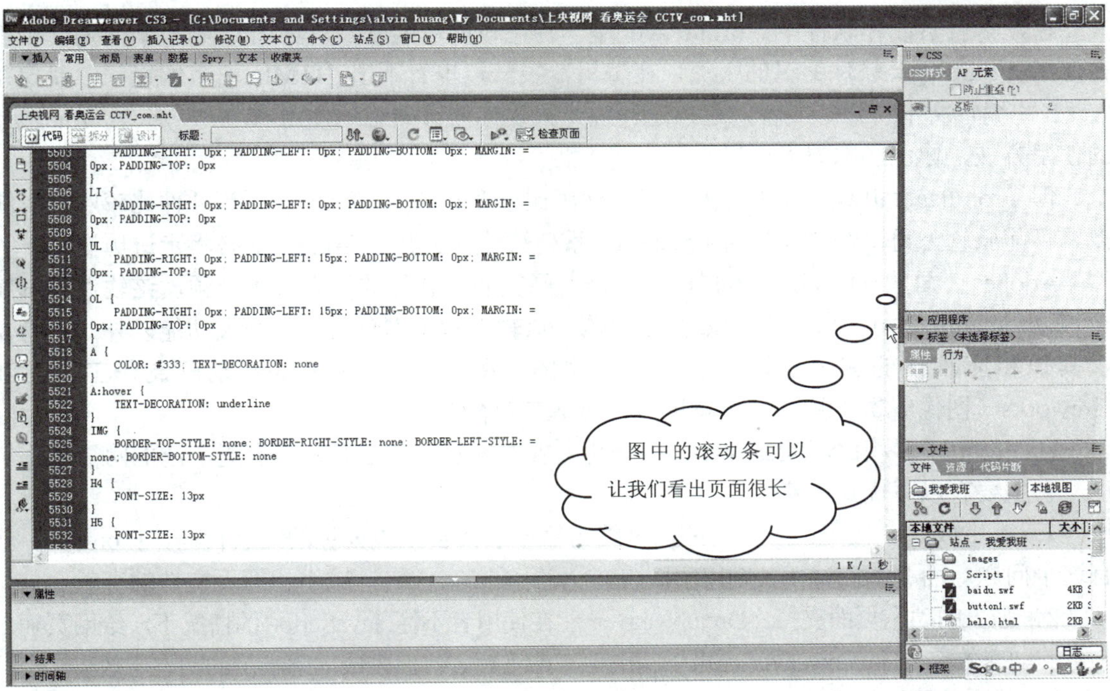

图 1.3　用 HTML 来描述“中央电视台”主页

其实 HTML 文件并不像我们想象的那样难以读懂，只是比较烦琐罢了。只要认真观察，很容易发现各语句之间的规律。例如，我们要在网页上实现“欢迎参观我的网页”这句话为黑体 18 号字并居中显示，相应的 HTML 语句如下：

```
<center><b><fontface ="黑体"><font size=18>欢迎参观我的网页</font> </font> </b> </center>
```

很容易读懂，句首的<center>表示居中，句尾的</center>表示居中结束；而<b>表示粗体，</b>与之相呼应；<fontface ="黑体">表示文字为黑体，<font size=18>表示字体型号为 18 号，句尾的两个</font>表示字体和字号设置结束。

显而易见，用 HTML 语言来编辑软件存在以下几个缺点。

（1）在输入语句时，常常需要反复输入一些相同的格式，浪费大量时间和精力。

（2）在编辑器中无法准确地知道网页在浏览器中显示的样子，为此往往需要反复调试，非常烦琐。

（3）无法对多个网页进行管理，更无法确知网页中的链接是否正确。

显然，HTML 语言不容易掌握，于是人们开发了许多制作网页的软件。其中，微软公司的 FrontPage 和 Adobe 公司的 Dreamweaver 是比较优秀的两种。

1.1.3 网页制作工具

网页制作软件可以实现网页制作者与 HTML 语言的分离，我们只需在编辑器中输入文本或图片，网页制作软件将帮助我们将这些文本或图片转换成相应的 HTML 语言代码。而且我们在编辑器中见到的效果，与在浏览器中见到的网页基本相同。例如，要在网页上实现“欢迎参观我的主页”这句话为黑体 18 号字并居中显示，我们只需将上述几个字选中，然后像在 Word 中一样，将其变成希望的样子，网页制作软件会自动将其变为浏览器认识的 HTML 语言代码。

在众多网页制作软件中，FrontPage 是一种比较简单的软件。如图 1.4 所示的是一个正在使用 FrontPage 软件编辑的主页，在编辑器中一点也看不出 HTML 语言的影子，就像在 Word 中编辑文本一样。或者，可以这样说，只要你能够熟练地使用 Word，那么 FrontPage 的使用方法，你已经掌握了一半。

但 FrontPage 也具有体积庞大、冗余代码比较多、插入 Flash 动画等插件比较麻烦等缺点。目前微软公司已经放弃了对 FrontPage 系列软件的更新，FrontPage 必将走进历史。

Adobe 公司的 Dreamweaver 现在占据着网页制作软件的最大市场份额，该软件原本属于 Macromedia 公司，后被 Adobe 公司收购。该软件除了本身具有的强大功能以外，还得益于其他相应软件的有力支持。它和该公司的另外两个产品 Flash（动画制作工具）和 Fireworks（图像编辑工具）一起被称为“网络三剑客”。

和 FrontPage 相比，Dreamweaver 是更专业的网页制作工具，拥有更广泛的网页制作者群。它主要有以下优点。

（1）不生成冗余代码。可视化的网页编辑器一般都会生成大量的冗余代码，FrontPage 就有这个问题。而 Dreamweaver 在使用时完全不生成冗余代码，减小了网页文件的容量。

（2）强大的动态页面支持。Dreamweaver 能在使用者不懂 JavaScript 的情况下，给网页加入丰富的动态效果。Dreamweaver 还可以精确地对层进行定位，生成动感十足的动态层效果。

（3）优秀的网站管理功能。在已定义的本地站点中，改变文件的名称、位置，Dreamweaver 会自动更新相应的超级链接。

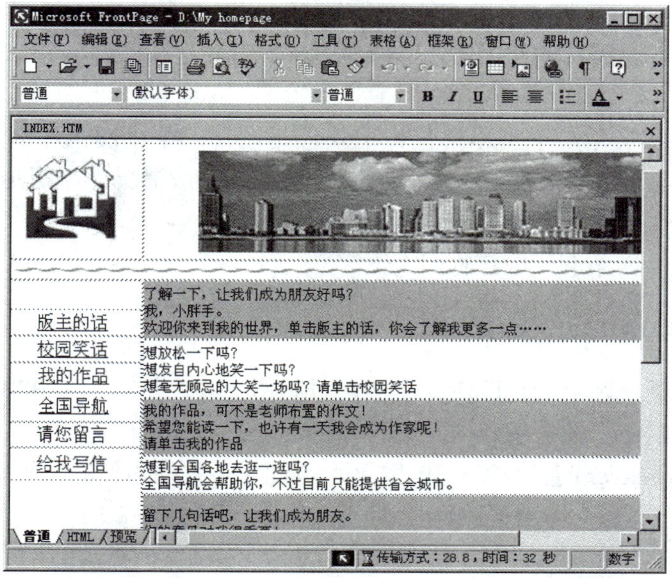

图 1.4　使用 FrontPage 软件编辑的主页

（4）便于扩展。使用者可以给 Dreamweaver 安装各种插件，使其功能更强大。若有兴趣，还可以自己给 Dreamweaver 制作插件，使 Dreamweaver 更适应个人的需求。

Dreamweaver 操作界面如图 1.5 所示。

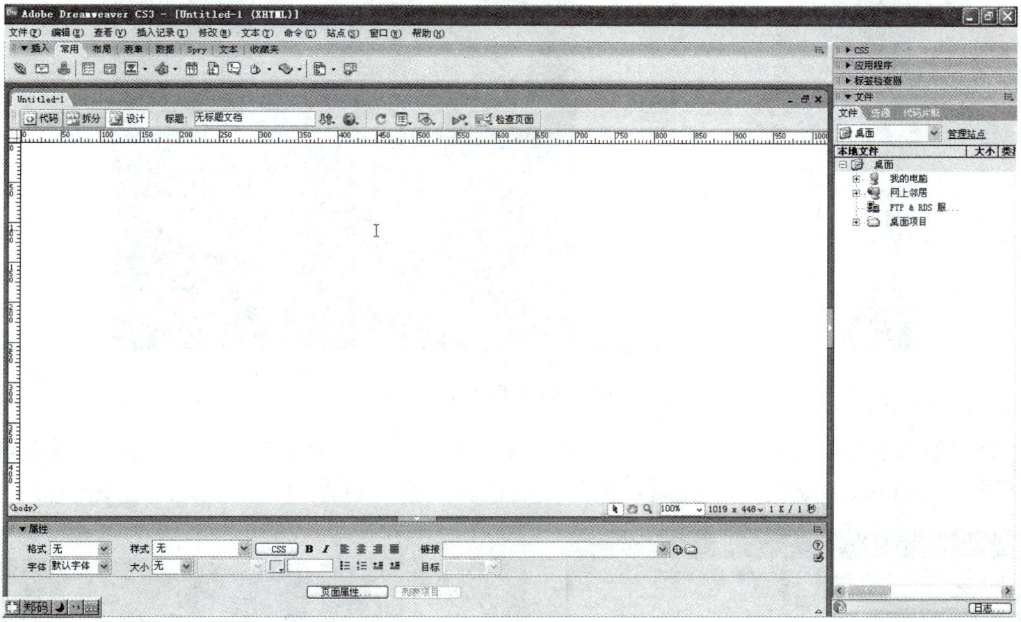

图 1.5　Dreamweaver 操作界面

Dreamweaver 目前的最新版本是 Dreamweaver CS3。本书以 Dreamweaver CS3 为依托，详细介绍网页的制作方法。由于该软件采用了浮动面板等设计风格，与我们通常使用的 Office 工具栏略有不同，因此在学习的过程中要多加练习，认真体会，争取在短时间内能够灵活使用该软件，为以后的网页制作打好基础。

1.2 使用 Dreamweaver 建立网站

在因特网上，网页是一个基本单位。但仅仅是制作一个个网页，然后把它们链接起来是不够的，这样容易造成整体的混乱，也不利于管理。一般情况下，都是先建立一个网站，然后再制作网页，使得网页的制作符合整个网站的规范。

这一节探讨建立网站的一般过程。

1.2.1 Dreamweaver 概述

Dreamweaver 是一种“所见即所得”的网页制作工具，其对于 DHTML（动态网页）的支持非常好，可以制作出许多精彩的互动页面特效。

下面用 Dreamweaver 建立一个空的网页，通过这一系列的任务，了解 Dreamweaver 的工作界面。

以 Windows XP 为例，单击任务栏上的“开始”→“所有程序”，→“Adobe Dreamweaver CS”命令，启动 Dreamweaver，如图 1.6 所示。

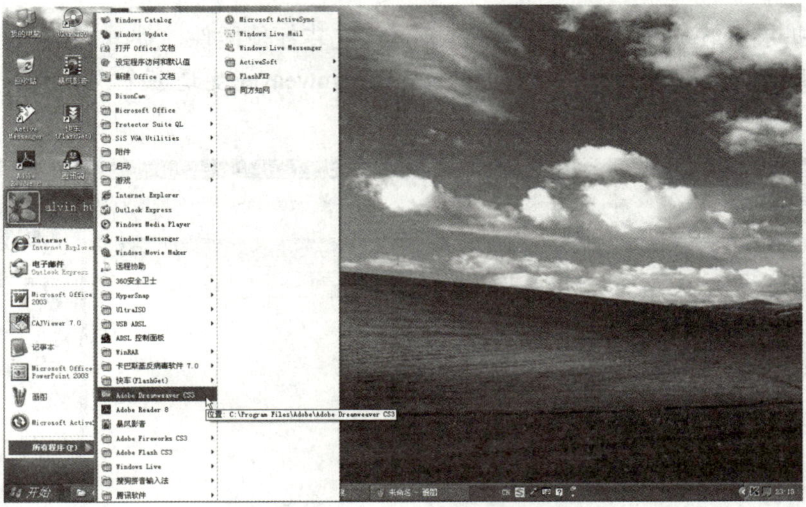

图 1.6 启动 Dreamweaver

第一次启动 Dreamweaver 时，会出现如图 1.7（左）所示的“工作区设置”对话框，让用户选择 Dreamweaver 的工作界面。在此使用默认选择，直接单击“确定”按钮即可。

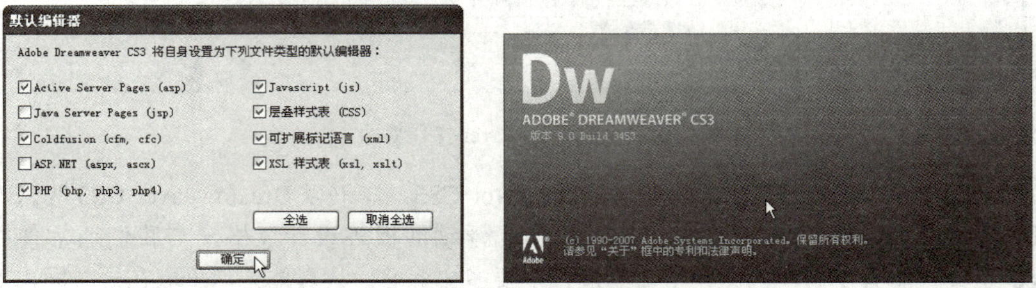

图 1.7 Dreamweaver 的提示窗口

接着屏幕上会出现一个欢迎画面，如图 1.7（右）所示。随后显示的是 Dreamweaver 的工作窗口，如图 1.8 所示。

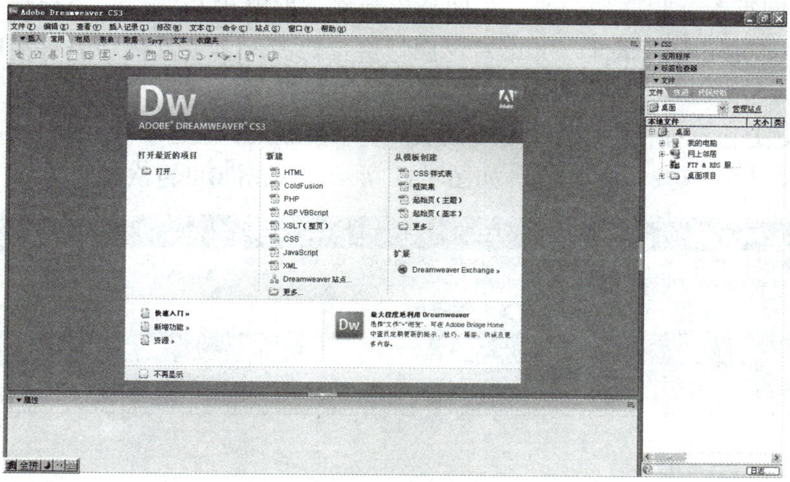

图 1.8　Dreamweaver 的工作窗口

首先映入眼帘的是一个 Dreamweaver 的起始页——欢迎屏幕，这是为方便网页制作者而设计的。在这个起始页，可以非常方便地打开、新建或者从模板中创建网站和网页。如果你不喜欢这个起始页，可以选择下方的“不再显示”复选框，将它关闭。这时会弹出一个警告对话框，提示你如何再将这个欢迎屏幕打开，单击“确定”按钮可以将这个对话框关闭，如图 1.9 所示。

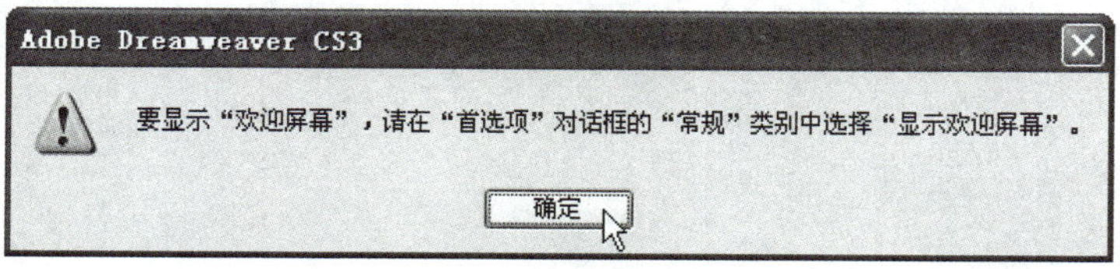

图 1.9　警告对话框

在欢迎屏幕中间的“新建”区域单击“HTML”，可以看到 Dreamweaver 建立了一个空白的网页，清晰地展示在屏幕上，如图 1.10 所示。

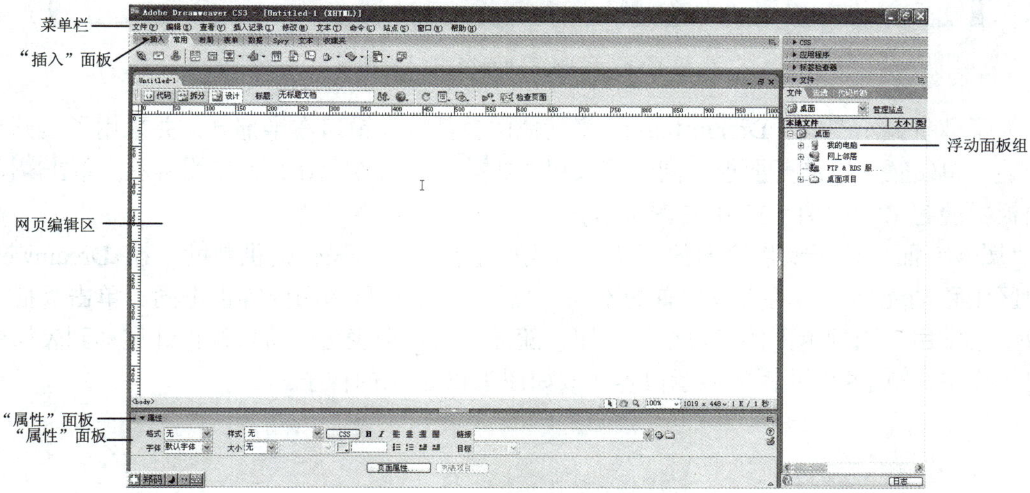

图 1.10　Dreamweaver 建立的雪白网页

第一次启动 Dreamweaver，千万别被上面密密麻麻的各种面板吓倒，其实常用的只有几个。其中“插入”面板共有 7 个独立的选项卡，在网页编辑的过程中，可通过单击面板上的按钮来为网页添加相应的元素，如图片、表格、框架和 Flash 等；“属性”面板则用于显示所选中的网页元素的属性，并可对该属性进行修改。各项具体功能将在以后的章节中分别介绍。

窗口的右边是浮动面板组，如果觉得网页的显示区域太小，可以单击浮动面板左侧的，关闭浮动面板，此时该按钮变成，如图 1.11 所示。单击可再次打开浮动面板。

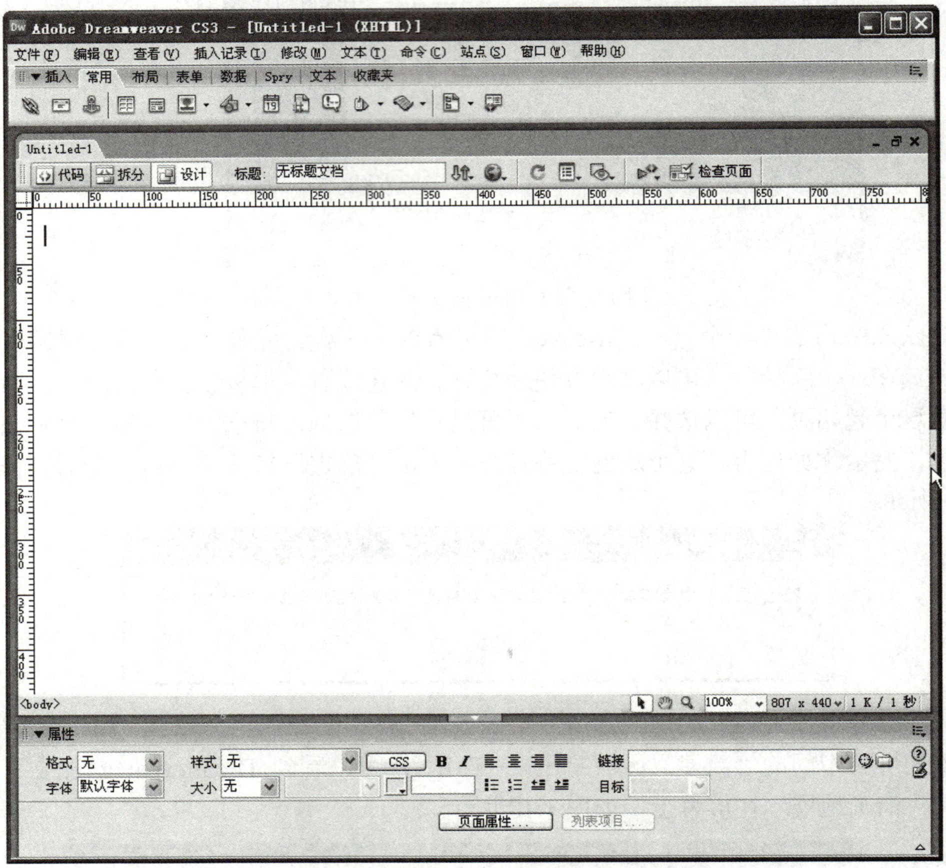

图 1.11　关闭浮动面板组后的界面

为了节省显示空间，Dreamweaver 将其他面板都放在窗口右半部分，并采用了展开与折叠功能。单击可以展开面板，同时该按钮变成状，如图 1.12 中左图所示；单击可以将面板折叠起来，如图 1.12 中右图所示。

“属性”面板位于操作窗口的下端，为我们正在进行的操作提供帮助。在 Dreamweaver 编辑区中移动光标，随着光标位置的不同，“属性”面板显示的内容也不同。单击“插入”面板中“常用”选项卡下的“表格”按钮，随便插入一个表格，将鼠标指针移动到表格的一个单元格中，“属性”面板的显示内容变成如图 1.13 所示的样子。

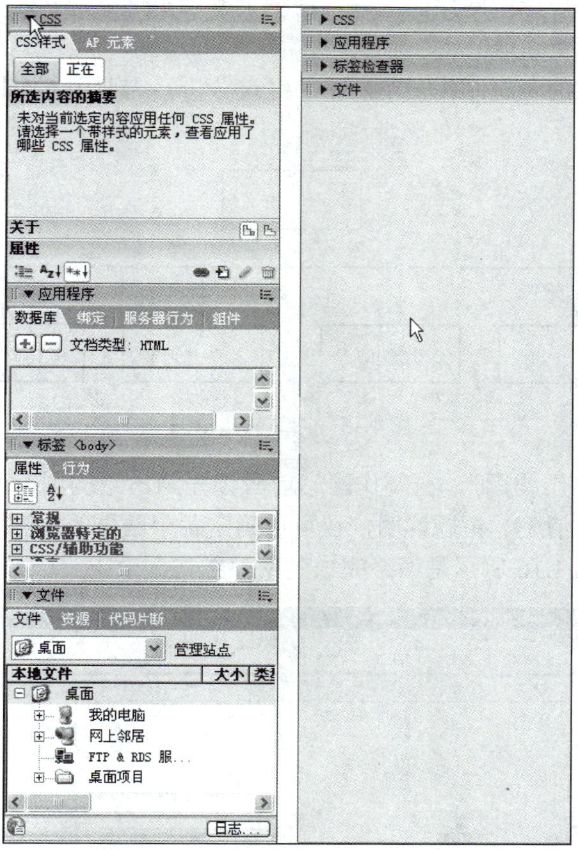

图 1.12　展开与折叠面板后的界面

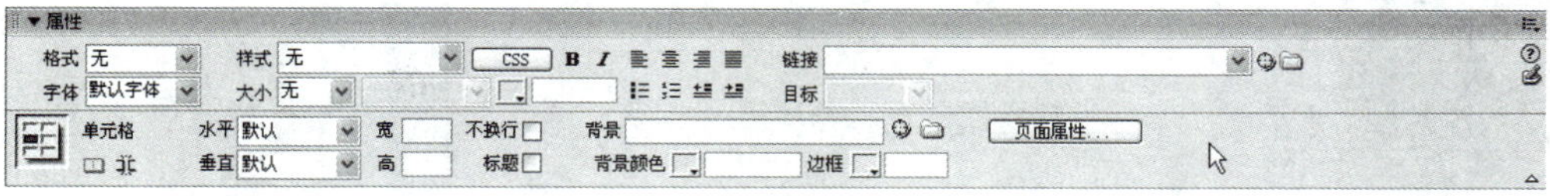

图 1.13　光标在表格中时“属性”面板的显示内容

单击“插入”面板中“常用”选项卡下的“图像”按钮，随便插入一个图片，单击鼠标，选中图片，“属性”面板的显示内容变成如图 1.14 所示的样子。

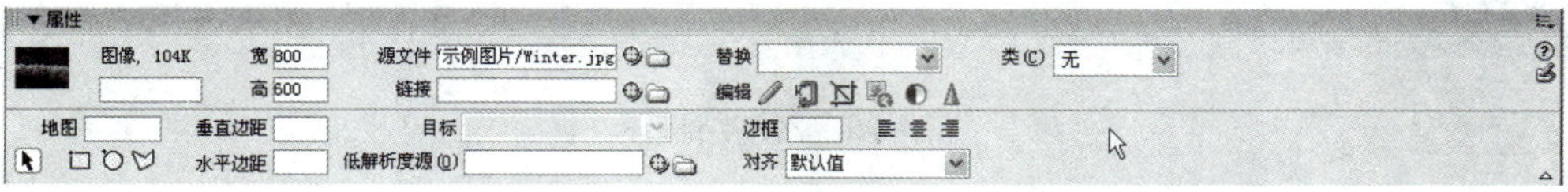

图 1.14　选中图片后“属性”面板的显示内容

选择菜单栏上的“文件”→“关闭”命令，可以关闭打开的网页。如果打开别的网站或新建一个网站，原来的网站将被自动关闭。

1.2.2　建立网站前的准备工作

为全面地展示一个主题，需要制作若干个网页，这些网页互相链接构成一个网站。在开始建立网站前，首先要确定网站的主题，根据主题确定这个网站需要由多少个网页构成，以及这些网页间的关联关系等。

例如，为我们所在的班级制作一个网站。经过分析，需要用 5 个网页来展示这个网站的主题，如图 1.15 所示。

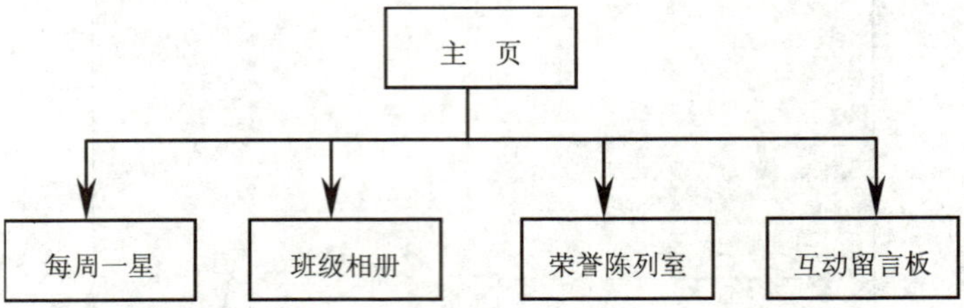

图 1.15　网站制作草图

这个图称为“网站结构图”。在制作网站前应该先画出结构图，这样不但可以帮助规划网站结构，使网站条理清楚、主题鲜明，还可以确定各个网页的内容，方便大家思考各网页之间的链接方式。如图 1.16 所示是最终完成的网站结构图效果。

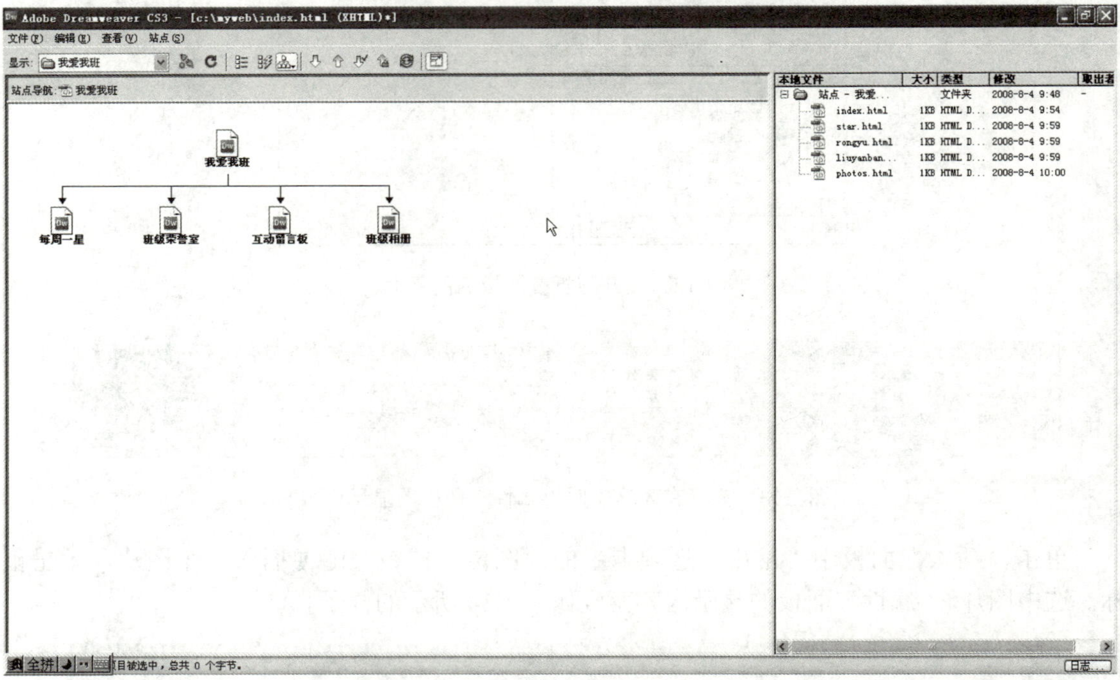

图 1.16　网站结构图

通常，网页中除了文字外，还应该包含图片、声音和动画等内容。这些资料都要在确定网站主题后、制作网页前准备好，并存放在一个专门的文件夹中。如图 1.17 所示，我们为制作“我爱我班”的网站准备了许多资料，都分类存放在 C 盘的“网页素材”文件夹中。

这个文件夹中共有 3 个子文件夹。其中，“images”文件夹中存放的是图片素材；“sound”文件夹中存放的是一些声音素材；“other”文件夹中存放的是制作网页时需要的其他相关素材。

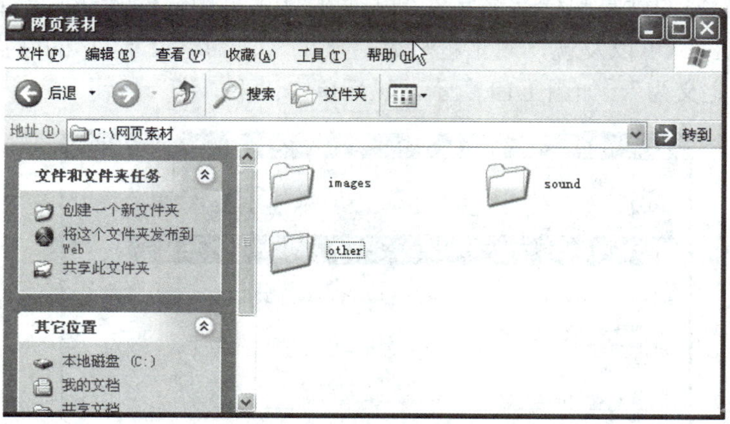

图 1.17 “网页素材”文件夹

1.2.3 建立空站点

在 1.2.2 节中，我们轻而易举地就建立了一个空白的网页，那么用这种方法建立多个网页是否就可以组成一个网站呢？这种方法是错误的。因为即使通过超链接把这些网页链接起来也不能组成一个统一的整体，这会给网站的管理带来相当大的麻烦。

正确的步骤：首先建立一个网站，然后在这个网站中建立网页，引入图片文件、音频文件、动画文件等支持网页正确显示的文件，逐渐充实网站内容，使它变得丰富多彩。这样建立的网站一直在整个系统的监视下，工作效率也更高。

如果没有关闭欢迎屏幕，在欢迎屏幕中的“新建”区域单击“Dreamweaver 站点……”选项，或者在 Dreamweaver 工作窗口中，选择菜单栏中的“站点”→“新建站点”命令，打开“未命名站点 1 的站点定义为”对话框。操作如图 1.18 所示。

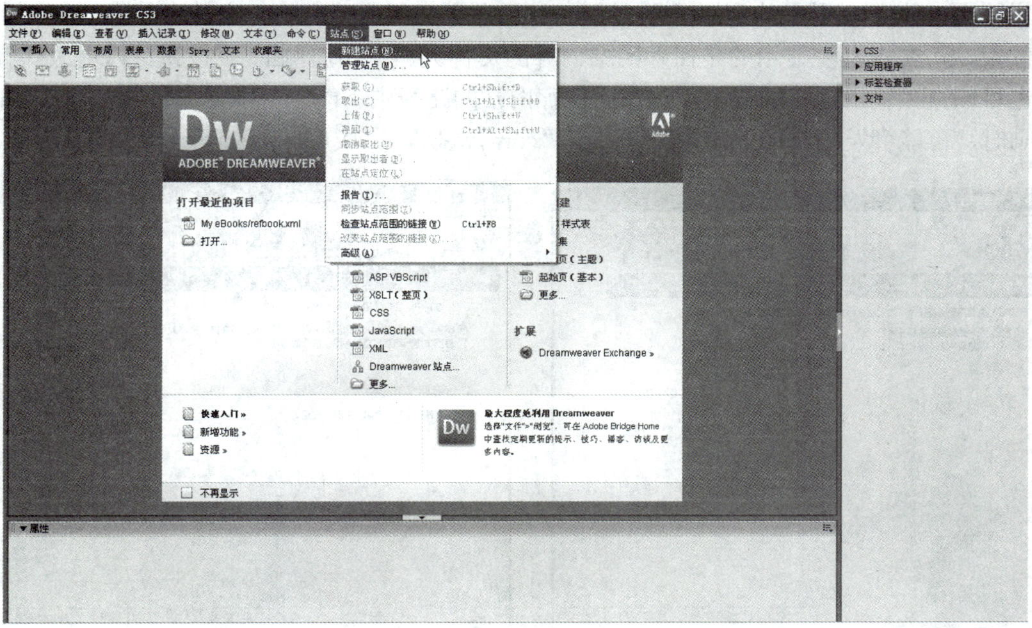

图 1.18 选择“新建站点”命令

在“您打算为您的站点起什么名字？”下面的文本框中，输入新站点的名称。在此我们输入“我爱我班”，可以发现，对话框标题栏上的“未命名站点 1 的站点定义为”变成“我爱我班的站点定义为”，如图 1.19 所示，然后单击“下一步”按钮。

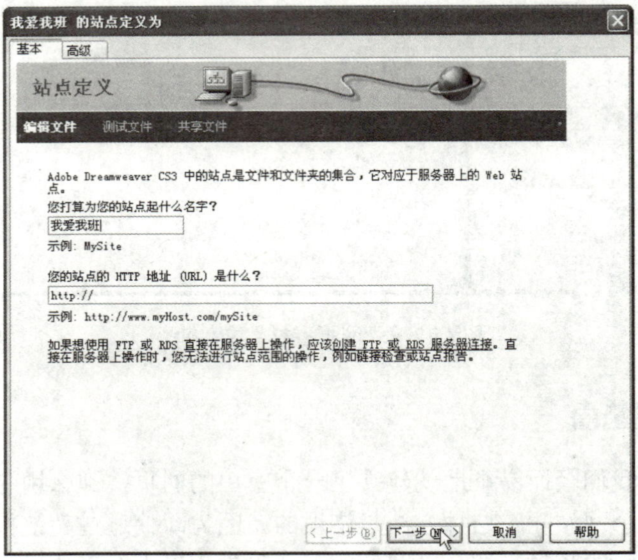

图 1.19　输入站点名称

此时进入如图 1.20 所示的对话框，在此处可以选择是否需要使用服务器技术。目前在网页中常常会采用大量动态技术，如 ASP 等，而这些技术往往需要服务器支持，否则不能正常显示。本例只是要建立一个简单的网站，所以在此选择“否”。在后面的学习过程中，我们将修改站点设置，使它支持动态技术。单击“下一步”按钮，进入如图 1.21 所示的对话框。

在如图 1.21 所示的对话框中要选择编辑网页的方式。本例采用默认方式，即先在计算机上编辑网页，完成后再上传到服务器上。在对话框下半部分“您将把文件存储在计算机上的什么位置？”文本框，显示的是保存网站内容的文件夹，单击右侧的按钮可以更改保存位置，也可以直接输入保存的位置。注意：保存网站的路径中不能含有中文，否则在插入 Flash 等动画时，可能会发生错误。图中输入的是“c:\myweb”，完成后单击“下一步”按钮。

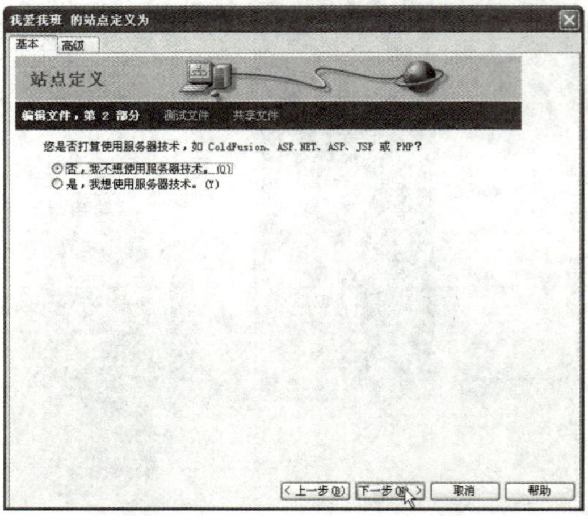

图 1.20　选择服务器技术

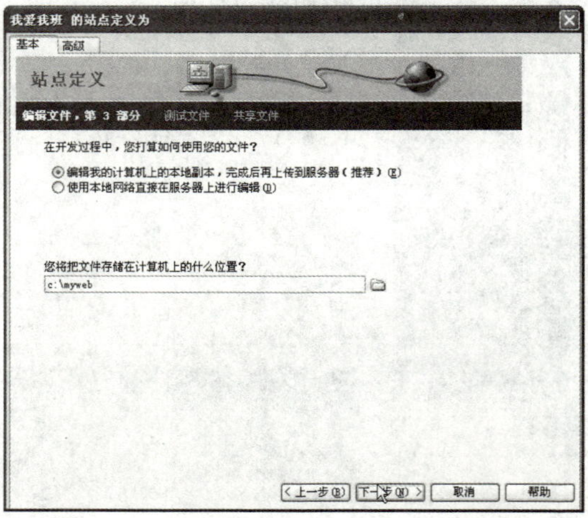

图 1.21　选择网页编辑方式

在如图 1.22 所示的对话框中，单击“您如何连接到远程服务器？”下拉列表框右侧的按钮，从下拉列表中选择“本地/网络”方式；在“您打算将您的文件存储在服务器上的什么文件夹中？”文本框内输入网站文件所在的文件夹名称，也可以单击文本框右侧的按钮更改保存位置。完成后单击“下一步”按钮，进入如图 1.23 所示的对话框。

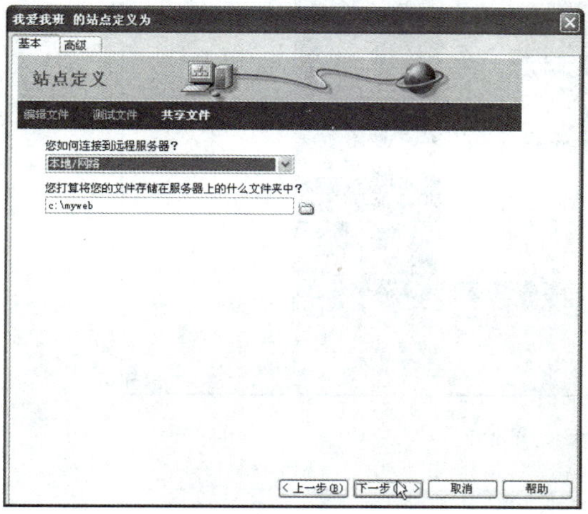

图 1.22　选择远程服务器方式

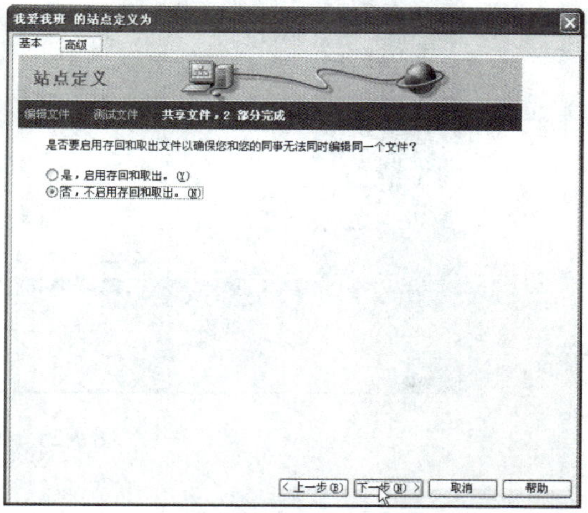

图 1.23　选择存取方式

在如图 1.23 所示的对话框中，可以选择是否让别人和你同时编辑同一个网页，该选项主要用于多人同时操作建立的大型网站。本例采用默认值“否”，单击“下一步”按钮，进入如图 1.24 所示的对话框。

在如图 1.24 所示的对话框中，显示了我们刚才对网站进行的设置内容。如果对设置不满意，可单击“上一步”按钮，返回前面的设置步骤重新设置。最后单击“完成”按钮，完成新建网站的操作，返回 Dreamweaver 工作窗口。

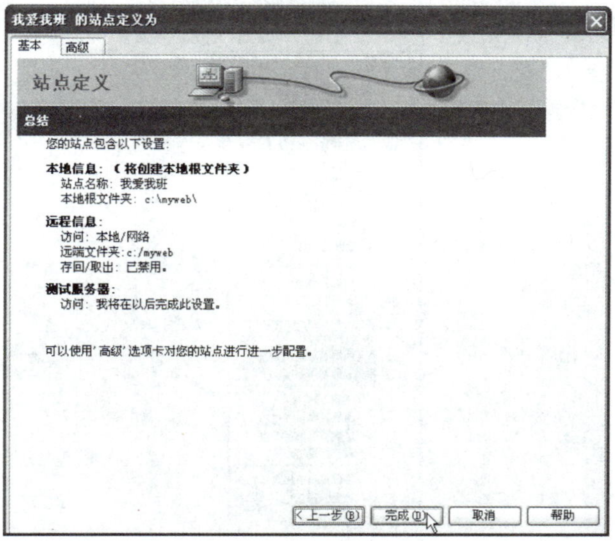

图 1.24　完成新建网站的操作

此时在窗口右端的浮动面板中，“文件”面板自动打开，在“文件”选项卡中显示出刚才新建的网站，如图 1.25 所示。接下来就可以制作属于自己的网页了。

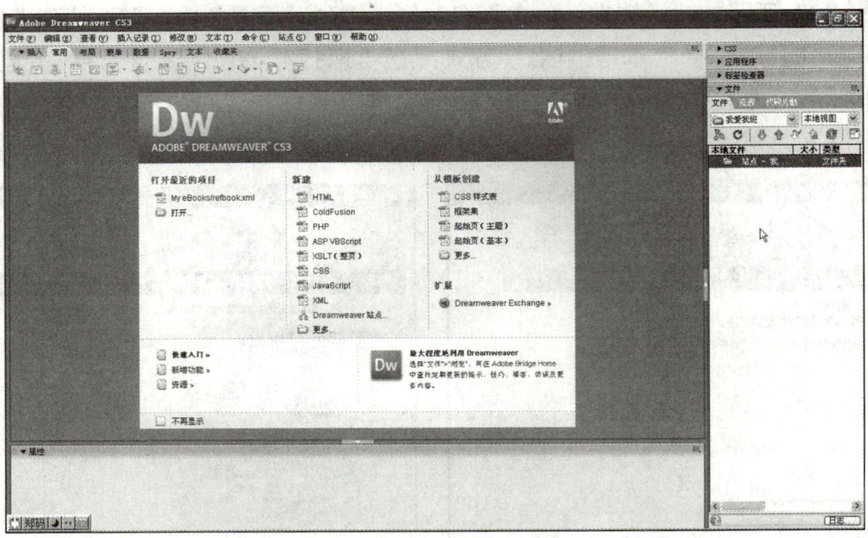

图 1.25　网站成功建立

1.2.4　在网站中添加网页

在浮动面板“文件”项的“文件”选项卡中，将鼠标指针移到站点名称上，单击鼠标右键，在弹出的快捷菜单中选择“新建文件”命令，如图 1.26 所示。则站点文件夹被展开，同时自动建立一个名为“untitled.html”的网页，如图 1.27 所示。如果建立的网站支持服务器技术，则此网页名为“untitled.asp”。

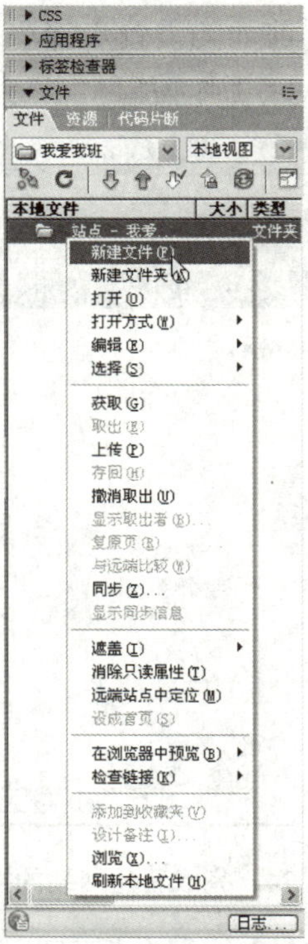

图 1.26　选择“新建文件”命令

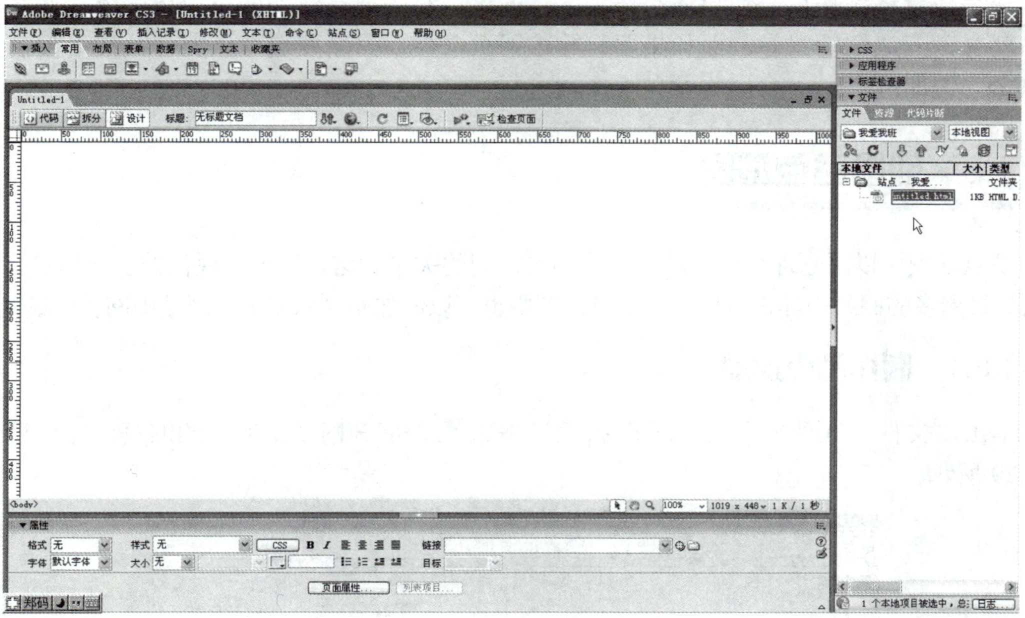

图 1.27　网页“untitled.html”自动建立

1.2.5　更改网页文件名

网页建立以后，名称栏中的“untitled.html”处在选定状态，可直接输入“index.html”作为新的网页文件名，今后该网页将作为整个网站的主页。网站主页的名称通常都是“index.html”或“index.asp”等。当我们在浏览器地址栏中输入网址按“Enter”键后，服务器就会自动查找并打开名为“index.html”或“index.asp”的网页文件。

用同样的方法可以建立网页“star.html”、“photos.html”、“rongyu.html”和“liuyanban.html”，结果如图 1.28 所示。

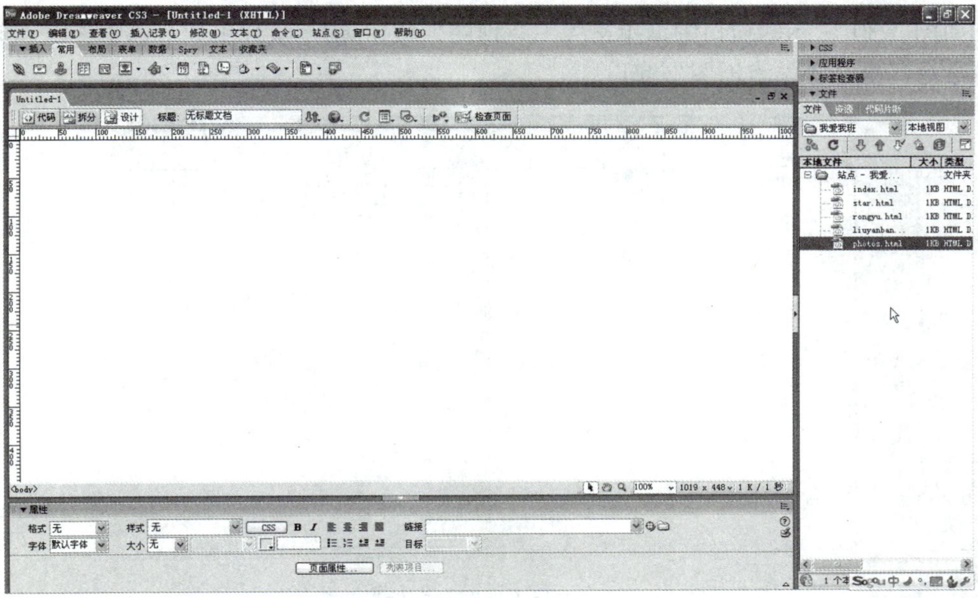

图 1.28　建立所有的网页

在完成上述操作后，如果还需要为文件改名，只需要在浮动面板中单击该文件名，文件名就立刻变成编辑状态。而如果要删除该网页文件，只需要选中该文件，按下键盘上的“Delete”键即可。

1.3　创建站点地图

站点地图可以清晰地显示网站中各个网页之间的关系，这种高度可视化的表现形式在制作网页数目繁多的网站中非常有用。在站点地图中也可以添加、删除或更改网站中网页的链接。

1.3.1　制作站点地图

单击“文件”选项卡中的“展开/折叠”按钮，展开网站中所有的网页，窗口显示如图 1.29 所示。

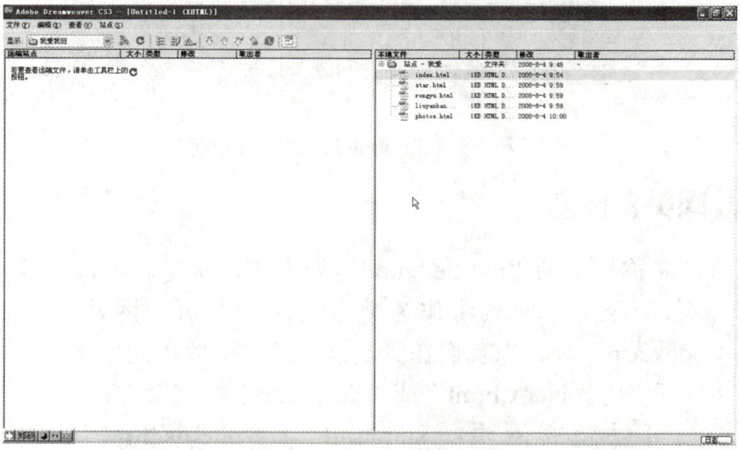

图 1.29　展开网站中所有的网页

在如图 1.30 所示的窗口中，单击“站点地图”按钮，从弹出的菜单中选择“地图和文件”命令，打开“站点地图”窗口。

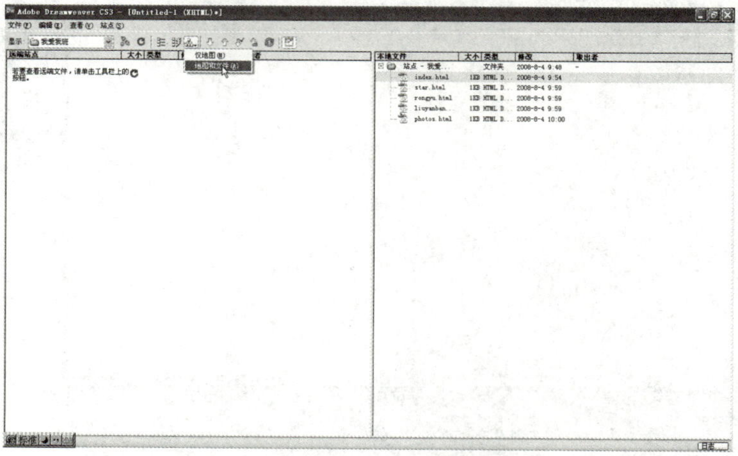

图 1.30　选择“地图和文件”命令

在如图 1.30 所示的窗口右侧文件列表中找到站点下的“index.html”，用鼠标右键单击该文件名，在弹出的快捷菜单中选择“设成首页”命令，把“index.html”设置为这个网站的主页，如图 1.31 所示。

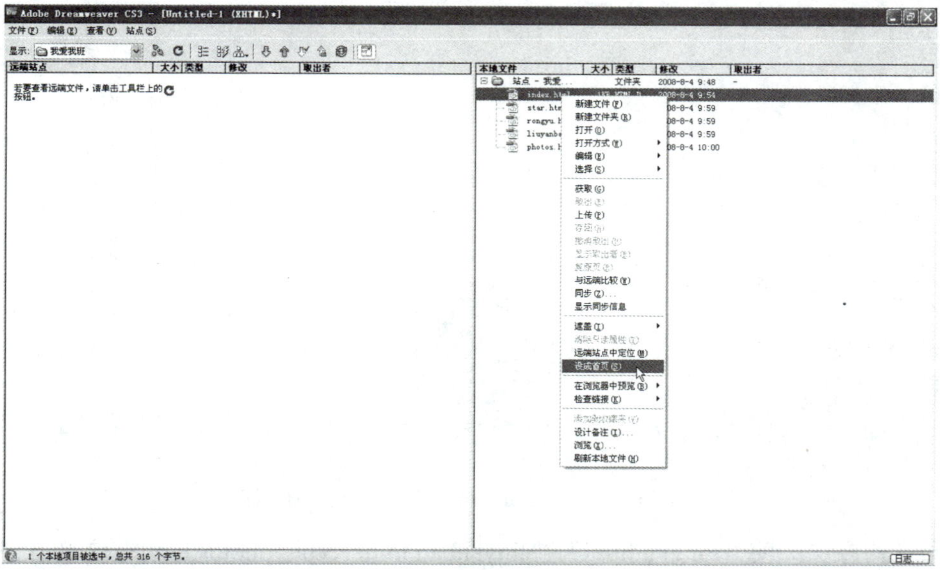

图 1.31　将“index.htm”设为主页

下面我们来确定各网页间的关系。在如图 1.32 所示的左侧窗口中单击“index.html”网页文件图标，使其右上方出现标志符号 ⊕，拖动该标志到右侧窗口中的“star.html”文件上。松开鼠标，则“stra.html”网页文件图标出现在左侧窗口中“index.html”图标的左下方，并与“index.html”相连接，如图 1.33 所示。

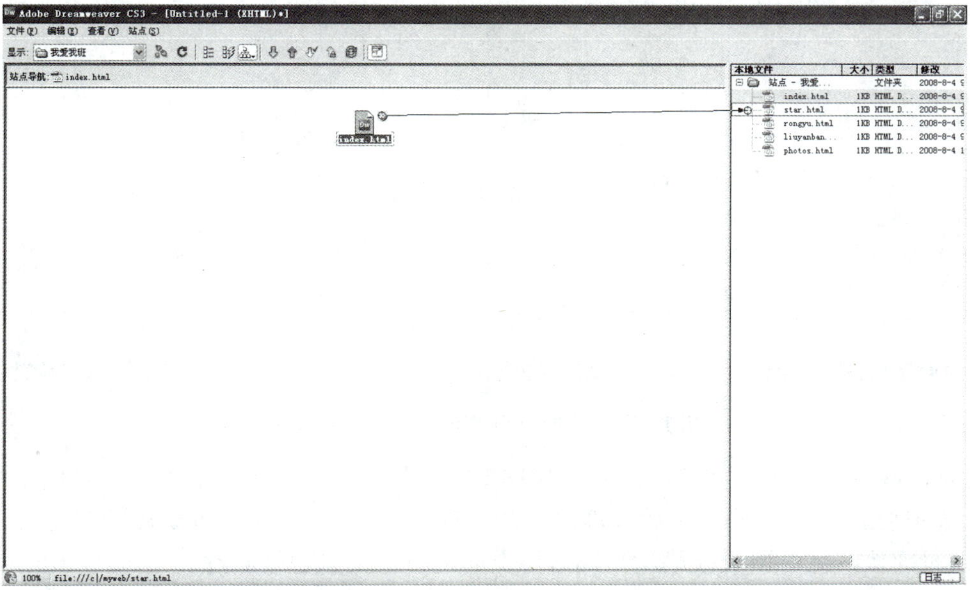

图 1.32　拖动标志符号 ⊕

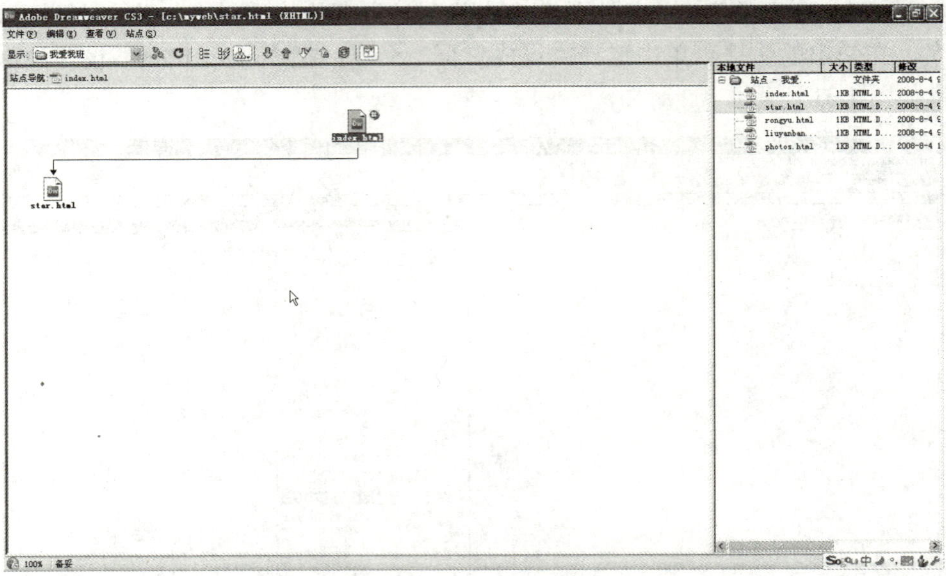

图 1.33 “star.html”与“index.html”相连接

用同样的方法，使“rongyu.html”、“liuyanban.html”和“photos.html”这 3 个网页图标出现在左侧窗口中并与“index.html”相连接，结果如图 1.34 所示。

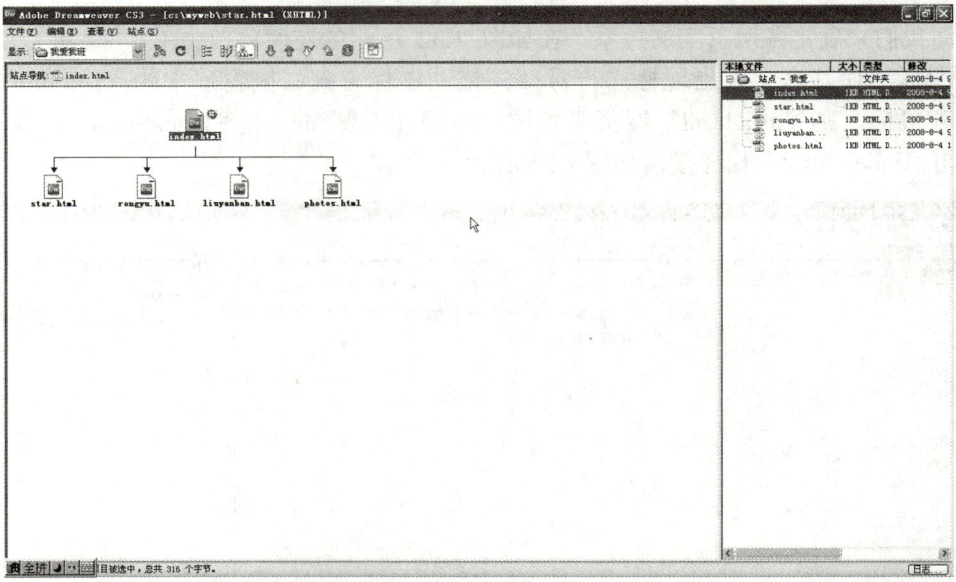

图 1.34 4 个网页与“index.html”相连接

这时，网页与主页之间已经建立了超链接。如果要删除站点中的网页，在网站文件列表中，选中要删除的网页，然后按键盘上的“Del”键后，会弹出确认删除对话框，单击“是”按钮确认，此时网页被删除，同时网页间的链接关系也被删除。

1.3.2 在站点地图中更改网页标题

可以看到，图 1.34 同我们前面画的网站结构图已经很像了。但网站结构图中显示的是网页的中文标题，这里显示的却是网页的文件名，网页的文件名一般采用英文和拼音，而且不能太长，所以不容易直观地显示网页的内容。接下来，我们就更改网页标题，并在站点地图中显示出来，完全实现网站结构图的效果。

网页标题又称网页名字，它指的是浏览该网页时显示在浏览器标题栏中的名字，而不是这个网页的文件名。

在“站点地图”窗口中双击“index.html”网页文件图标，打开这个网页，如图 1.35 所示。单击窗口顶端的“标题”文本框，将其中的“无标题文档”字样删除，输入“我爱我班”几个字，作为网站主页的标题，如图 1.36 所示。

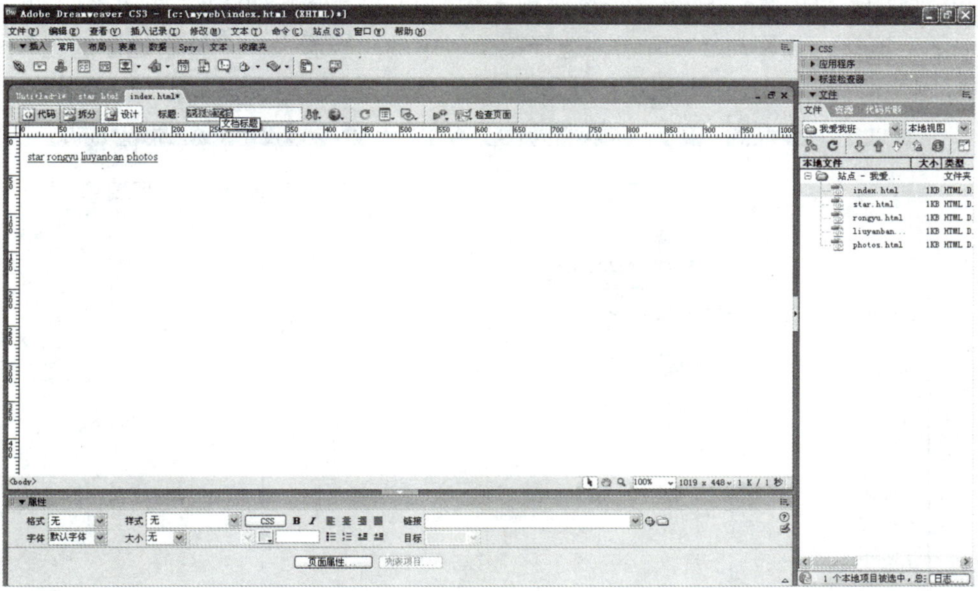

图 1.35　打开 index.html 网页

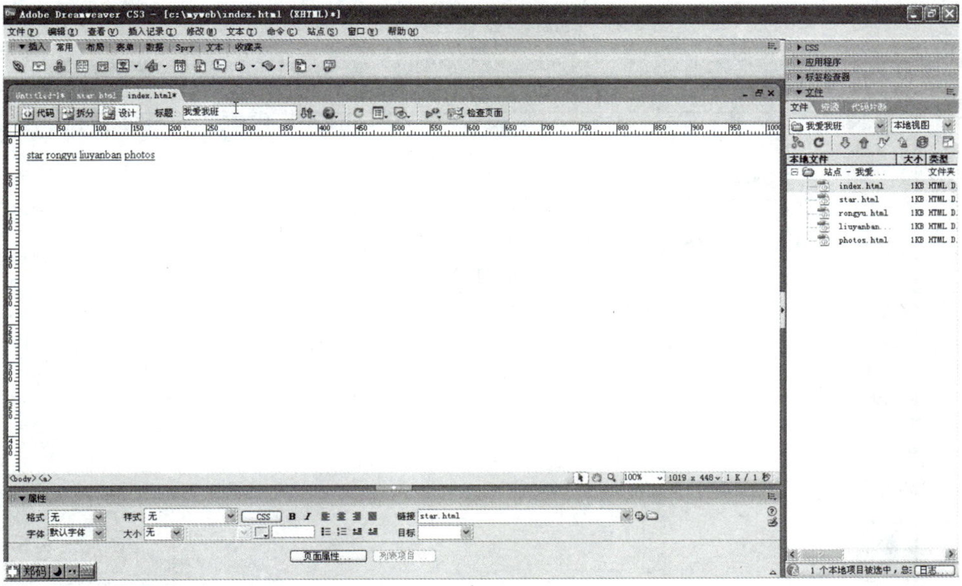

图 1.36　更改主页标题

此时，可以发现文件名选项卡上出现一个“*”，这是系统在提醒我们，网页文件已经有更改，但还没有存盘。选择菜单栏中的“文件”→“保存”命令，保存所进行的修改。

在图 1.36 中可以发现有一行蓝色文字“star rongyu liuyanban photos”，这是系统自动建立的超链接导航栏，如果在浏览器中单击这些文字，可以打开相应的超链接。

导航栏就像矗立在公园门口的导游图一样，可以引导浏览者在公园里少走弯路，方便浏览者进出公园和搜寻自己希望看到的景观。导航栏有多种形式，如导航按钮、导航条、列表导航、图像映射导航及框架导航等。在后面的操作任务中，我们将删除它们，采用更美观的导航方式。

在浮动面板“文件”的“文件”选项卡中，单击“展开/折叠”按钮，再次打开“站点地图”窗口，如图 1.37 所示。选择菜单栏中的“查看”→“查看地图选项”→“显示网页标题”命令，显示结果如图 1.38 所示。

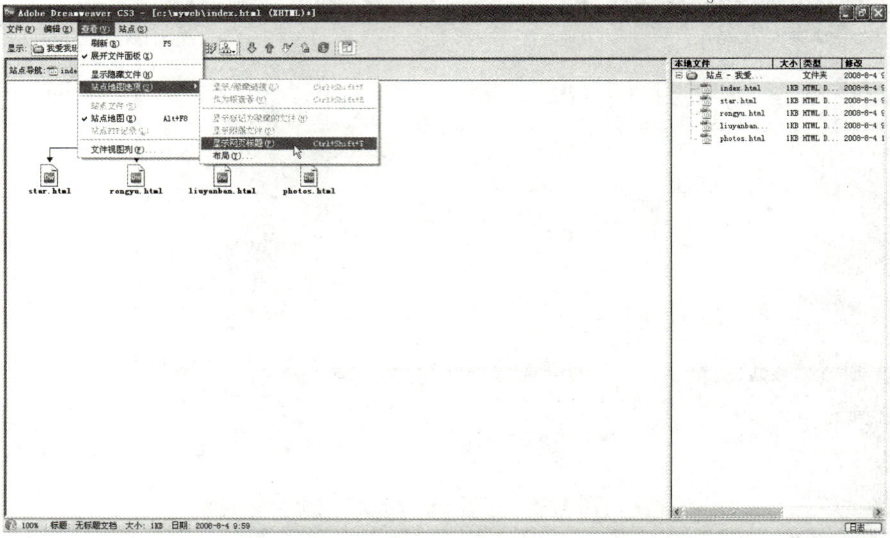

图 1.37　选择“显示网页标题”命令

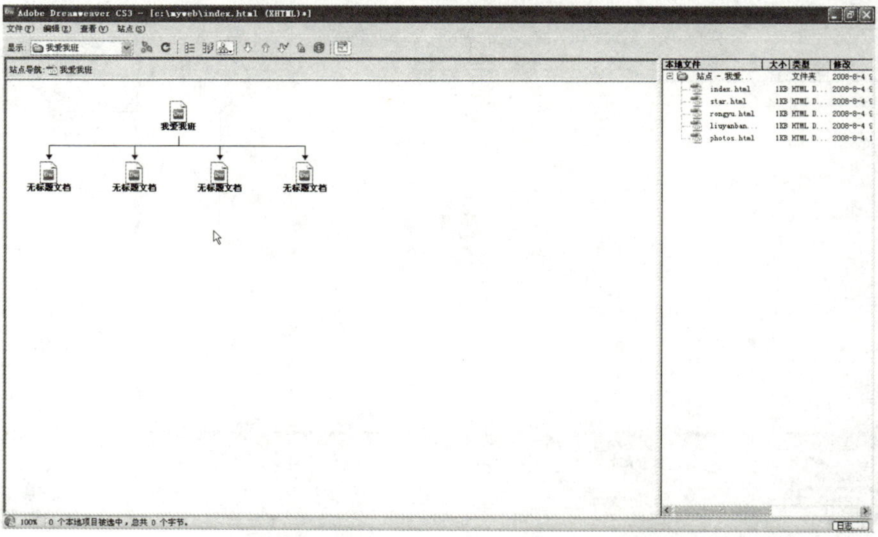

图 1.38　显示网页的标题

因为我们已经为主页设置了标题文字，所以此处显示出该主页的标题“我爱我班”，而其他几个网页的标题则仍为“无标题文档”。

下面可以用一个比较简单的方法来更改网页标题。单击“无标题文档”几个字，使它处于编辑状态，此时窗口右边该网页的文件名会处于蓝色显示状态，然后输入该网页的中文标题即可。注意在输入时要小心，不要造成网页文件名和网页标题的张冠李戴。如果你没有把握，可以重复刚才的步骤，为每一个网页更改中文标题，最后效果如图 1.39 所示。

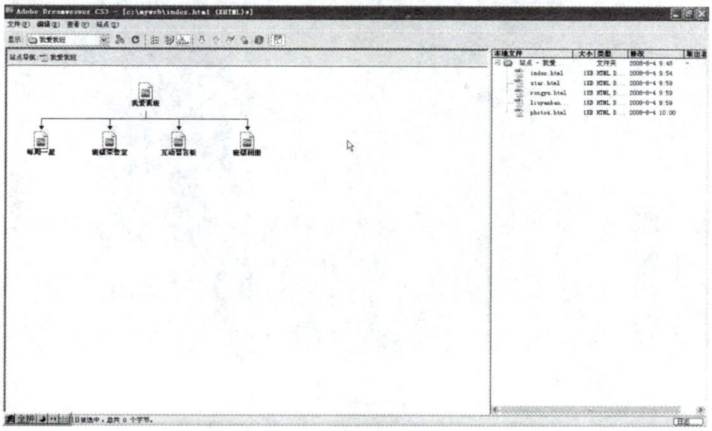

图 1.39　设置网页标题后的网站地图

再次单击浮动面板“文件”下的“展开/折叠”按钮，即可关闭“站点地图”窗口，返回 Dreamweaver 编辑窗口。

1.3.3　退出 Dreamweaver

选择菜单栏中的“文件”→“关闭”命令，或者单击网页编辑窗口右上角的按钮，都可关闭这些网页的编辑窗口，如图 1.40 所示。

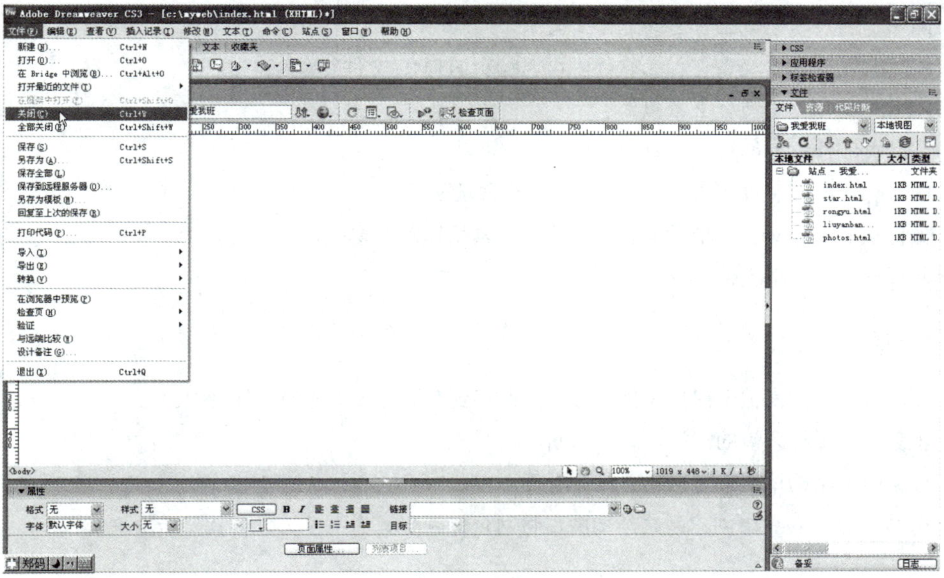

图 1.40　关闭网页的编辑窗口

单击 Dreamweaver 工作窗口右上角的 按钮，退出 Dreamweaver，如图 1.41 所示。

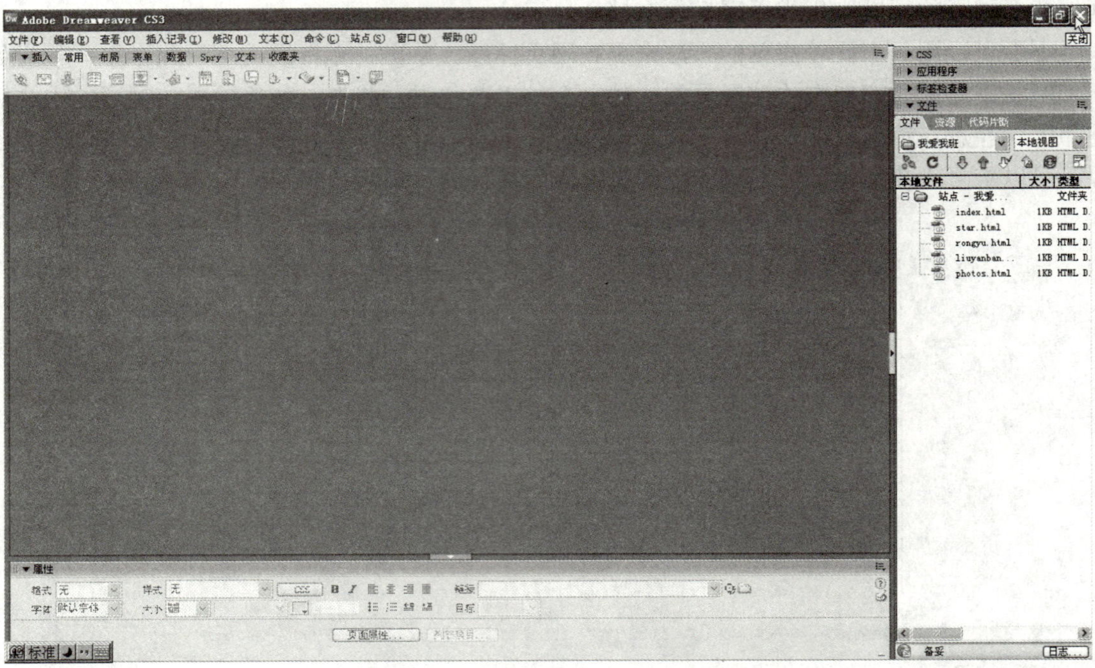

图 1.41　退出 Dreamweaver CS

习题 1

1. 简答题

（1）网站、网页和主页三者之间是什么关系？

（2）HTML 是什么含义？在什么软件中可以编辑 HTML 文件？

（3）HTML 编写网页有什么缺点？

（4）用网页制作软件编写网页有什么优点？

（5）Dreamweaver 中的“插入”面板有哪几个选项卡？

（6）如何从 Dreamweaver 的编辑窗口切换到“网站地图”窗口？

（7）网页标题与网页文件名有什么不同？

2. 操作题

（1）在因特网上搜索关于保护牙齿的信息，保存到存放网页素材的文件夹中。

（2）规划一个保护牙齿的网站，画出网站结构草图。

（3）根据网站结构草图建立网站并设计网页。

（4）在 Dreamweaver 中创建网站结构图，将网页标题更改为中文，并将其显示出来。

第 2 章　网页的布局

2.1　网页布局实例

当我们在网上浏览时，常常对一些网站记忆犹新。例如，有的网站给人一种清新雅致的感觉，有的网站让人感觉厚重古朴，有的网站让人轻易就被吸引，有的网站让人很快找到自己想要的信息……为何会有这么多不同的感受？

这些是由网站的风格决定的。

2.1.1　网站的风格

在对网页插入各种对象、修饰效果前，一定要确定网站的风格和网页的布局。也就是说，要先确定网站的总体风格，并对网页的布局进行规划，才能保证网站中各网页的统一。在对自己的网页进行规划时，有必要了解一些常见的网站风格和网页布局。

我们先来看 3 个风格迥异的网站，注意观察它们的风格和布局。

在 IE 浏览器中输入网址 http://www.sohu.com，打开网站“搜狐”的首页，如图 2.1 所示。通过观察，我们可以发现主页的内容很丰富，色彩鲜艳并有许多大幅广告和浮动广告栏。

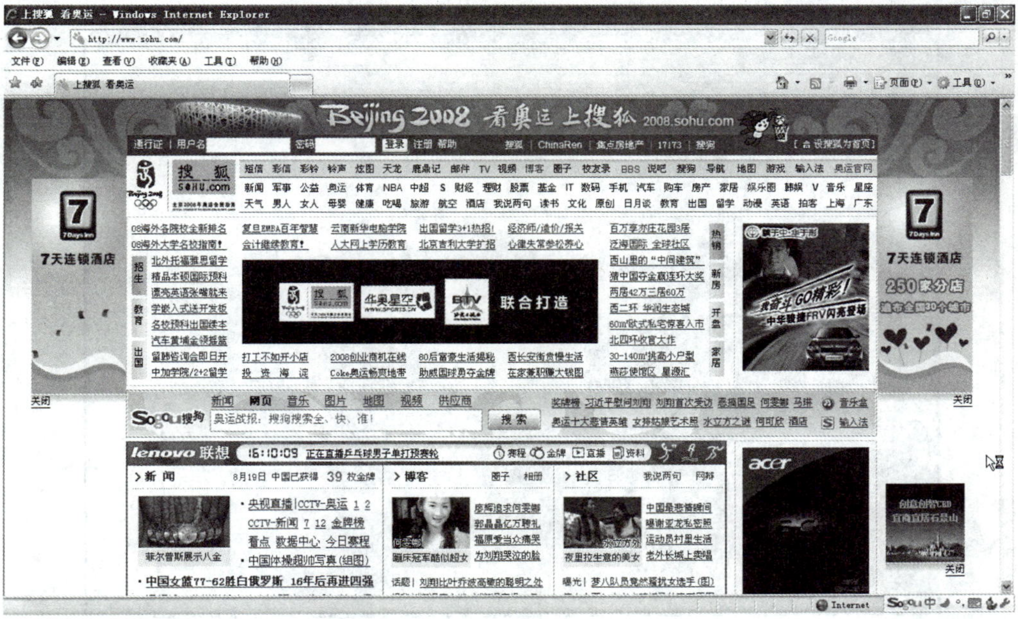

图 2.1　“搜狐”的首页

在 IE 浏览器中输入网址 http://www.microsoft.com/china，打开网站“微软中国”的首页，如图 2.2 所示。“微软中国”的主页与“搜狐”相比，内容比较专一，且非常有条理，栏目突出，不像“搜狐”给人一种“凌乱”的感觉。

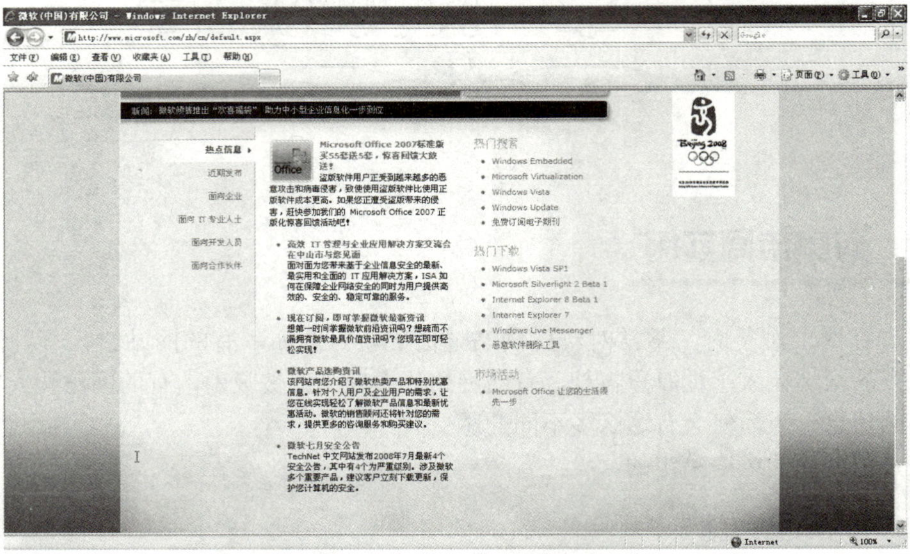

图 2.2 “微软中国”的首页

在 IE 浏览器中输入网址 http://www.51aiai.cn，打开网站“艾艾在线”的首页，如图 2.3 所示。这是一个个人主页，它看起来更简单，采用一幅图片作为主页的主要内容，仅有几个打开其他网页的超链接文字，但感觉非常清新。个人主页由于内容专一，不可能像商业网站那样内容丰富，信息量大。但恰恰因为这个原因，个人主页的形式更灵活，更容易创造出美感。

图 2.3 “艾艾在线”的首页

上面 3 个主页的 3 种风格，没有优劣之分，网站的性质与风格有着根本的区别。“搜狐”是很明显的商业网站，它采用鲜艳的色彩吸引浏览者的注意，而广告是网站收入的重要来源，所以各种形式的广告是少不了的。“微软中国”是一个服务网站，为微软的用户提供售后服务或培训服务等，所以它不必借各种手段吸引浏览者，需要服务的用户自然会来，不需要的，你做得再漂亮也不会吸引他们。而“艾艾在线”显然更具备个性色彩，网页中文字很少，也没有广告，却留有大量的空白，给人以想象的空间。网页中也有简单的动画，静中有动，给人以美的享受。

在本书中，我们制作的网站风格应该与“微软中国”的风格相类似。

2.1.2　网页布局实例

在确定网站的风格后，下面我们来确定网页的布局。所谓网页的布局，通俗地说，就是确定网页上的网站标志、导航栏和菜单等元素的位置。不同的网页，各种网页元素所处的地位不同，它们的位置也就不同。通常情况下，重要的元素都放在突出的位置。

一般地说，首页应该有站点的介绍、各网页的功能和超链接。所以要在首页上设计一个站点导航栏，这个导航应遵循整个站点的导航规划，表现上应力求新颖、实用。另外，导航栏的位置直接决定了网页的布局。

简单划分，网页的布局一般可以分为“厂”字型、“同”字型、标题正文型、分栏型、Flash 型和封面型等。下面我们一起浏览一些网页，了解各种网页布局类型的特点。

（1）在 IE 浏览器地址栏中输入网址 http://www.chinaeol.net，打开“中国环境在线”网站的首页，如图 2.4 所示。

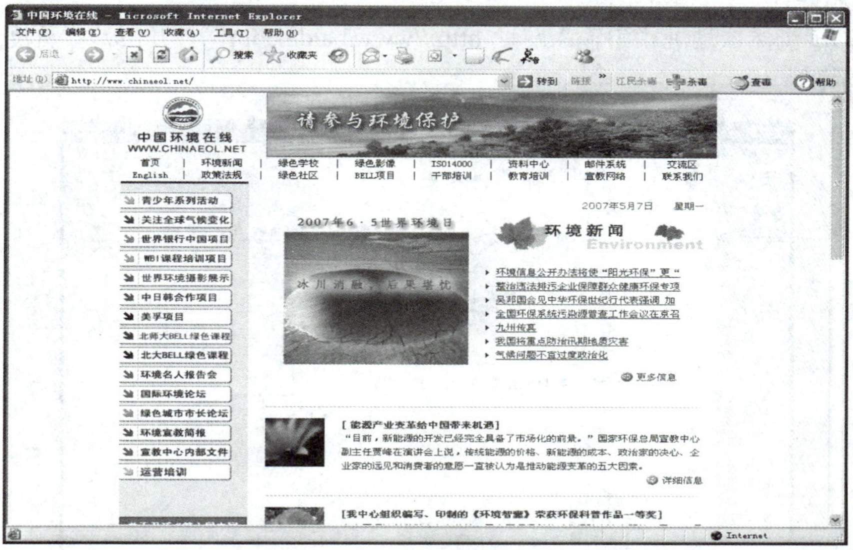

图 2.4　“中国环境在线”的首页

如图 2.4 所示的是“厂”字型结构，这种结构的特点是内容清晰，一目了然。网页最顶端是徽标和图片（广告）栏，下半部分的左边是导航链接，右边是信息发布区。这种结构曾经很流行，现在随着宽屏幕显示器的广泛使用，这种结构已经不常见了。

（2）在 IE 浏览器地址栏中输入网址 http://www.beijing2008.cn/，打开“第 29 届奥林匹克运动会网站”的首页，如图 2.5 所示。

图 2.5 “第 29 届奥林匹克运动会网站”的首页

如图 2.5 所示的是“同”字型结构，这是大型网站最常用的一种结构，其特点是超链接多，信息量大。网站的顶端是徽标和图片（广告）栏，下面分为 3 列，或者更多。两边的两列区域比较小，一般是导航超链接和小型图片广告等，中间是网站的主要内容，最下面是网站的版权信息等。

（3）在 IE 浏览器地址栏中输入网址 http://www.baidu.com，打开网站“百度”的首页，如图 2.6 所示。

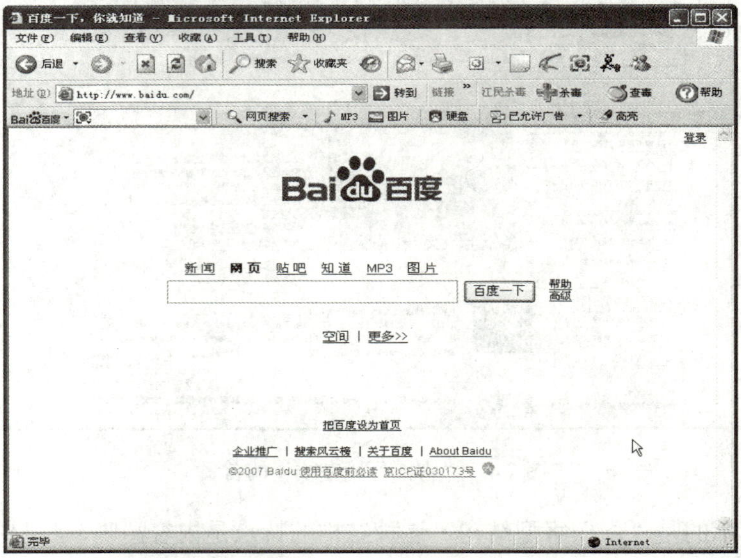

图 2.6 “百度”的首页

如图 2.6 所示的是标题正文型结构，这种结构顶端是网站标识和标题，下面是网页正文，内容非常简单。

（4）在 IE 浏览器地址栏中输入网址 http://mail.163.com，打开“网易电子邮箱”网站的首页，输入用户名和密码，登录到邮箱中，如图 2.7 所示。

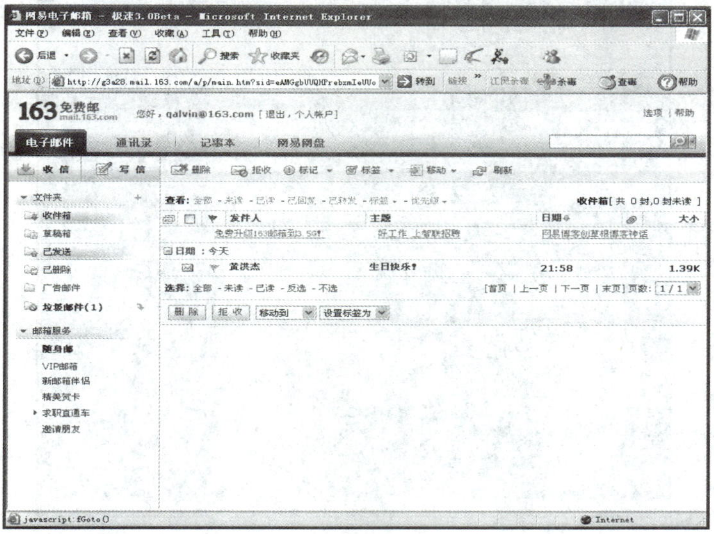

图 2.7 登录到网易电子邮箱中

如图 2.7 所示的是分栏型结构，这种结构一般分为左右（或上下）两栏，也有的分为多栏。通常将导航链接与正文放在不同的栏中，这样打开新的网页，导航链接栏的内容不会发生变化。在 Web 型的电子邮箱中多见这种结构。

（5）在 IE 浏览器地址栏中输入网址 http://www.flash126.com，打开网站“龙城闪客”的首页，如图 2.8 所示。

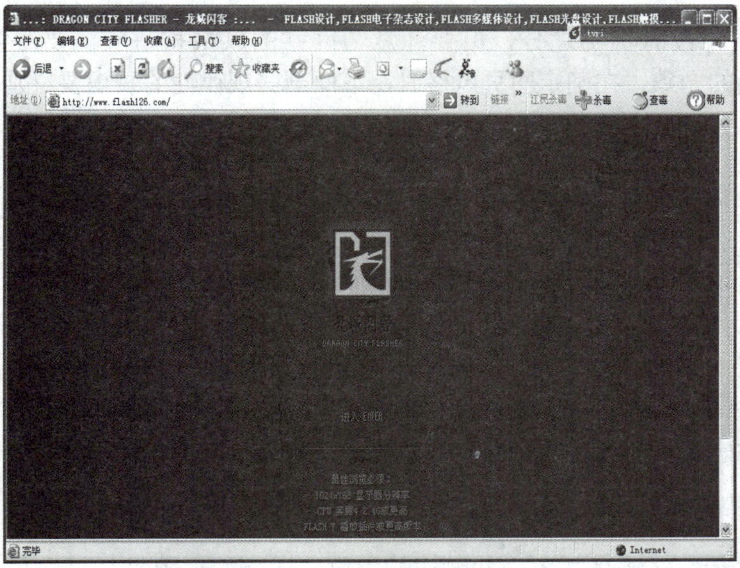

图 2.8 “龙城闪客”的首页

如图 2.8 所示的是 Flash 型结构，这种结构采用 Flash 技术完成，其视觉效果和听觉效果与传统网页不同，往往能够给浏览者以极大的冲击。这种网页逐渐被年轻人所喜爱。

（6）在 IE 浏览器地址栏中输入网址 http://www.lili.cc，打开网站“秘密花园”的首页，如图 2.9 所示。

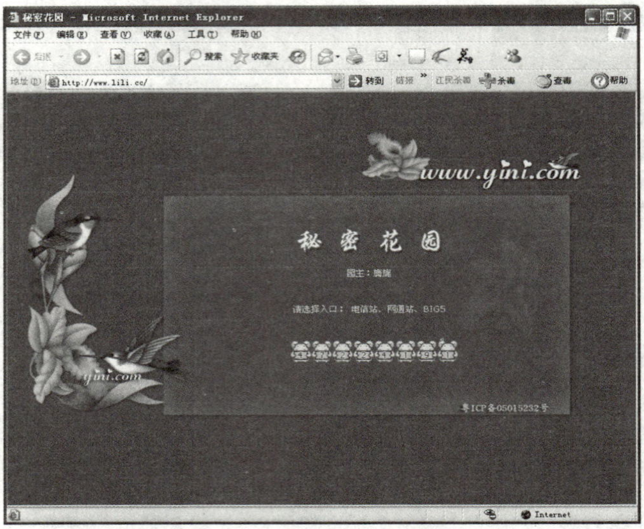

图 2.9 “秘密花园”的首页

如图 2.9 所示的是封面型结构，打开这种结构的网页往往首先看到的是一幅图片或动画，在图片或动画的下面有一个进入下一级网页的超链接提示文字。其中，图片或动画可以用 Flash 来制作，但与 Flash 型不同，这种结构并不是在 Flash 中完成的，而是在网页制作软件中完成的。

2.1.3 网页布局注意事项

网页布局同样没有优劣之分，但要注意与网站的风格相适应。要注意整个站点的协调，要注意色调的一致。在确定网页风格时，下面一些规律性的知识要特别注意。

1. 平衡性

一个良好的网页布局应该给人一种安定、平稳的感觉，它不仅表现在文字、图像等要素的空间占用上分布均匀，而且还有色彩的平衡，要给人一种协调的感觉。反之，失去平衡的画面会使人产生不安全的感觉，视觉上也不愿多做停留。

2. 对称性

对称是一种美，我们生活中有许多事物都是对称的。但过度的对称就会给人一种呆板、死气沉沉的感觉，为此还要适当地打破对称，制造一点变化。

3. 对比性

让不同的形态、色彩等元素相互对比，可以形成鲜明的视觉效果。如色彩对比、图形对比等，往往能创造出富有变化的效果。

4. 疏密度

页面布局要做到疏密有度，不要让整个网页布满密集的文本信息或图片，适当留白反而可以强调整个画面的重点部分。而对于文本信息，可以通过改变行间距、字间距来制造一些变化效果。

5. 反复性

反复就是不断地出现。例如，由几个有规律的小色块在网页里上下左右地延伸排列，这就是反复之美；利用大小相同的图片进行反复排版，这也是反复之美。

6. 韵律感

具有相同特性的对象（如点、圆、线条）沿曲线反复排列时，就会产生韵律感，使画面显得轻盈而富有灵气。

7. 颜色搭配

网页中颜色的搭配也非常重要，一般不要用强烈对比的颜色搭配做主色，主色的颜色也尽量控制在 3 种以内，背景和内容的对比要明显，少用花纹复杂的图片，以便突出文字的内容。

总之，网页的排版布局是决定网站美观与否的一个重要方面，通过合理的、有创意的布局，才可以把文字、图像等内容完美地展现在浏览者面前。

2.1.4　画出网页布局草图

在本例中，我们这样确定网页布局：网页的标题图案放在左上角，右边是一个图片栏，可以放广告；下面的部分按照内容划分为竖栏，输入文字或图片，如图 2.10 所示。

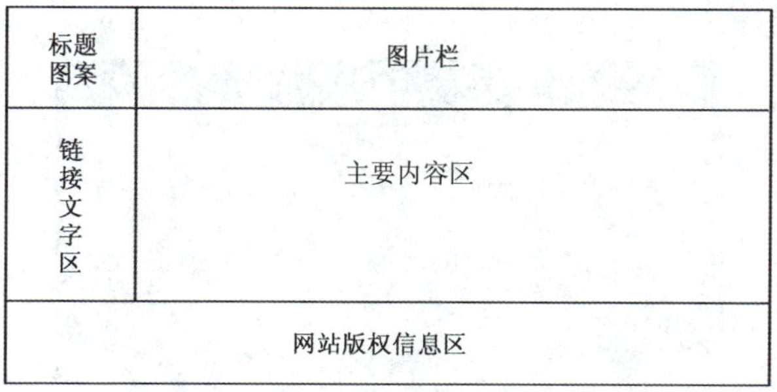

图 2.10　网页布局草图

要实现这种网页的布局有 3 种方法，一种是使用表格，另一种是使用布局表格，还有一种是使用框架。

2.2　使用表格

有些人认为网页版式设计很容易，至少应该和 Word 排版一样简单。但 Word 排版所做的文件从来都是庞然大物，在网络中传送时我们要求代码尽量简单，容量也不应太大。可见网页文件不可能像 Word 文件那样有许多功能。网页的布局设计一般都是靠表格来实现的，可以说表格的设计是网页制作中最为重要的一个技巧，表格运用的好坏，直接反映了网页设计者的水平高低。下面我们就来学习几种常用的表格设计方法。

2.2.1 在网页中插入表格

当我们打开 Dreamweaver 时，Dreamweaver 会自动打开上次编辑过的网站。然后在浮动面板中选择“文件”中的“文件”选项卡，双击网页文件“index.html”，就可以将网页文件打开了。如果网站没有打开，可以移动鼠标到窗口右边，单击▼打开下拉菜单，然后单击其中的网站名称即可，如图 2.11 所示。

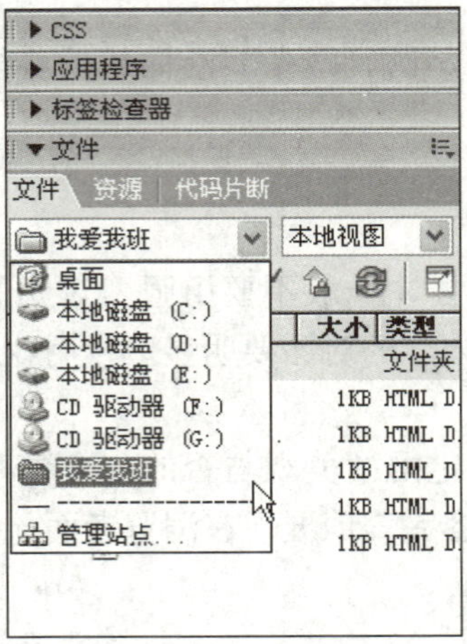

图 2.11 在“站点”中打开网站

打开网页文件以后，首先在网页中另起一行，确定光标的位置。然后单击“插入”面板的▦按钮，得到如图 2.12 所示的对话框。

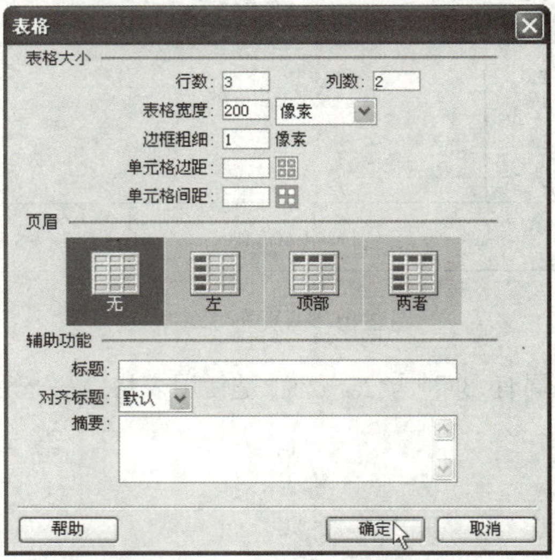

图 2.12 “表格”对话框

其中，“行数”和“列数”是表格的大小；“表格宽度”指表格的宽度，单位可以是像素数或百分比。按像素定义的表格大小是固定的，而按百分比定义的表格，会根据浏览器的大小而变化；“边框粗细”指表格线的宽度；“单元格边距”指单元格内文字与框线间的距离；“单元格间距”指各个单元格间的距离。所谓单元格，就是表格里面的每一个小格。

按照如图 2.12 所示进行设置后，就得到如图 2.13 中所示的表格。

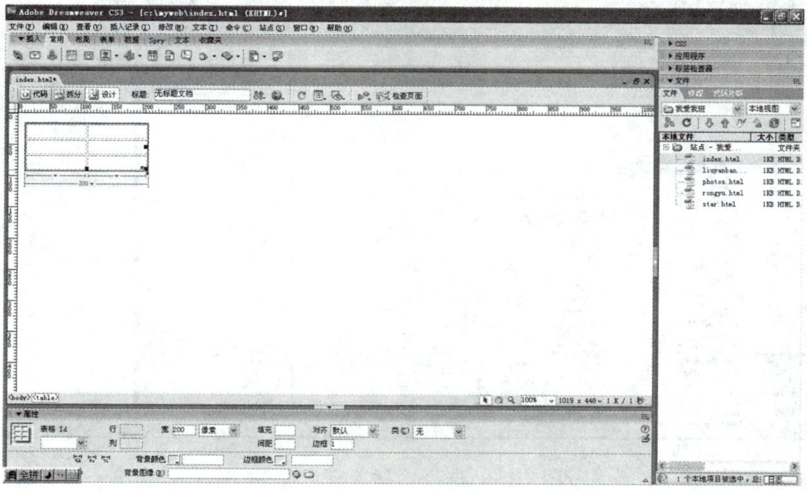

图 2.13　表格已插入

在默认情况下，表格的两列宽度是相等的。在本例中，我们希望表格左列比右列窄些。将鼠标指针移动到中间的框线上，当鼠标指针变成 ⟛ 状时，拖动鼠标到合适的位置然后松开，如图 2.14 所示，列宽即随我们的调整而变化。

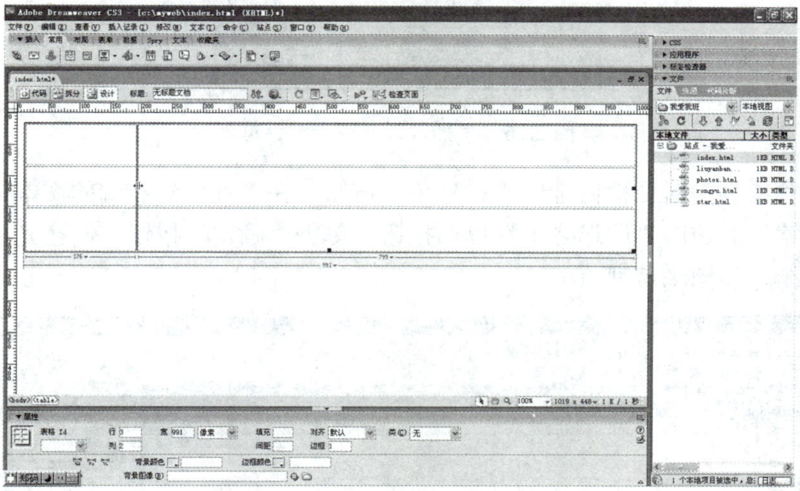

图 2.14　调整表格列宽

2.2.2　制作不规则表格

当表格制作好以后，由于各种设计需要，我们常常要对表格进行调整。下面我们以在表格的下方添加一个新行为例，说明添加新行、新列的方法。

单击表格最下面一行，使光标出现在该行中。然后单击鼠标右键，在弹出的快捷菜单中选择“表格”→“插入行”命令，则插入一行，如图 2.15 所示。

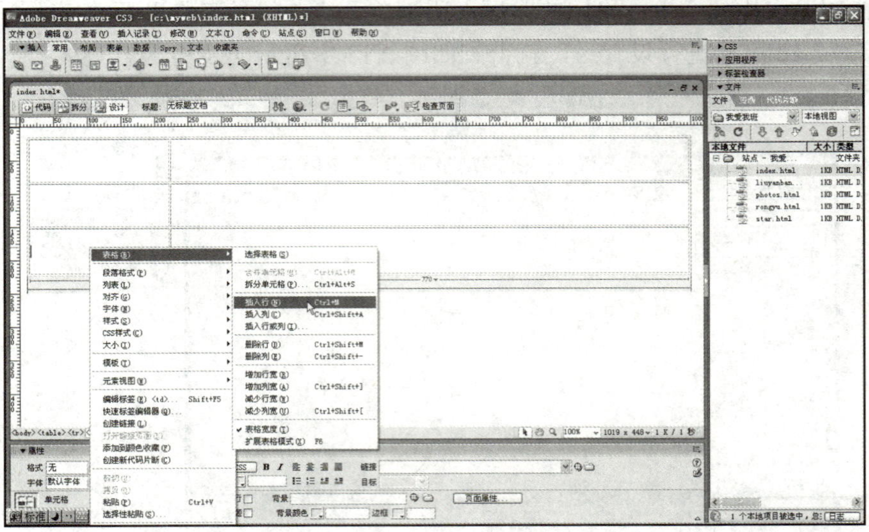

图 2.15　选择“插入行”命令

有时需要确定新插入的行与光标所在行的关系，在上面的操作中选择“插入行或列”命令，打开如图 2.16 所示的“插入行或列”对话框。

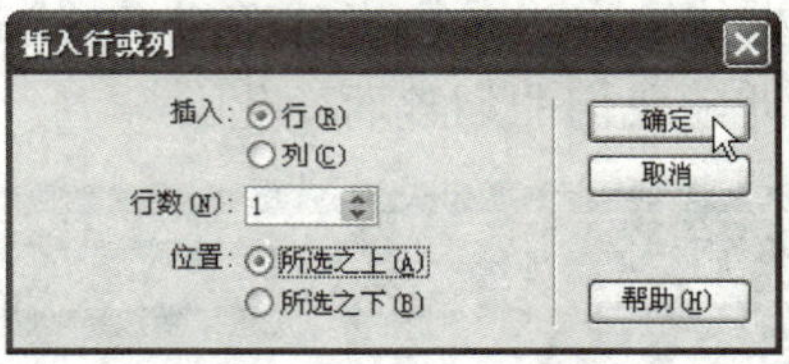

图 2.16　“插入行或列”对话框

在“插入行或列”对话框内选中“行”单选按钮，在“行数”右端的文本框中输入 1，然后选中“位置”右边的“所选之下”单选按钮。单击“确定”按钮，便在光标所在行的下面插入一行，结果如图 2.17 所示。

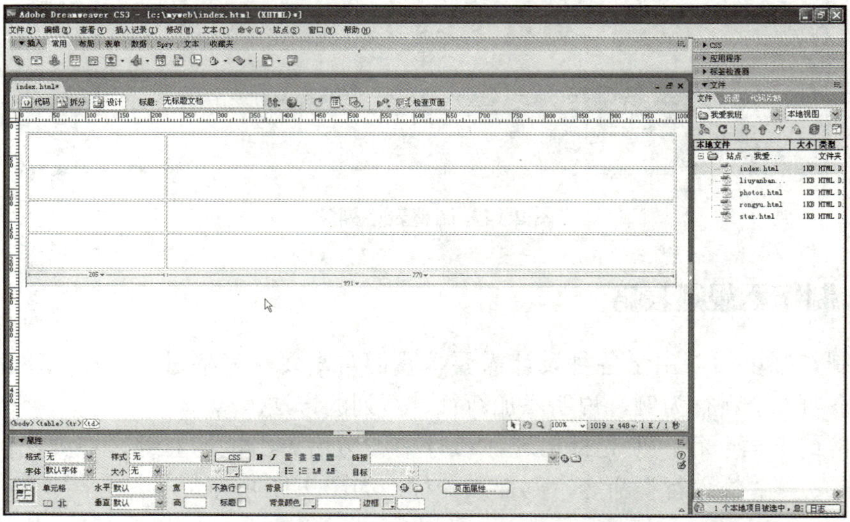

图 2.17　插入新行后的表格

插入列的操作与插入行的操作基本一样，请大家自己做一做。

有时候，我们还要删除一些行或列。下面我们将新插入的一行删除，来学习其具体删除行的步骤。

单击鼠标，使光标出现在被删除行中。然后单击鼠标右键，在弹出的捷菜单中选择“表格”→“删除行”命令，则该行被删除，如图 2.18 所示。

图 2.18　选择“删除行”命令

2.2.3　合并与拆分单元格

和 Word 一样，我们可以对表格中的单元格进行合并和拆分操作，通过这些操作，可以将一个规则的表格变成一个不规则的表格。

现在将表格最下端的两个单元格合并成一个。拖动鼠标指针同时选中第三行的两个单元格，移动鼠标指针到“属性”面板上，如图 2.19 所示，单击“合并单元格”按钮，则两个单元格被合并，结果如图 2.20 所示。

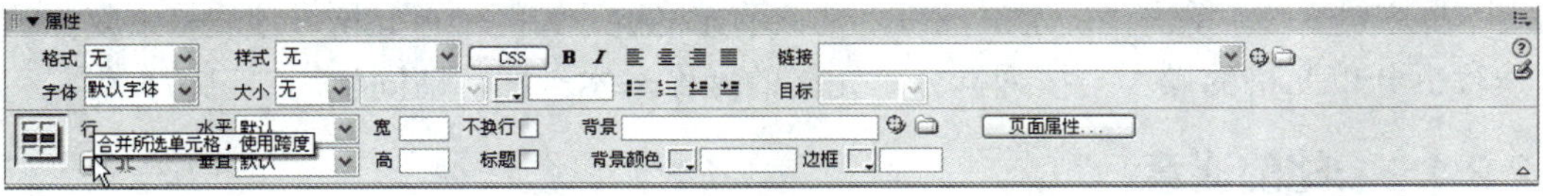

图 2.19　单击“合并单元格”按钮

下面我们再将合并的大单元格拆分为两个小单元格。

单击鼠标，使光标出现在被拆分单元格中。移动鼠标指针到“属性”面板上，单击“拆分单元格”按钮（见图 2.21），打开如图 2.22 所示的“拆分单元格”对话框。

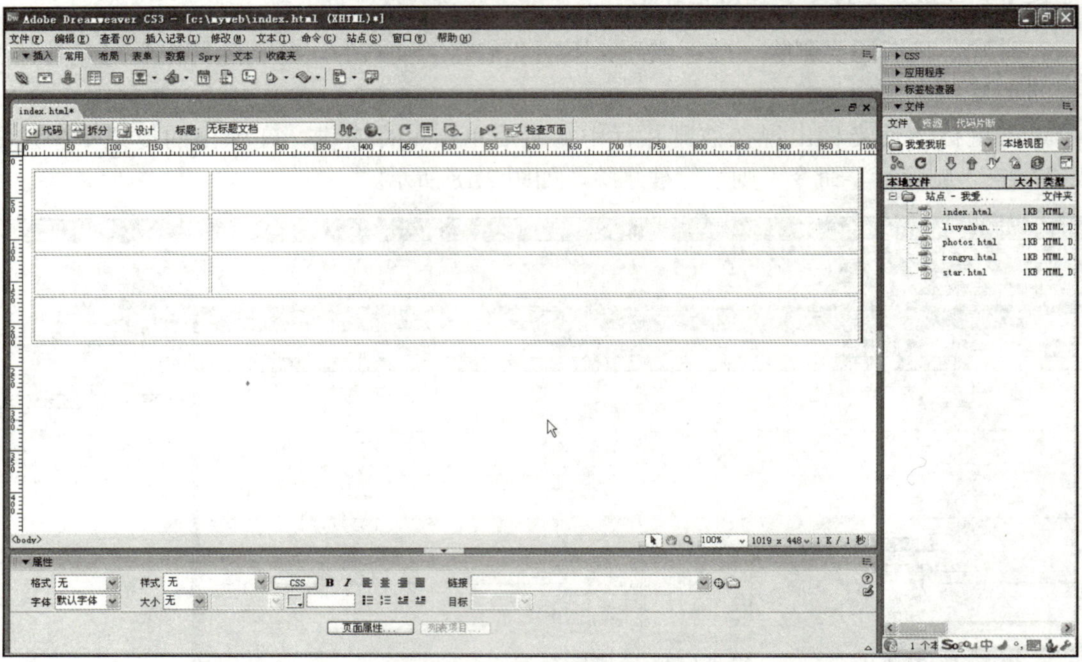

图 2.20　合并单元格后的表格

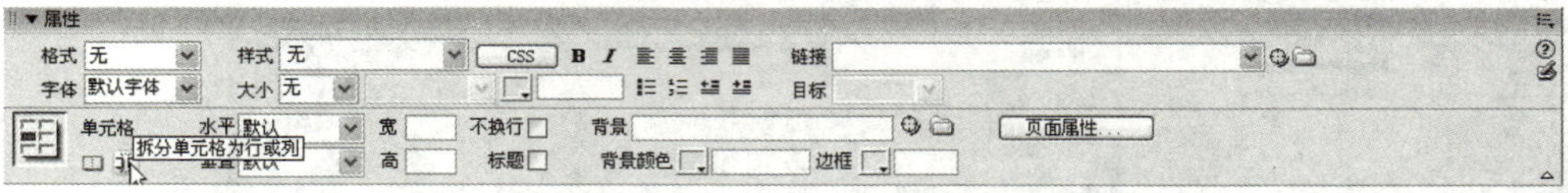

图 2.21　单击“拆分单元格”按钮

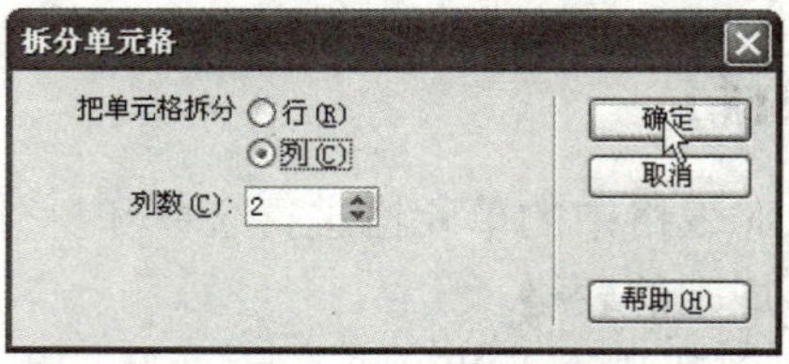

图 2.22　“拆分单元格”对话框

在“拆分单元格”对话框中选中“把单元格拆分”后面的单选按钮“列”，在“列数”右端的文本框中输入 2。单击“确定”按钮，则该单元格被分为两个单元格，该表格恢复原状。

按行拆分单元格的操作与按列拆分单元格的操作基本一样，请同学们自己做一做。

2.2.4　表格的嵌套

这一节中，我们要在第二行第一个单元格中再插入一个表格，用来存放与其他网页连接的一些文字，将来建立超链接后，可以通过单击这些文字打开相应的网页。

单击鼠标，将光标移动到要插入表格的单元格中，单击“插入”面板的按钮，打开“表格”对话框，如图 2.23 所示。输入“5”行“1”列，单击“确定”按钮，结果如图 2.24 所示。

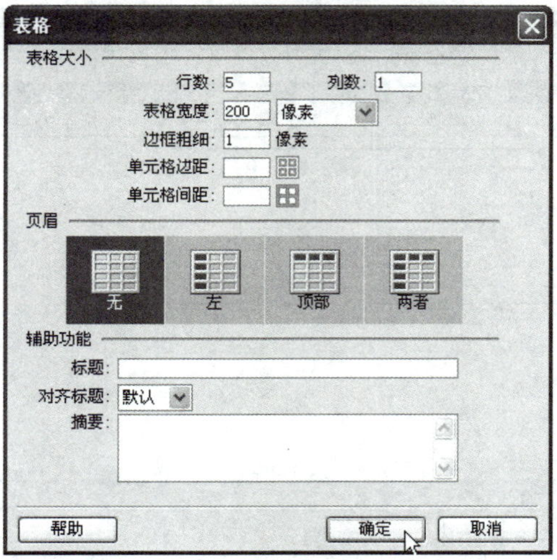

图 2.23　“表格”对话框

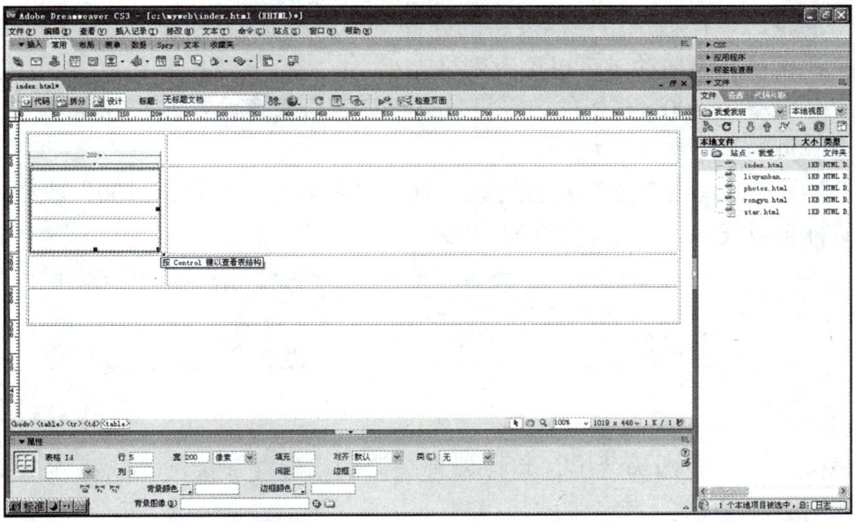

图 2.24　嵌套表格后的表格

2.2.5　设置表格框线

对表格进行设置，主要是在“属性”面板中进行，需要注意的是，选取表格与选取单元格时，“属性”面板的内容是不同的。在表格的“属性”面板中，能够设置框线的宽度、单元格间距，以及背景色等，下面具体说明。

将鼠标指针移到表格的外框线上，当鼠标指针变成 状时，单击鼠标，选中整个表格。表格被选中后，窗口下面的“属性”面板显示的是对整个表格的设置内容。如图 2.25 所示，在“属性”面板上显示的表格宽度是“100%”，高度是“180 像素”。“100%”的宽度的意思是不论浏览者打开的浏览器多大，表格都占满整个窗口。这个选项虽然在一些时候非常有用，但由于在实际中，表格宽度可以自由更改，所以使得网页布局不够统一，甚至使整齐的网页在一些高分辨率的计算机上显示得很凌乱。

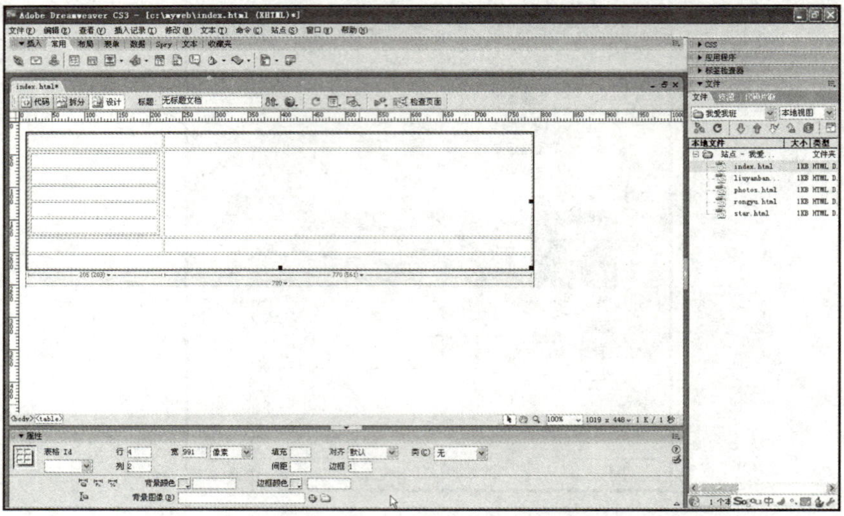

图 2.25　选中表格后的“属性”面板

需要说明的是，表格被选中后，表格的外框呈黑粗线显示，同时出现 3 个黑色小正方形，将鼠标指针放在上面拖动，可以更改表格大小。

为了适应分辨率为 800×600 的计算机，可以将表格宽度设置为 780 像素，这样不论在哪台计算机上网页的显示都是一样的。

如图 2.26 所示，单击“宽”右边的▼，选择“像素”，然后将“100”改成“780”，在空白处单击鼠标可以发现，表格宽度发生了变化。

图 2.26　更改表格宽度

将表格框线的宽度更改为“0”，可以发现表格的框线变成虚线，这样在浏览器中表格将被隐藏，如图 2.27 所示。

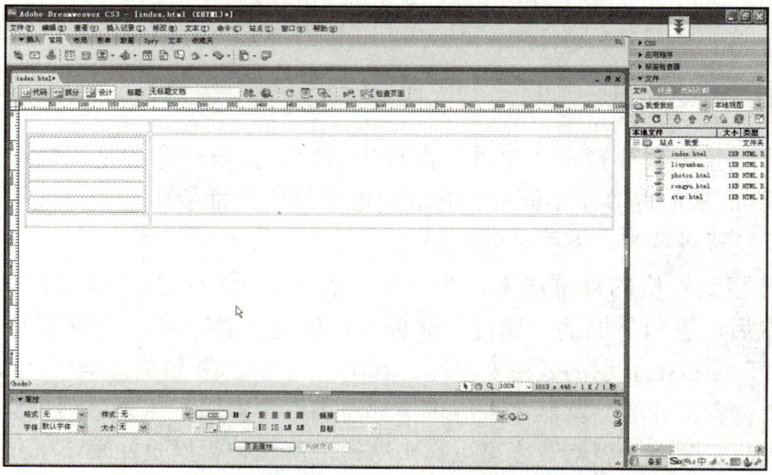

图 2.27　框线宽度为“0”的表格

2.2.6　使用表格规划网页布局

从图 2.27 可以看出，使用表格规划网页布局的初步轮廓。

将嵌套的表格框线宽度更改为 0，可以隐藏所有的框线，这样虽然表格将整个网页划分为多个区域，但在浏览器中，人们是看不到表格的。但现在看起来，表格有些扁，也不美观，等到输入相关文字和图片后，表格变高，网页就会好看些。

在各个单元格中，单击鼠标，出现光标后，利用回车将表格高度拉开，可以看到规划后网页的样子，如图 2.28 所示。

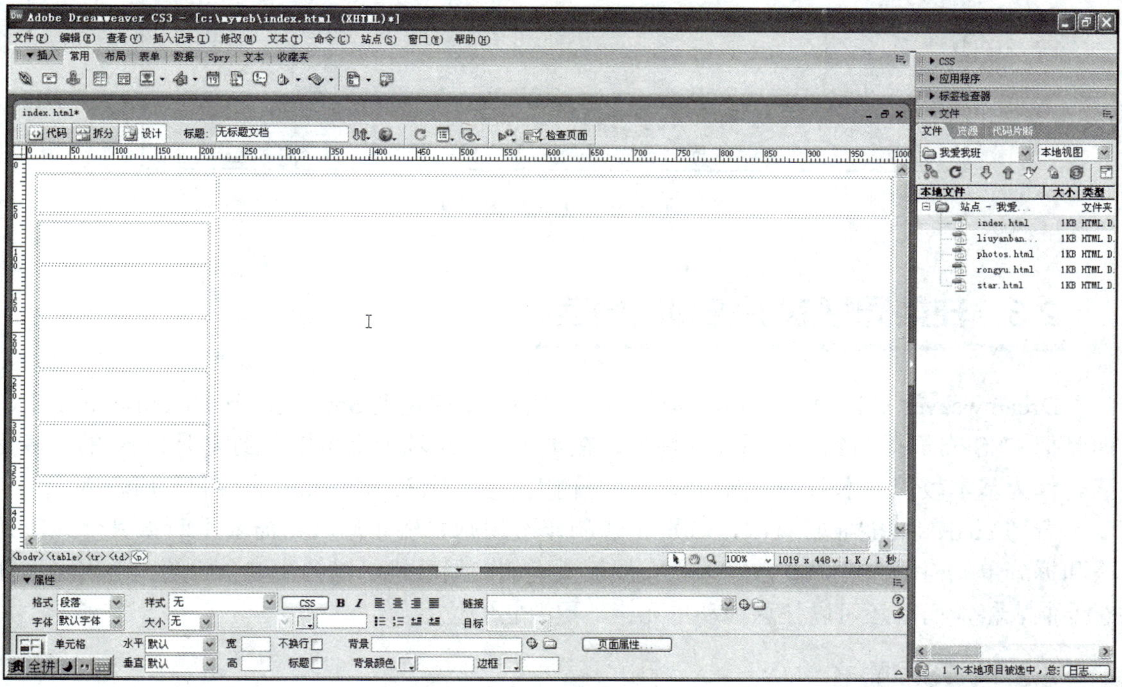

图 2.28　表格规划的网页布局

下面使用表格规划网页布局的扩展模式，在“插入”面板中，切换到“布局”选项卡，如图 2.29 所示。

图 2.29　“布局”选项卡

观察“布局”选项卡，可以发现“标准”按钮被按下，“标准视图”就是我们设计网站的普通视图。单击右边的“扩展”按钮可以进入表格扩展模式，如图 2.30 所示。

表格扩展模式并不是我们在浏览器中见到的样子，它可以清楚地显示单元格间距及表格边框，更加便于编辑操作。在这种模式下，我们可以选择表格中的元素或者精确地放置插入点。

在“布局”选项卡中单击“标准”按钮，可以返回“标准视图”。

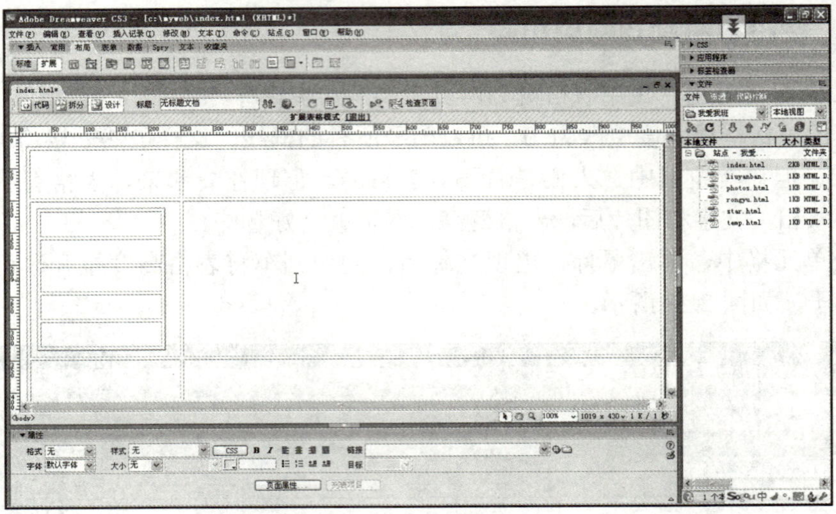

图 2.30　表格扩展模式

2.3　在布局模式下绘制布局表格

Dreamweaver CS 与以前版本相比一个重大的改变就是把 Spry 集成到 Dreamweaver 中，而且把 CSS 布局提高到一个重要的地位，在“布局”选项卡上可以看到关于 Spry 的许多元素。作为基本教程，本书不去探讨它，而是向大家介绍比较简单实用的绘制布局表格。

普通表格的功能非常有限，特别是在制作不规则表格布局时，需要不断重复合并单元格和拆分单元格等命令，非常烦琐。布局模式下的布局表格可以解决这个问题，不仅可以任意绘制表格，而且还可以任意拖动单元格，更改它的位置。

2.3.1　布局模式

布局模式是 Dreamweaver 早期版本中的一个功能，使用它可以非常方便地对网页布局进行规划；在完成规划后，还可以返回到表格这一大家熟悉的形式上。熟练掌握它，非常有益。

现在，在 Dreamweaver 中创建一个空白的网页，我们来学习布局视图是如何完成网页的规划的。

在“插入”面板中，切换到“布局”选项卡，如图 2.31 所示。

图 2.31　“布局”选项卡

观察“布局”选项卡，可以发现“标准”按钮被按下，右边的“绘制布局单元格”按钮和“绘制布局表格”按钮是灰色的，不可用，要想使用它们必须切换到“布局模式”。

在“布局”选项卡中没有提供“布局模式”的切换方式。选择菜单栏中的“查看”→“表格模式”→“布局模式”命令，如图 2.32 所示。

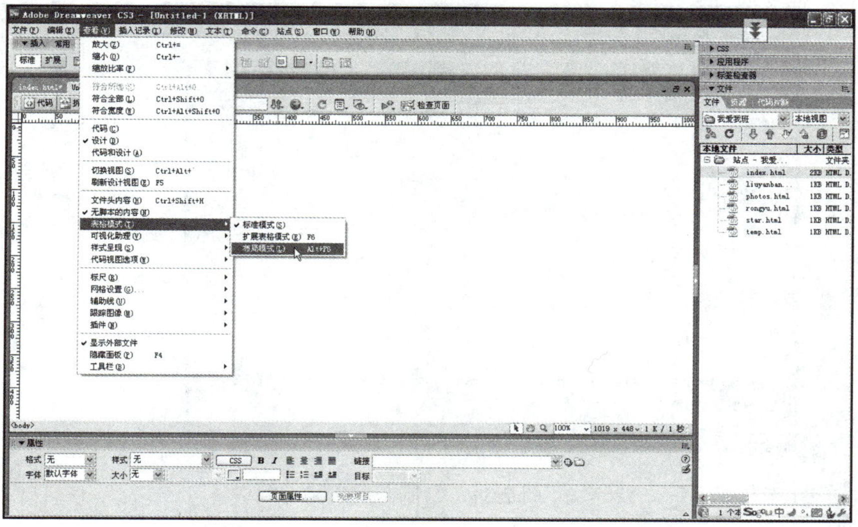

图 2.32　选择“布局模式”命令

切换到“布局模式”时，系统会弹出如图 2.33 所示的对话框，提示“绘制布局单元格”按钮和“布局表格”按钮的使用方法。

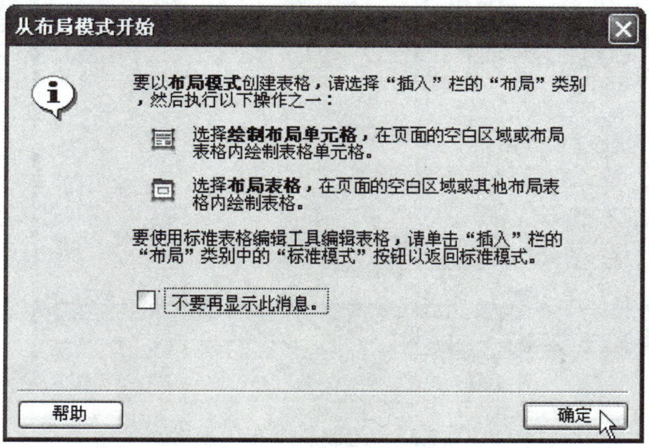
从布局模式开始
要以布局模式创建表格，请选择“插入”栏的“布局”类别，然后执行以下操作之一：
选择绘制布局单元格，在页面的空白区域或布局表格内绘制表格单元格。
选择布局表格，在页面的空白区域或其他布局表格内绘制表格。
要使用标准表格编辑工具编辑表格，请单击“插入”栏的“布局”类别中的“标准模式”按钮以返回标准模式。
不要再显示此消息。
帮助
确定

图 2.33　“从布局模式开始”对话框

单击“确定”按钮，可以关闭该对话框。如果不希望该对话框下次出现，可以在“不要再显示此消息。”前的复选框内单击将其选中，然后再单击“确定”按钮。这时便会发现“布局视图”右边的两个按钮已经由虚变实，可以使用了。

2.3.2　在布局模式下规划网页布局

单击绘制“布局表格”按钮，移动鼠标到编辑区，指针变成“＋”状，按住鼠标指针拖动，画出一个绿色的表格，编辑区顶端出现“布局表格”几个字，如图 2.34 所示。

用同样的方法，在第一个表格的下面再画两个布局表格，结果如图 2.35 所示。

在最顶端的表格中将存放网站的标志图片（Logo）和其他图片，第二个表格将存放网页的主要文本，最下面的表格存放网站版权、电话等信息。现在 3 个表格都是灰色的，这是因为表格中没有单元格的缘故。

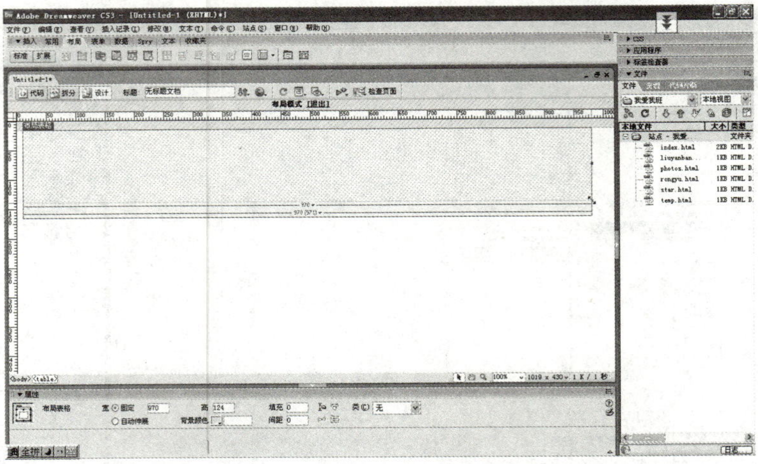

图 2.34　绘制布局表格

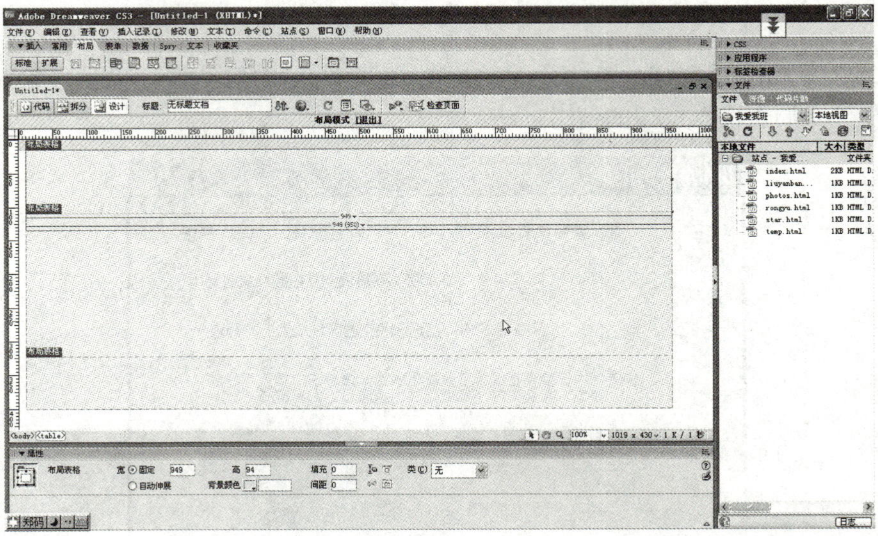

图 2.35　绘制 3 个布局表格

在“布局”选项卡中单击“绘制布局单元格”按钮，移动鼠标指针，在顶端表格中画出一大一小两个单元格；在第二个表格中，画一大五小 6 个单元格；最后在下面一个表格中画出一个和表格一样大的单元格，结果如图 2.36 所示。

这时，可以看到表格中的单元格都变成白色，单击鼠标，有光标出现。

如果对表格中各单元格的大小和位置不满意，可以进行修改。将鼠标移动到单元格框线上，这时框线颜色由绿色变成红色，单击鼠标，单元格框线变成蓝色，并出现 8 个正方形选取块。将鼠标指针放在正方形选取块上，鼠标指针变成双向箭头时，拖动鼠标即可以更改单元格的大小，如图 2.37 所示。

在单元格变蓝时，拖动鼠标还能够改变单元格的位置。

在“布局”选项卡中单击“标准”按钮，返回“标准视图”，结果如图 2.38 所示。仔细观察可以发现，图 2.38 和图 2.28 的效果非常相似。

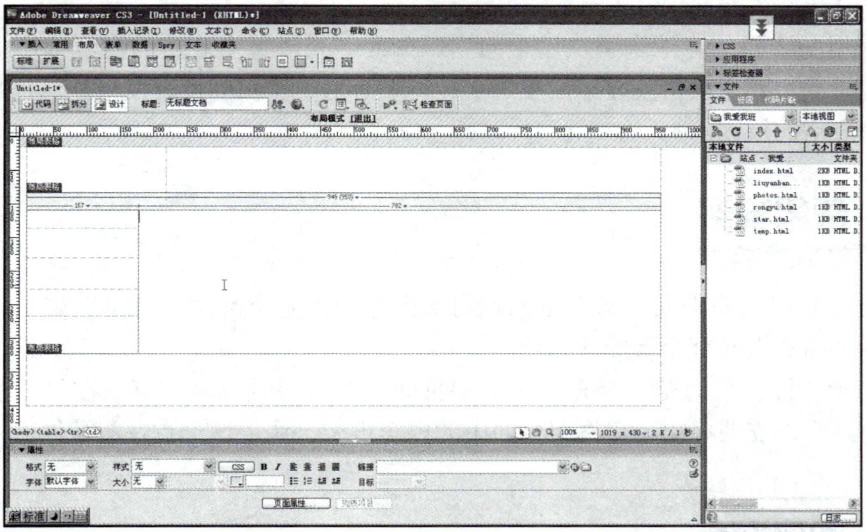

图 2.36　绘制布局单元格

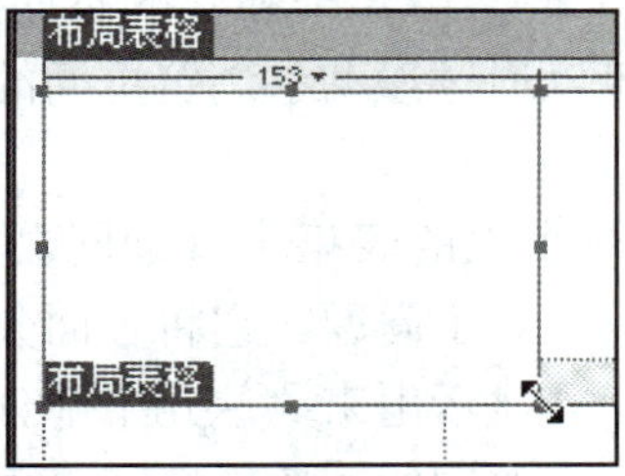

图 2.37　更改布局单元格大小

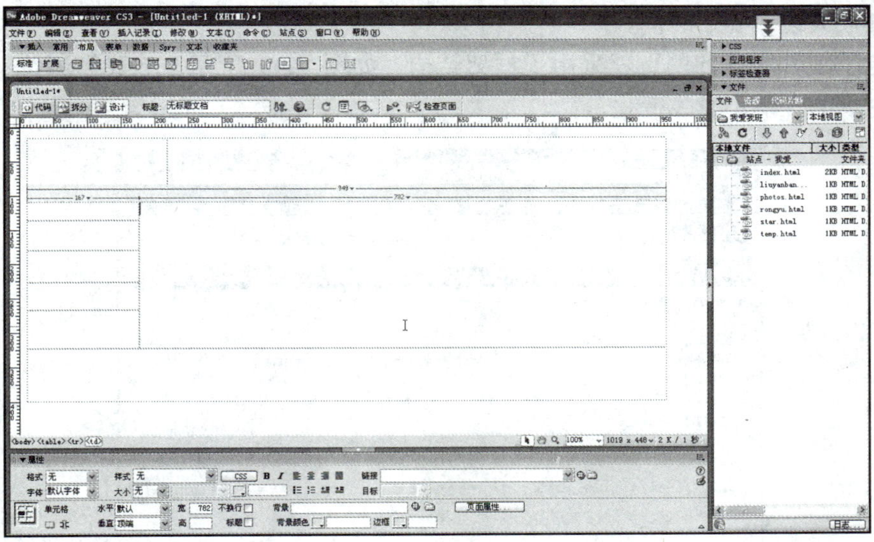

图 2.38　完成网页布局

表格在浏览器中显示时有一个缺点，即只有表格中所有的内容都下载完以后，表格里的内容才会显示，而不会下载一个显示一个。这样，如果表格里的内容较多，浏览者就要等待很长的时间才能看到网页的内容，这显然给浏览者一种网页太慢的感觉，从而影响网页的浏览率。

可以采用多表格的方法来解决这个问题。如此一来，每个表格的内容都不多，哪个表格的内容先下载，哪个表格就显示，不至于让浏览者对着空白的屏幕发呆。这也是在布局视图中画 3 个表格的原因。

2.4 使用框架

与表格和布局表格不同，框架是通过将页面划分为几个区域，每个区域由一个网页来显示内容，从而实现对整个页面的布局。

框架的一个巨大优势是，当在一个框架页面中单击超链接时，可以在另一个框架页面中显示内容，而不需要将第一个框架页面中的内容再做一遍。这一点在服务性网站的页面中非常有用。

2.4.1 框架概述

我们可以这样理解框架：一个框架由几个独立的页面组成。在一般情况下，这些页面只显示全部内容的一部分，我们可以通过滚动条浏览页面的全部内容。或者也可以说，框架实现了在一个窗口中浏览多个页面。

在学习表格时我们知道，用一个大的表格来规划网页往往会造成网页显示的速度比较慢，采用框架可以在一定程度上解决这个问题。它将页面分割为两个或两个以上的部分，各部分分别独立下载到本地计算机上并显示出来。这几个部分既互相独立，又可以互相链接，每一个部分的显示速度不受其他页面的制约，这使得页面更加生动。特别是，当我们打开网站内的超链接时，常常只需要更新一部分的内容，而不必将整个页面的内容都重新下载一遍，这无疑极大地节省了时间。

提供电子邮件服务的网页就采用了框架结构，如图 2.39 所示。当我们浏览不同的电子邮件时，主页的左端不发生变化。

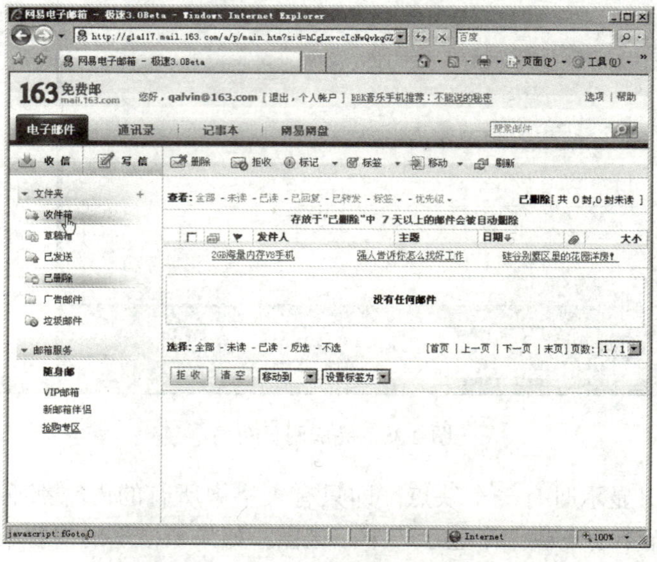

图 2.39　网易的免费邮箱界面

2.4.2　框架的建立与保存

首先新建一个空白的网页，在该网页中，我们学习框架的相关知识。

在“插入”面板中的“布局”选项卡中单击“框架”按钮，在弹出的下拉菜单中选择“顶部和嵌套的左侧框架”命令，如图 2.40 所示。

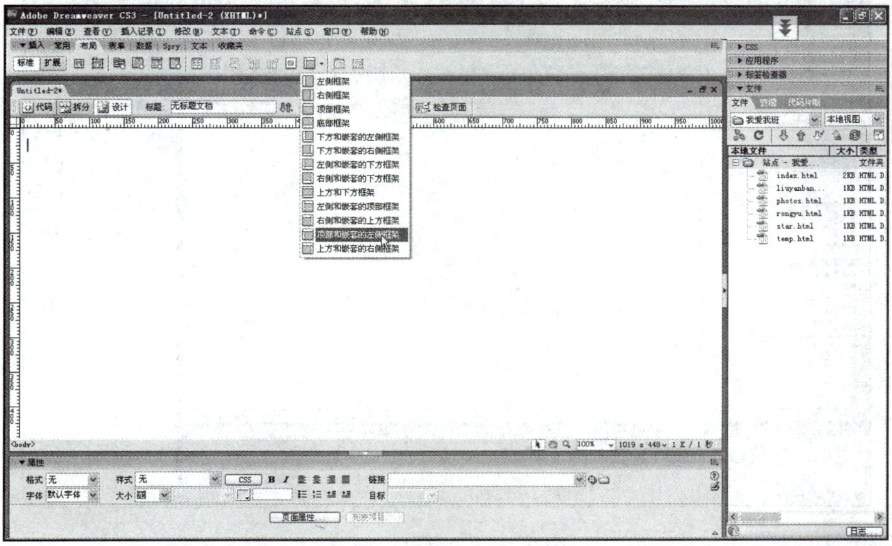

图 2.40　选择“顶部和嵌套的左侧框架”命令

如图 2.41 所示，网页被分为 3 部分。系统要求为 mainframe（也就是最大的那个部分）提供主题，输入“主内容区”后，单击“确定”按钮，该对话框被关闭。

在顶端单击鼠标，可以发现 Dreamweaver 的标题栏中网页名称变为“UntitledFrame-2”，而左下方的网页名称为“UntitledFrame-3”，右下方的网页名字称原来的“Untitled-1”。每一部分有独立的名称，这便是使用框架与使用表格和布局表格的本质不同。

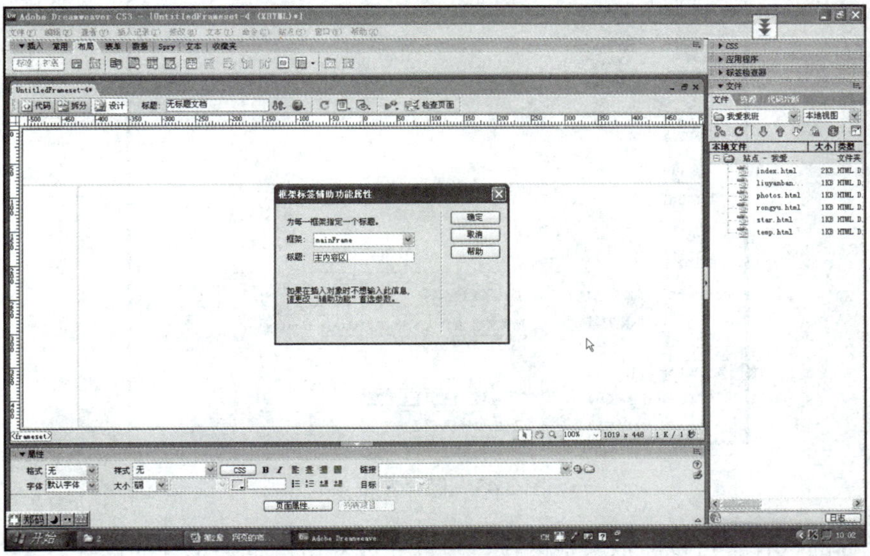

图 2.41　网页被分为 3 部分

下面我们保存这个框架文件。需要注意的是，框架的保存与单个网页的保存稍有不同，Dreamweaver 为每一个框架提供一个“保存”对话框。

单击菜单栏上的“文件”，可以发现“文件”菜单下的“保存”命令变成了“保存框架”和“框架另存为”命令等。选择“保存框架”命令，如图 2.42 所示，可以保存当前光标所在的网页。

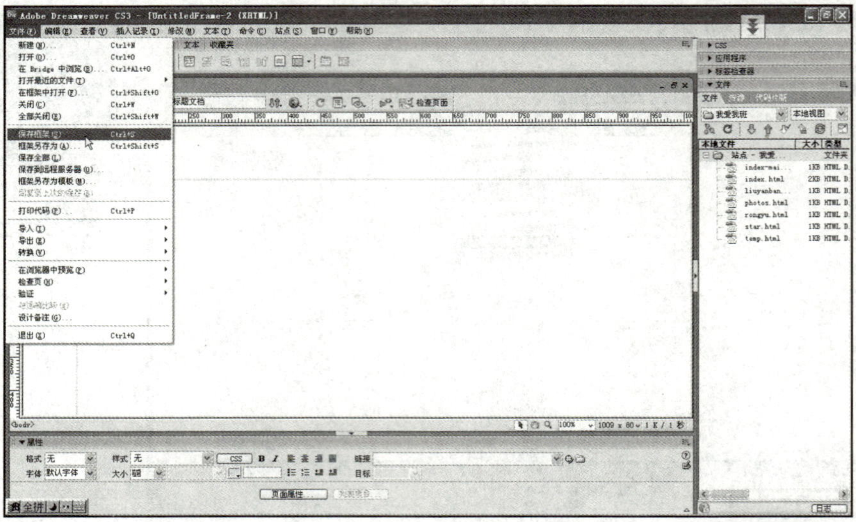

图 2.42 “文件”菜单

在如图 2.43 所示的对话框中，可以发现默认的文件名是“UntitledFrame-2”，这是因为当前光标在网页的顶端区域中。输入新的文件名，单击“保存”按钮，完成对该框架文件的保存。

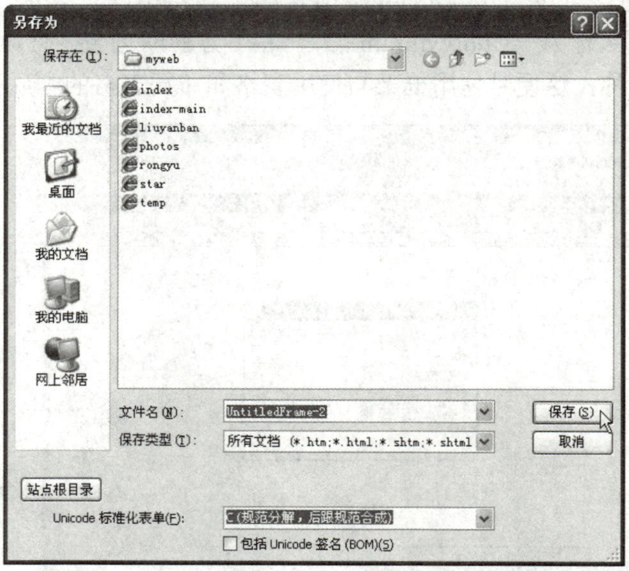

图 2.43 保存左框架

改变光标的位置，可以激活其他区域，可以完成对所有框架文件的保存。

如果你觉得这样保存太麻烦，可以选择菜单栏中的“文件”→“保存全部”命令，它会依次提示你为每一个没有保存的框架文件进行保存。注意：虽然窗口被分为 3 部分，却要保存 4 次，因为除了 3 个框架页面需要保存，整个框架集也需要保存。

2.4.3　设置框架

通过框架创建向导，我们可以创建简单的框架，但在实际应用中，我们往往需要对框架进行修饰，使其更美观，更实用，也更富有个性化特征。

改变框架的大小非常容易，只需将鼠标指针移至框架的分界处，当鼠标指针显示发生变化时，将其拖至适宜的位置即可，如图 2.44 所示。

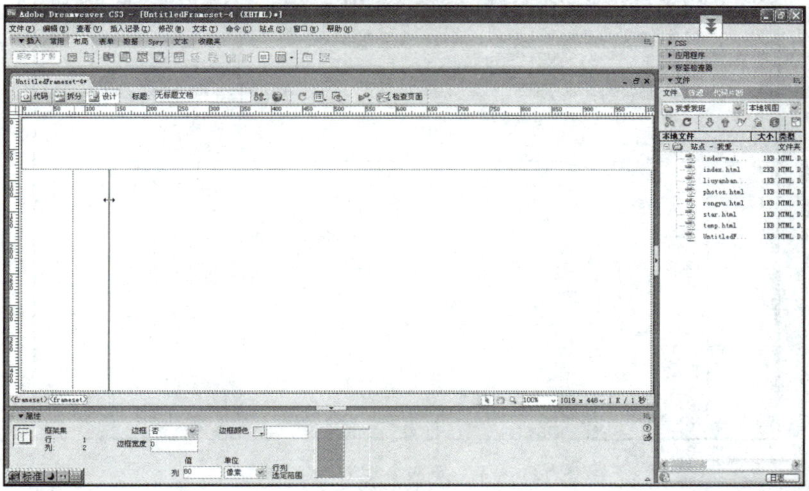

图 2.44　拖动鼠标更改框架大小

在默认的情况下，框架的框线是隐藏的。也就是说，在浏览器中是根本看不到框架存在的。下面的操作可以让框线显示出来。单击框架两个框架之间的边框，框架边框上出现一行虚线。而窗口下面的“属性”面板中变成框架属性的相关内容，如图 2.45 所示。

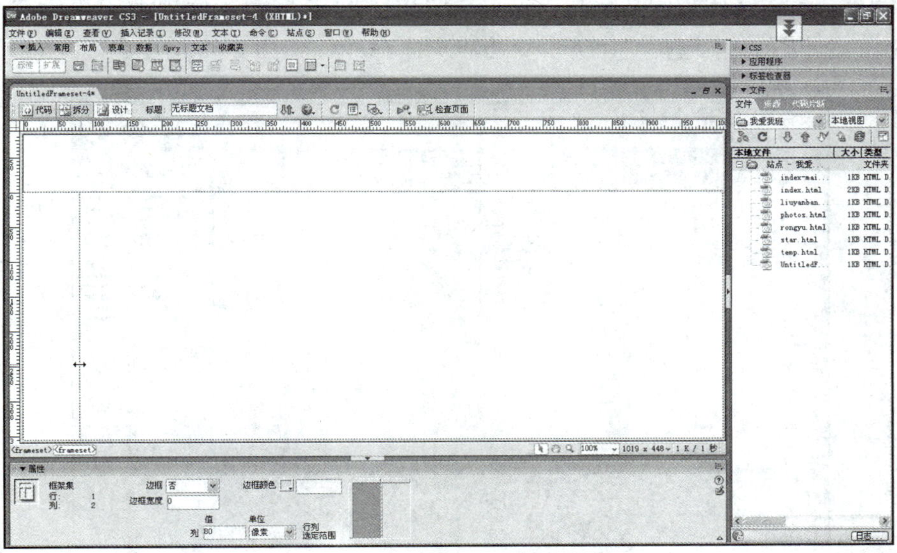

图 2.45　出现框架属性的“属性”面板

在“属性”面板中，更改边框为“是”，边框宽度为 1，如图 2.46 所示。

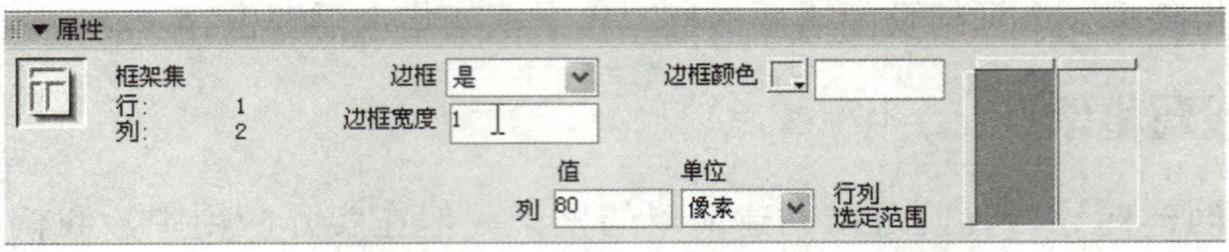

图 2.46　“属性”面板

如图 2.47 所示是框架经过设置后，在 IE 浏览器中的样子。

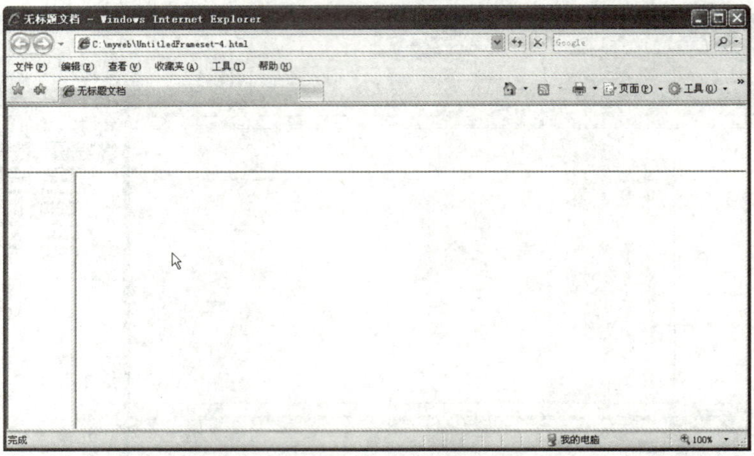

图 2.47　框架框线显示出来

2.4.4　使用框架规划网页布局

从图 2.47 来看，和我们规划的网页布局还有差距，框架的底部还应该有一个框架页面用于存放版权信息等。下面我们建立一个和图 2.28 相似的框架文件。

首先新建一个空白的网页。在“插入”面板中的“布局”选项卡中单击“框架”按钮，在弹出的下拉菜单中选择“上方和下方框架”命令，如图 2.48 所示。

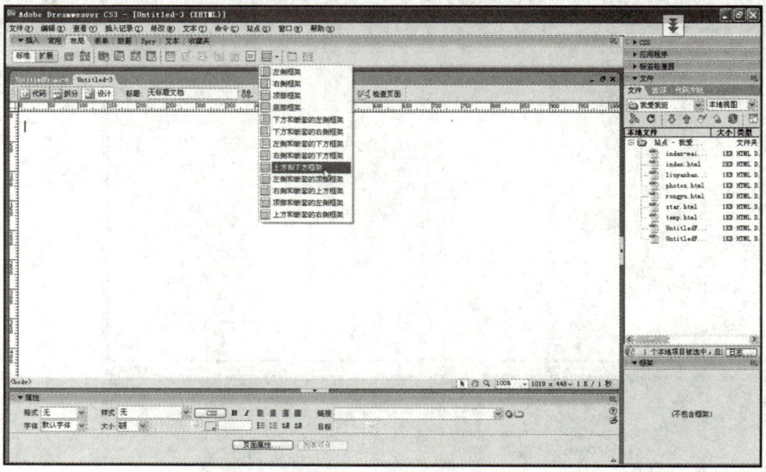

图 2.48　选择“上方和下方框架”命令

将光标置于中间的框架文件中，选择菜单栏中的“修改”→“框架集”→“拆分左框架”命令，如图 2.49 所示。

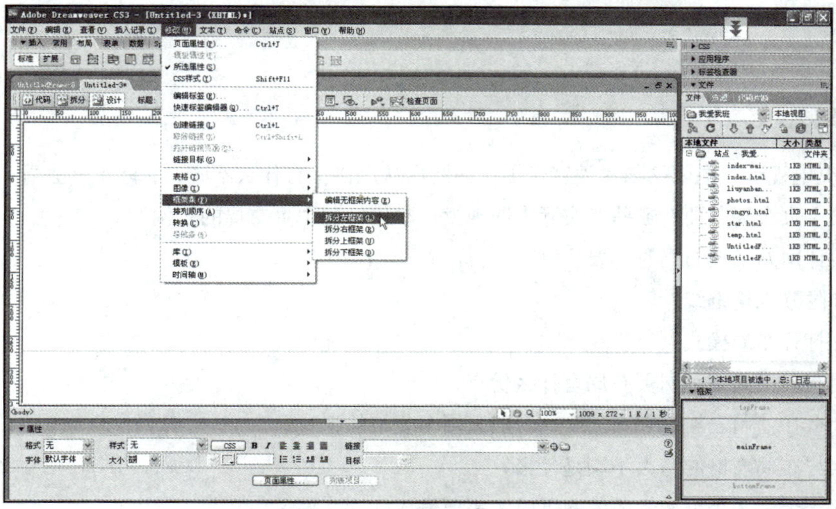

图 2.49　选择“拆分左框架”命令

调整框架文件的大小，可以看到和规划的网页布局非常相似，如图 2.50 所示。

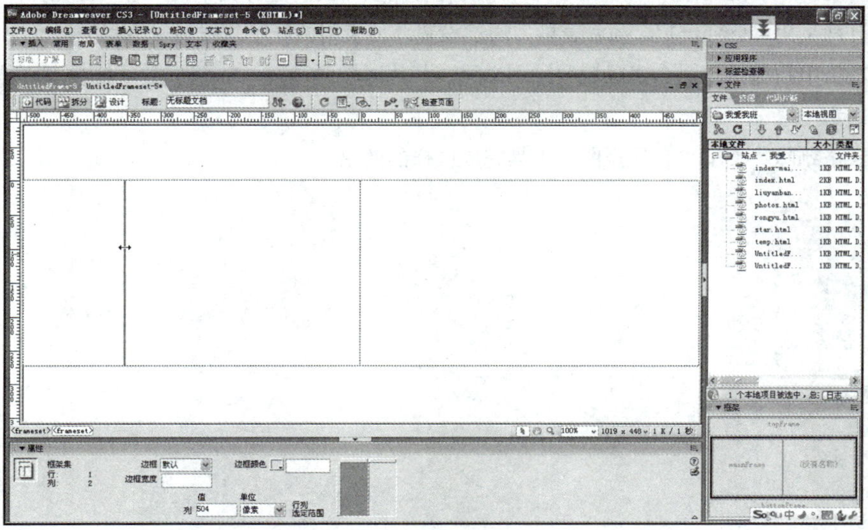

图 2.50　调整框架大小

框架具有许多优点，例如，访问者的浏览器不需要为每个页面重新加载与导航相关的图形，每个框架都具有自己的滚动条等。但它具有的缺点也同样明显，比如难以实现不同框架中各元素的精确图形对齐，有的浏览器不支持框架技术，框架中加载的每个页面的 URL 不显示在浏览器地址栏中，浏览者很难将特定页面设为书签等。

目前随着宽带技术的使用，特别是网页制作技术的发展，框架的使用几率已经在变小，特别是类似于本书实例内容比较简单的网页，对框架的介绍比较简单；在后面的实例中，也不再涉及框架网页的内容，而使用表格布局制作网页。但作为网页制作的一项重要技术，我们有必要对它进行一定的了解。

习题 2

1．简答题

（1）“中央电视台”的网站与“闪客帝国”的网站从风格上有什么不同？实际上网去看一看。

（2）网站主页布局主要有哪些？实际上网观察，举出每种主页布局的实例。

（3）在设计网站主页布局时，要注意哪些方面？

（4）怎样隐藏表格框线？

（5）怎样打开布局模式？

（6）使用布局模式规划网页布局有什么优点？

（7）为什么在使用表格规划布局时，一般采用多表格的形式？

（8）框架与布局表格的最大不同是什么？

（9）保存一个由 3 个框架组成的网页时，需要输入几次文件名？

2．操作题

（1）打开爱护牙齿的网站，参照课本上介绍的几种网页布局，选择其中的一种，画出布局草图。

（2）打开网页“index.html”，插入表格，通过设置，使表格的样子与布局表格相类似。

（3）在表格中超链接热区文字区域中输入文字，其他区域通过按“Enter”键，使得表格呈竖的矩形，与布局草图相同。

（4）将表格删除，使用“布局视图”工具完成同样的效果。

第3章 网页的编辑

3.1 字体与段落的设置

在网页上浏览时，可以发现，任何一个网页，不论是绚丽多彩，还是简洁明了，都含有两个要素，即文字和图片。其中，文字是一个网页最基本的要素，而添加适当的图片，可以令网页生色不少。

Dreamweaver 中文字的设置是在浮动面板中完成的。浮动面板的使用，让用惯了 Office 软件的用户稍感不习惯，但只要稍微练习就可以熟练掌握文本的设置方法。

3.1.1 字体与字号

在 Dreamweaver 中打开网站，然后在浮动面板“文件”选项卡中双击网页文件“index.html”，将网页文件打开。

就像在记事本中一样，在需要输入文字的区域单击鼠标，出现光标后，输入文本即可。在输入的过程中，除非分段，否则不要按“Enter”键换行，软件有自动换行的功能。

如果按“Enter”键换行，会发现默认的行间距比较大。这是因为用键盘操作换行有两种方法：按“Enter”键和按“Enter+Shift”组合键。其中，按“Enter”键，换行的行间距较大；一般换行使用“Enter+Shift”组合键，这样换行才是正常行间距。两种换行方法的效果分别如图 3.1 和图 3.2 所示。

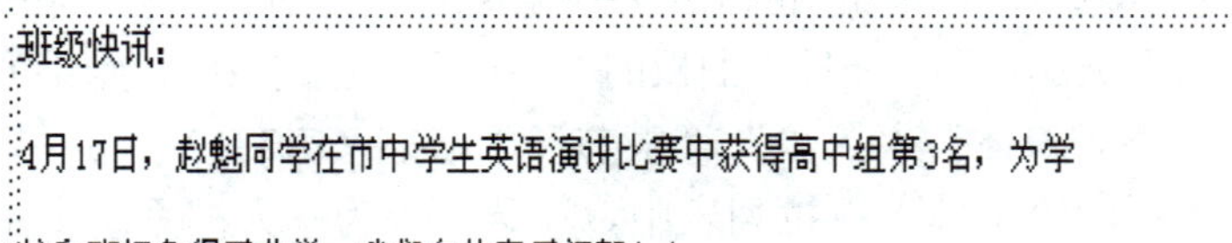
班级快讯：
4月17日，赵魁同学在市中学生英语演讲比赛中获得高中组第3名，为学
校和班级争得了荣誉。我们向他表示祝贺！！

图 3.1　使用“Enter”键的效果

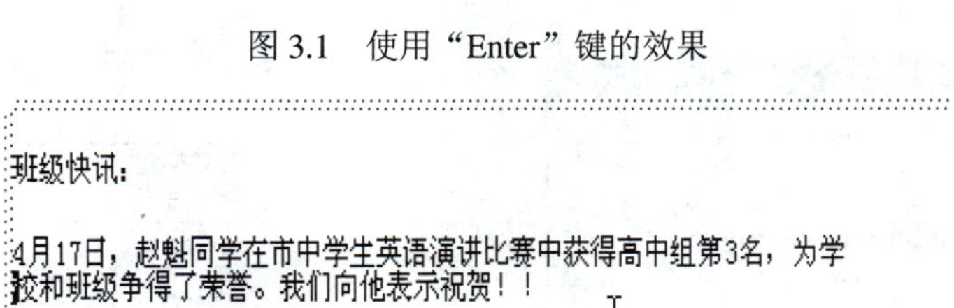
班级快讯：
4月17日，赵魁同学在市中学生英语演讲比赛中获得高中组第3名，为学
校和班级争得了荣誉。我们向他表示祝贺！！

图 3.2　使用“Enter+Shift”组合键的效果

输入完毕，选择菜单栏上的“文件”→“保存”命令，保存网页上的文字，结果如图 3.3 所示。

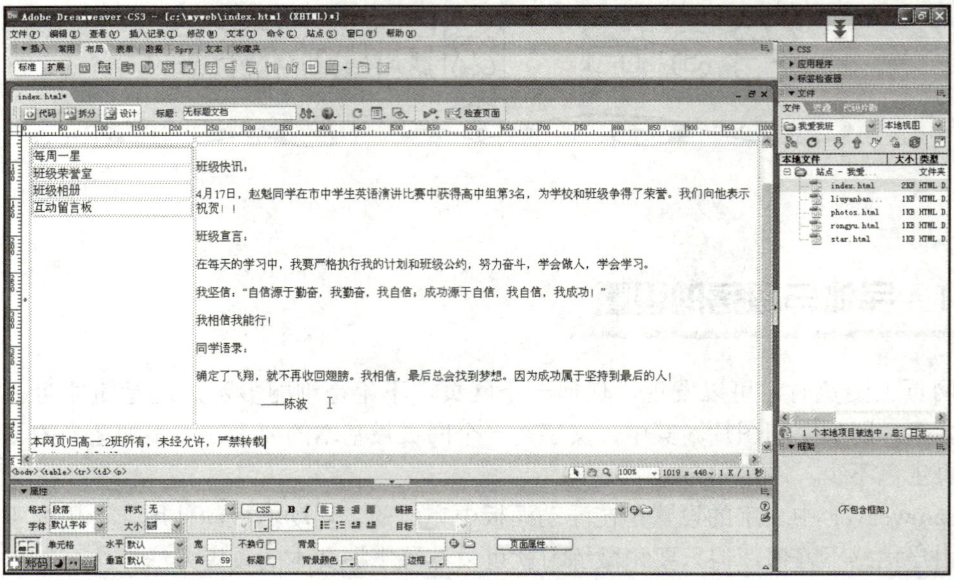

图 3.3 在网页中输入文字

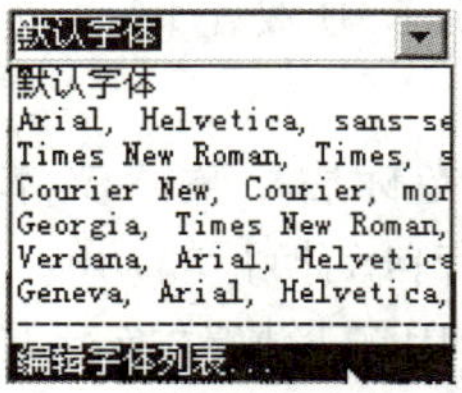

图 3.4 字体列表下拉菜单

下面一起来对输入的文字进行简单的编辑。由于 Dreamweaver 提供的默认字体中没有中文字体，所以在设置字体前，应先将中文字体添加到“属性”面板字体下拉列表框中。

如果“属性”面板没有显示，按“Ctrl+F3”组合键或选择菜单栏上的“窗口”→“属性”命令，可以打开“属性”面板。在“属性”面板中，单击默认字体右端的按钮，在下拉菜单中选择编辑字体列表...，如图 3.4 所示。

如图 3.5 所示，在弹出的“编辑字体列表”对话框中，选中“可用字体”栏中的中文字体，本例选中“仿宋_GB2312”，单击«按钮，字体出现在“选择的字体”栏中。单击“确定”按钮，“仿宋_GB2312”被加入到“属性”面板的“字体”下拉列表中，结果如图 3.6 所示。

用同样的方法，将“宋体”、“黑体”、“隶书”、“楷书_GB2312”和“幼圆”等几种字体都添加到“属性”面板的“字体”下拉列表中。注意：因为别人的系统上不一定装有相同的字体，所以不要将一些特殊的字体加到列表中并使用。如果确实需要用到特殊字体，可以将文字做成图片后再使用。

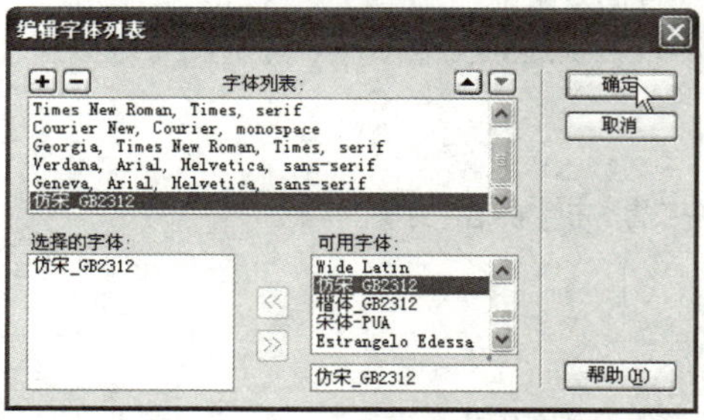

图 3.5 “编辑字体列表”对话框

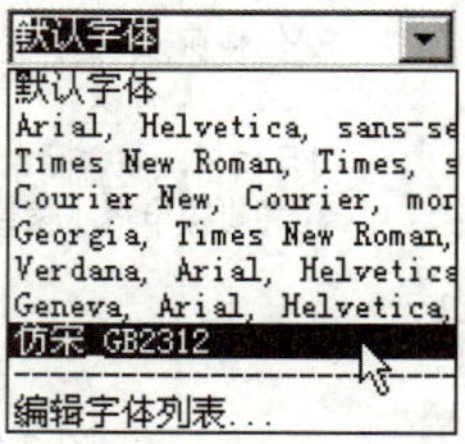

图 3.6 添加“仿宋_GB2312”字体

在 Dreamweaver 中选中“本网页归高一.2 班所有，未经允许，严禁转载”和“Email: gao1-2@163.com”几个字，然后在“属性”面板中单击默认字体右边的按钮，在下拉列表中选择“楷体 GB_2312”，将字体设为楷体；单击大小(S) 无右边的按钮，在下拉列表中选择“16”，将字体设为 16 号字，效果如图 3.7 所示。

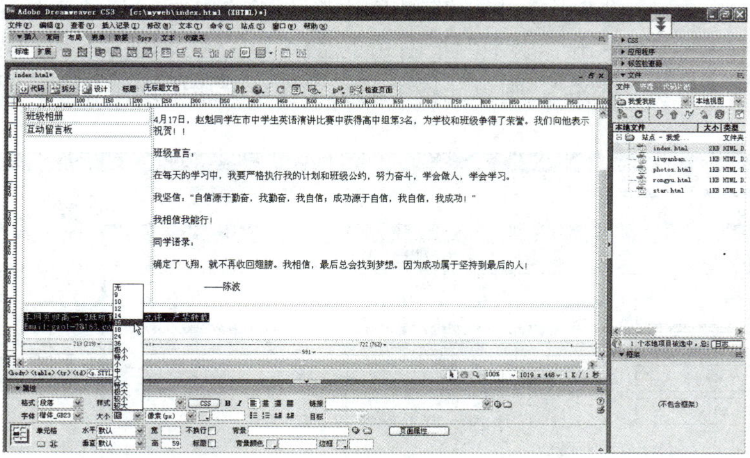
班级相册
互动留言板
4月17日，赵魁同学在市中学生英语演讲比赛中获得高中组第3名，为学校和班级争得了荣誉。我们向他表示祝贺！！
班级宣言：
在每天的学习中，我要严格执行我的计划和班级公约，努力奋斗，学会做人，学会学习。
我坚信：“自信源于勤奋，我勤奋，我自信；成功源于自信，我自信，我成功！”
我相信我能行！
同学语录：
确定了飞翔，就不再收回翅膀。我相信，最后总会找到梦想。因为成功属于坚持到最后的人！
——陈波

图 3.7　字体被设为 16 号楷体

3.1.2　文字的对齐方式

在默认情况下，文字均紧靠在表格框线上。这样非常影响美观，特别是当相邻单元格都有文字时，显得十分拥挤。

选中整个表格，如图 3.8 所示，将“属性”面板中的“填充”值更改为“10”，则表格中的文字与表格框线的距离变成 10 像素；将“间距”值更改为“10”，则各个单元格间的距离更改为 10 像素。更改后的效果如图 3.9 所示。

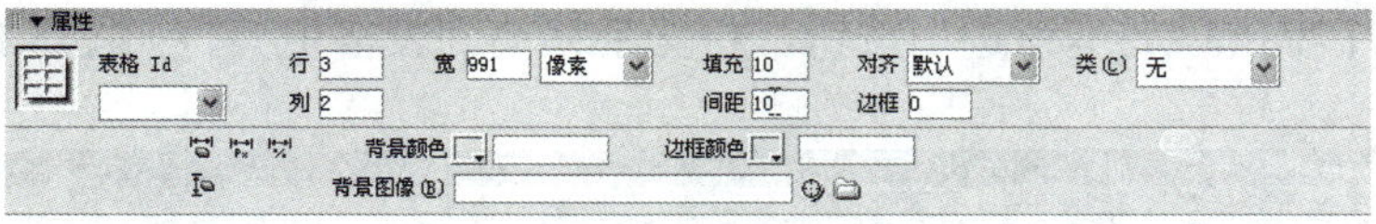
属性
表格 Id
行 3
列 2
宽 991 像素
填充 10
间距 10
对齐 默认
边框 0
类(C) 无
背景颜色
边框颜色
背景图像(B)

图 3.8　更改表格的“填充”与“间距”

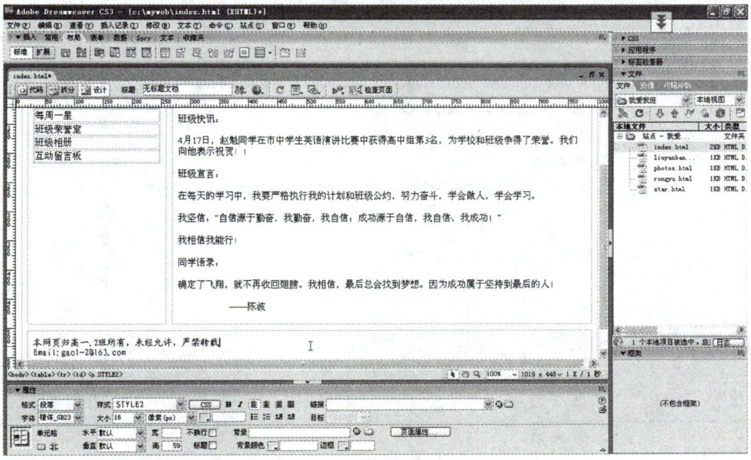
每周一星
班级荣誉室
班级相册
互动留言板
班级快讯：
4月17日，赵魁同学在市中学生英语演讲比赛中获得高中组第3名，为学校和班级争得了荣誉。我们向他表示祝贺！！
班级宣言：
在每天的学习中，我要严格执行我的计划和班级公约，努力奋斗，学会做人，学会学习。
我坚信：“自信源于勤奋，我勤奋，我自信；成功源于自信，我自信，我成功！”
我相信我能行！
同学语录：
确定了飞翔，就不再收回翅膀。我相信，最后总会找到梦想。因为成功属于坚持到最后的人！
——陈波
本网页归高一.2班所有，未经允许，严禁转载
Email:gao1-2@163.com

图 3.9　更改后的效果

每周一星
班级荣誉室
班级相册
互动留言板

图 3.10　更改嵌套表格

同理，调整表格中嵌套的表格设置项，特别是“填充”和“间距”的值，达到如图 3.10 所示的效果。

现在来看如何调整单元格内文字的对齐方式。

拖动鼠标指针，选中嵌套表格中的各个单元格，这时“属性”面板显示的是单元格设置的内容，与选中表格时略有不同。单击“水平”框右边的▼按钮，在弹出的下拉列表中选择“居中对齐”，则单元格中的文字在单元格中居中显示，如图 3.11 所示。

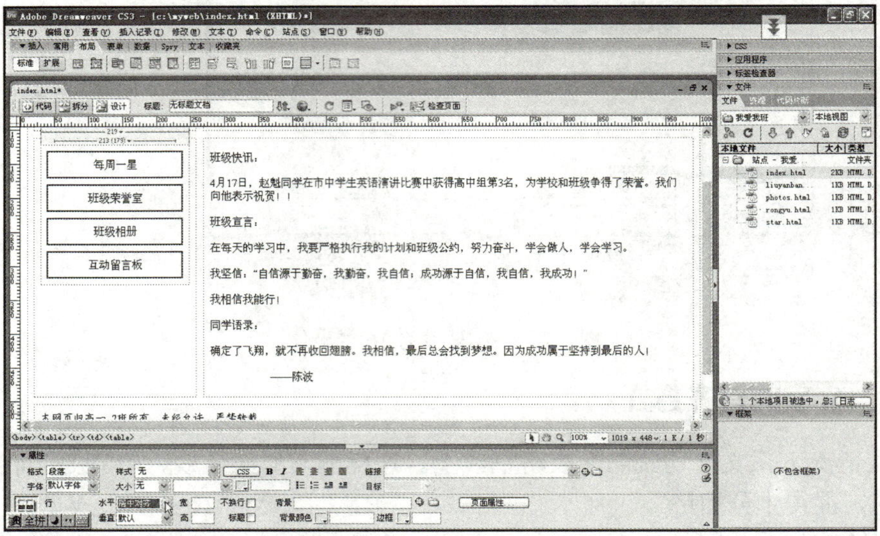
Adobe Dreamweaver CS3 - [c:\myweb\index.html (XHTML)*]
每周一星
班级荣誉室
班级相册
互动留言板
班级快讯：
4月17日，赵魁同学在市中学生英语演讲比赛中获得高中组第3名，为学校和班级争得了荣誉。我们向他表示祝贺！！
班级宣言：
在每天的学习中，我要严格执行我的计划和班级公约，努力奋斗，学会做人，学会学习。
我坚信：“自信源于勤奋，我勤奋，我自信；成功源于自信，我自信，我成功！”
我相信我能行！
同学语录：
确定了飞翔，就不再收回翅膀。我相信，最后总会找到梦想。因为成功属于坚持到最后的人！
——陈波

图 3.11　选择“居中对齐”

再将鼠标指针移动到表格最下端的单元格中，拖动鼠标指针选中表格中的所有文字，在“属性”面板中单击“文本缩进”按钮，将文字移动到表格中央，如图 3.12 所示。

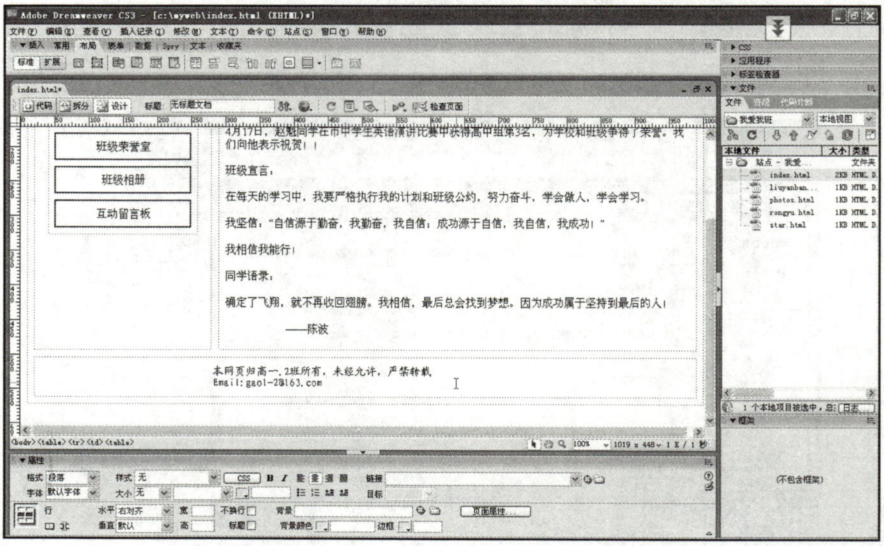
Adobe Dreamweaver CS3 - [c:\myweb\index.html (XHTML)*]
班级荣誉室
班级相册
互动留言板
班级宣言：
在每天的学习中，我要严格执行我的计划和班级公约，努力奋斗，学会做人，学会学习。
我坚信：“自信源于勤奋，我勤奋，我自信；成功源于自信，我自信，我成功！”
我相信我能行！
同学语录：
确定了飞翔，就不再收回翅膀。我相信，最后总会找到梦想。因为成功属于坚持到最后的人！
——陈波
本网页归高一.2班所有，未经允许，严禁转载
Email:gaol-2@163.com

图 3.12　单击“文本缩进”按钮

请同学们想一想，为何此处不能使用“居中对齐”？

3.1.3　文字的风格与颜色

选中“每周一星”几个字，在“属性”面板中单击 ，打开颜色面板，选择褐色色块，将文字设为褐色，如图 3.13 所示。

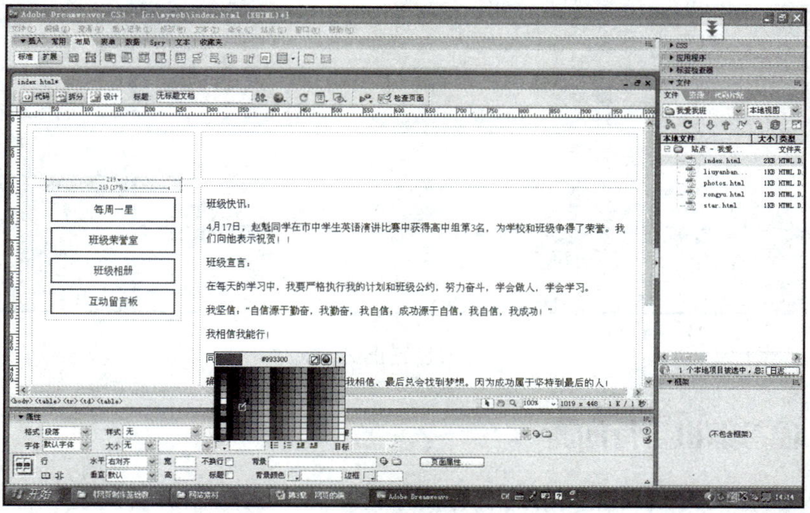
每周一星
班级荣誉室
班级相册
互动留言板
班级快讯：
4月17日，赵魁同学在市中学生英语演讲比赛中获得高中组第3名，为学校和班级争得了荣誉。我们向他表示祝贺！！
班级宣言：
在每天的学习中，我要严格执行我的计划和班级公约，努力奋斗，学会做人，学会学习。
我坚信：“自信源于勤奋，我勤奋，我自信；成功源于自信，我自信，我成功！”
我相信我能行！
#993300

图 3.13　更改文字的颜色

如果要使用色块以外的文字颜色，应该怎样做？提示：注意颜色面板中的按钮 。

单击 **B** 按钮，将文字设为加粗。用同样的方法将“班级荣誉室”、“班级相册”和“互动留言板”均设置成褐色、加粗，效果如图 3.14 所示。

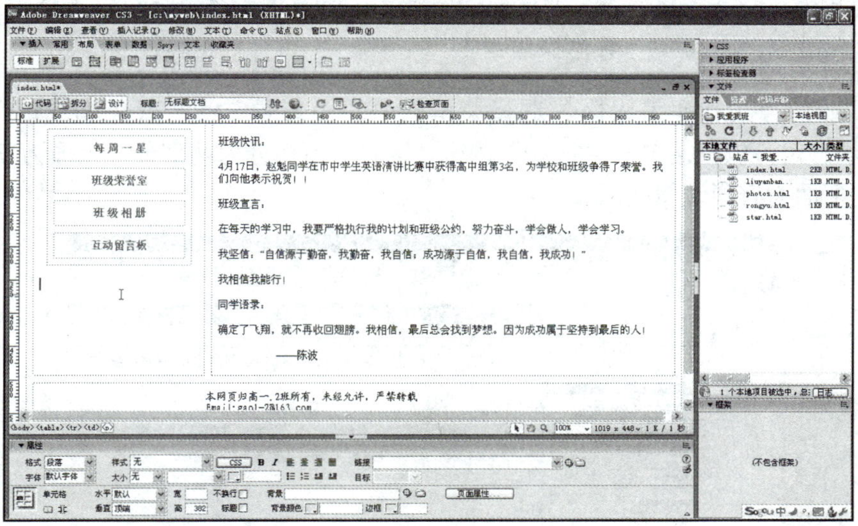
每周一星
班级荣誉室
班级相册
互动留言板
班级快讯：
4月17日，赵魁同学在市中学生英语演讲比赛中获得高中组第3名，为学校和班级争得了荣誉。我们向他表示祝贺！！
班级宣言：
在每天的学习中，我要严格执行我的计划和班级公约，努力奋斗，学会做人，学会学习。
我坚信：“自信源于勤奋，我勤奋，我自信；成功源于自信，我自信，我成功！”
我相信我能行！
同学语录：
确定了飞翔，就不再收回翅膀。我相信，最后总会找到梦想。因为成功属于坚持到最后的人！
——陈波
本网页归高一.2班所有，未经允许，严禁转载

图 3.14　设置文字的颜色和风格

对主页的右边正文区域中的文字进行设置，然后将网页保存，结果如图 3.15 所示。

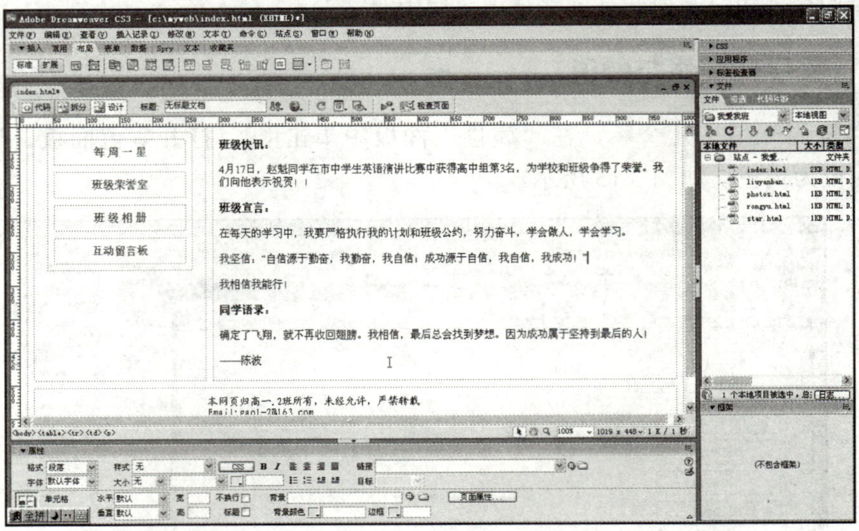
Adobe Dreamweaver CS3 - [c:\myweb\index.html (XHTML)*]
每周一星
班级荣誉室
班级相册
互动留言板
班级快讯：
4月17日，赵魁同学在市中学生英语演讲比赛中获得高中组第3名，为学校和班级争得了荣誉。我们向他表示祝贺！！
班级宣言：
在每天的学习中，我要严格执行我的计划和班级公约，努力奋斗，学会做人，学会学习。
我坚信："自信源于勤奋，我勤奋，我自信；成功源于自信，我自信，我成功！"
我相信我能行！
同学语录：
确定了飞翔，就不再收回翅膀。我相信，最后总会找到梦想。因为成功属于坚持到最后的人！
——陈波
本网页归高一、2班所有，未经允许，严禁转载

图 3.15　设置正文的文字

3.1.4　段首缩进与行间距

按照中文的行文习惯，在段落的首行要空两个格。在操作时会发现，在 Dreamweaver 中，不能像 Word 一样拖动首行缩进按钮，也不能连续按空格，Dreamweaver 没有这个功能。要实现在段首空两个空格，应该切换到代码编辑区，在段首文字前输入代码“ ”（注意不要漏掉“;”）。

注意

该代码只代表一个半角字符，要空出两个汉字，需要添加 4 个代码。这样，在浏览器中就可以看到段首空两个格了，具体操作如下。

首先需要切换到代码编辑区。选择菜单栏中的“查看”→“代码和设计”命令，如图 3.16 所示，也可以直接单击“拆分”按钮。这时，窗口分为两部分，上面为 HTML 代码编辑区域，下面为普通编辑区域。

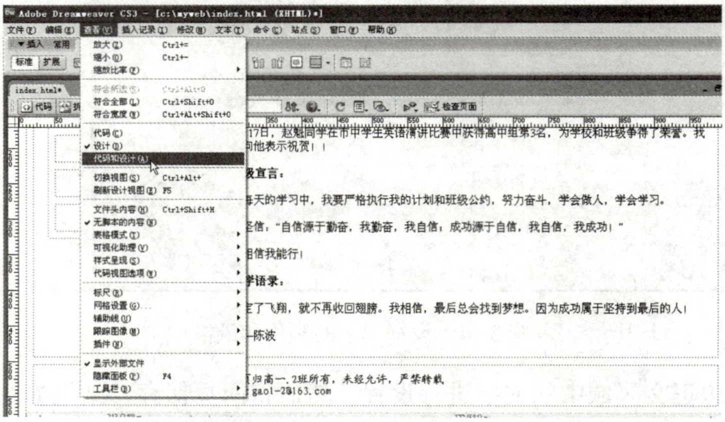
Adobe Dreamweaver CS3 - [c:\myweb\index.html (XHTML)*]
放大(I)
缩小(O)
缩放比率(Z)
符合全部(L)
符合宽度(W)
代码(C)
设计(D)
代码和设计(A)
切换视图(S)
刷新设计视图(R)
文件头内容(H)
无脚本的内容(N)
表格模式(T)
可视化助理(V)
样式呈现(S)
代码视图选项(W)
标尺(R)
网格设置(G)
辅助线(U)
跟踪图像(M)
插件(G)
显示外部文件
隐藏面板(P)
工具栏(B)

图 3.16　选择“代码和设计”命令

在 HTML 代码编辑区域中，找到要段首缩进的文字，在文字前插入“ ”。然后在文本编辑区单击鼠标，可以看到实际效果。注意，在默认情况下至少要插入 4 个“ ”标记，而且所有符号必须是英文字符，由于字体的不同有时要多插入几个才能空出两个汉字的区域，如图 3.17 所示。

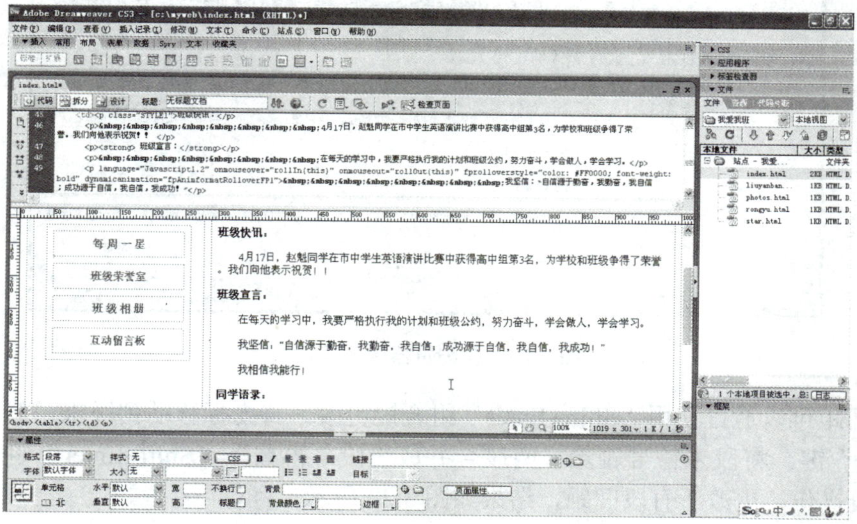
Adobe Dreamweaver CS3 - [c:\myweb\index.html (XHTML)*]
每周一星
班级荣誉室
班级相册
互动留言板
班级快讯：
4月17日，赵魁同学在市中学生英语演讲比赛中获得高中组第3名，为学校和班级争得了荣誉。我们向他表示祝贺！！
班级宣言：
在每天的学习中，我要严格执行我的计划和班级公约，努力奋斗，学会做人，学会学习。
我坚信："自信源于勤奋，我勤奋，我自信；成功源于自信，我自信，我成功！"
我相信我能行！
同学语录：

图 3.17 插入“ ”标记

选择菜单栏中的“文件”→“保存”命令，将网页文件保存，再选择“查看”→“设计”命令，切换到设计编辑区。

选择菜单栏上的“文件”→“在浏览器中预览”→“IExplore”命令，如图 3.18 所示。或按快捷键“F12”将网页在浏览器中打开，可以看见每一段首行已经缩进两格，如图 3.19 所示。

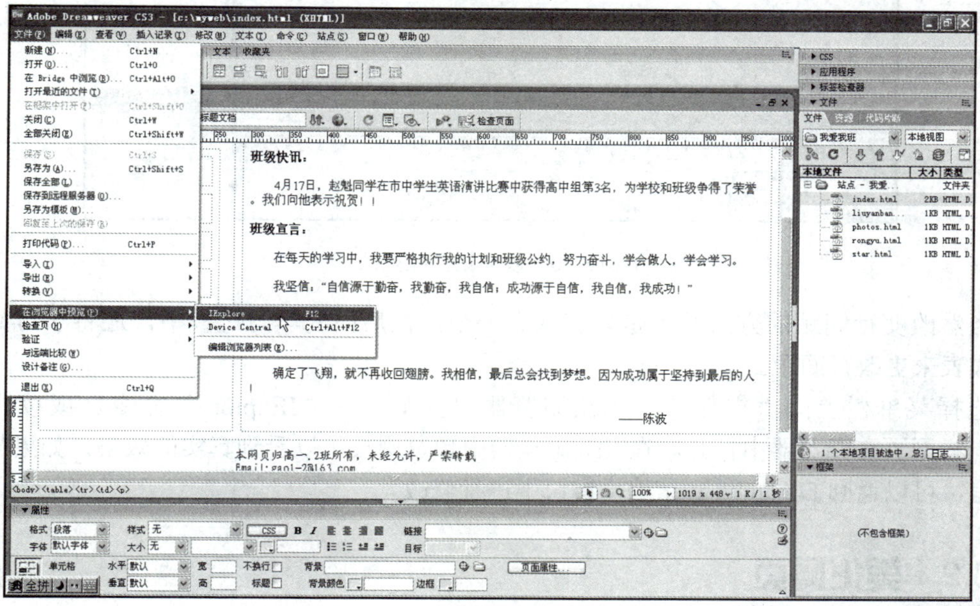
Adobe Dreamweaver CS3 - [c:\myweb\index.html (XHTML)]
IExplore F12
Device Central Ctrl+Alt+F12
班级快讯：
班级宣言：
——陈波

图 3.18 选择“IExplore”命令

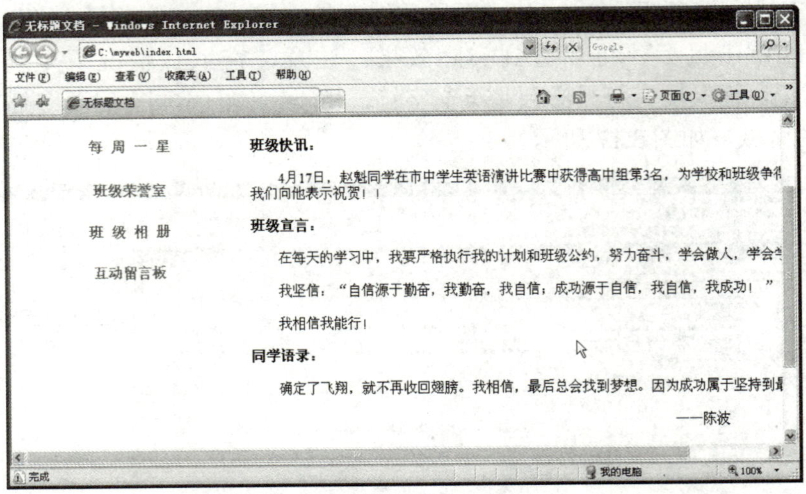
无标题文档 - Windows Internet Explorer
C:\myweb\index.html
文件(F) 编辑(E) 查看(V) 收藏夹(A) 工具(T) 帮助(H)
无标题文档
每 周 一 星
班级荣誉室
班 级 相 册
互动留言板
班级快讯：
4月17日，赵魁同学在市中学生英语演讲比赛中获得高中组第3名，为学校和班级争得
我们向他表示祝贺！！
班级宣言：
在每天的学习中，我要严格执行我的计划和班级公约，努力奋斗，学会做人，学会学
我坚信："自信源于勤奋，我勤奋，我自信；成功源于自信，我自信，我成功！"
我相信我能行！
同学语录：
确定了飞翔，就不再收回翅膀。我相信，最后总会找到梦想。因为成功属于坚持到最
——陈波
完成
我的电脑
100%

图 3.19　在浏览器中预览网页

段落间距可以通过使用“Shift+Enter”组合键更改。将光标移动到段末，然后按键盘上的“Delete”键，将段末符号删除，两段合并成一段。再按下“Shift+Enter”组合键，重新分段，重复操作，更改所有段间距，结果如图 3.20 所示。

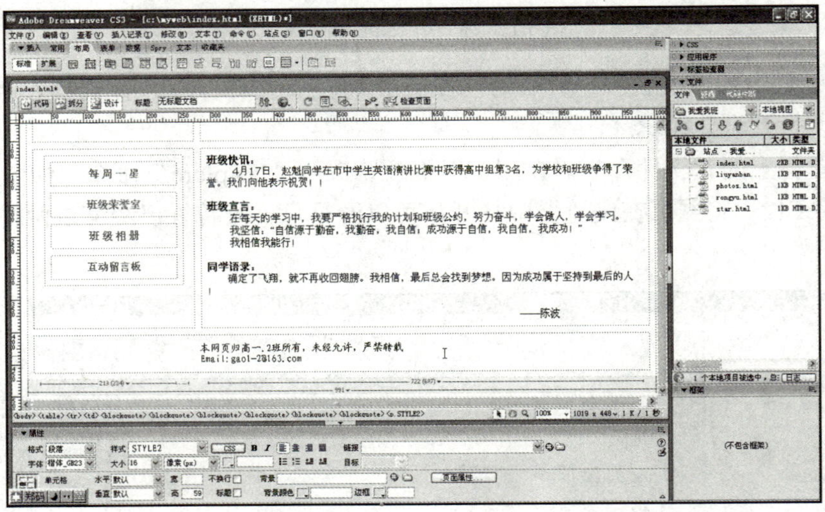
Adobe Dreamweaver CS3 - [c:\myweb\index.html (XHTML)*]
index.html*
代码 拆分 设计 标题: 无标题文档
每 周 一 星
班级荣誉室
班 级 相 册
互动留言板
班级快讯：
4月17日，赵魁同学在市中学生英语演讲比赛中获得高中组第3名，为学校和班级争得了荣誉。我们向他表示祝贺！！
班级宣言：
在每天的学习中，我要严格执行我的计划和班级公约，努力奋斗，学会做人，学会学习。
我坚信："自信源于勤奋，我勤奋，我自信；成功源于自信，我自信，我成功！"
我相信我能行！
同学语录：
确定了飞翔，就不再收回翅膀。我相信，最后总会找到梦想。因为成功属于坚持到最后的人
——陈波
本网页归高一.2班所有，未经允许，严禁转载
Email:gaol-2@163.com
index.html
liuyanban...
photos.html
rongyu.html
star.html

图 3.20　段间距已经更改

当然改变行间距的方法并不是只有这么一个，在后面的学习过程中，还将学习如何利用样式表来更改行间距。

选择菜单栏上的“文件”→“在浏览器中预览”→“IExplore”命令。或按快捷键“F12”将网页在浏览器中打开。在 IE 浏览器中预览网页可以看到真实的效果，如果与设计有偏差，可以返回 Dreamweaver 编辑窗口中进行修改。

3.2 美化网页

美化网页最简单直接的方法就是在网页上添加图片。除了文字，图片是网页中最重要

的构成元素，有了图片可以使网页内容更生动，同时可以表达一些文字表达效果欠佳的内容，使网页内容的表达更直观，一目了然。

设置了背景色和背景图片，仿佛给网页穿上了漂亮的外衣，使网页不再单调。人们说一个网页漂亮，通常就是指网页上的图片漂亮。下面来继续完成前面所做的网页，进一步学习如何美化网页。

3.2.1　插入水平线

首先，在网页中插入一条水平线，将网页底端的文字与正文分开。这样可以使网页段落分明。

将光标移动到最下面一个单元格的行首，选择菜单栏上的“插入记录”→“HTML”“水平线”命令，如图 3.21 所示，网页上自动插入一条水平线，如图 3.22 所示。

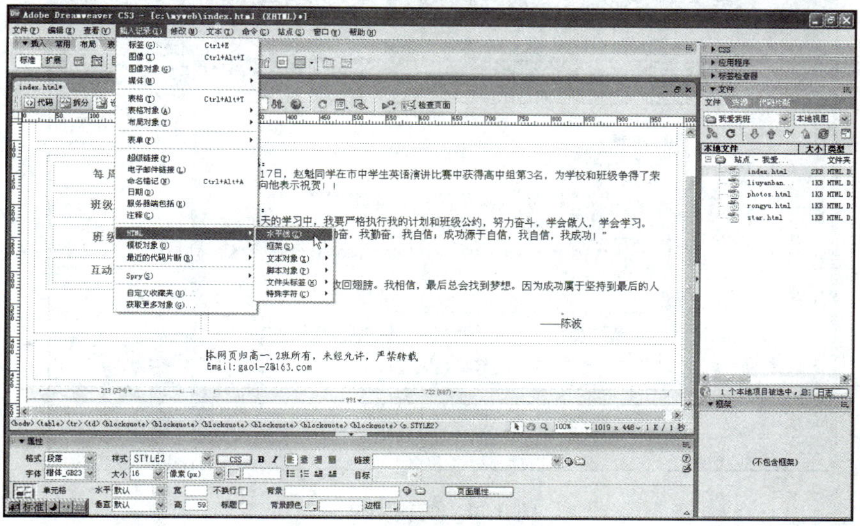

图 3.21　“插入记录”菜单

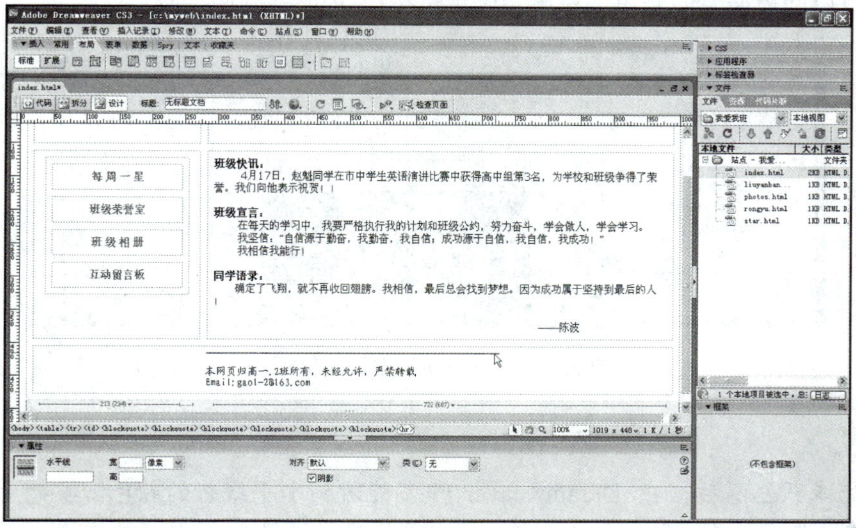

图 3.22　插入水平线

当用鼠标选取水平线时，窗口下面的“属性”面板显示水平线的相关内容，在该面板中可以修改水平线的宽度和高度，以及水平线在网页中的水平对齐方式，如图 3.23 所示。

图 3.23 水平线的“属性”面板

要更改水平线的颜色，必须通过更改代码来完成。首先选中水平线，然后在水平线上单击鼠标右键，弹出如图 3.24 所示的快捷菜单，选择“编辑标签”命令，打开“标签编辑器”对话框。

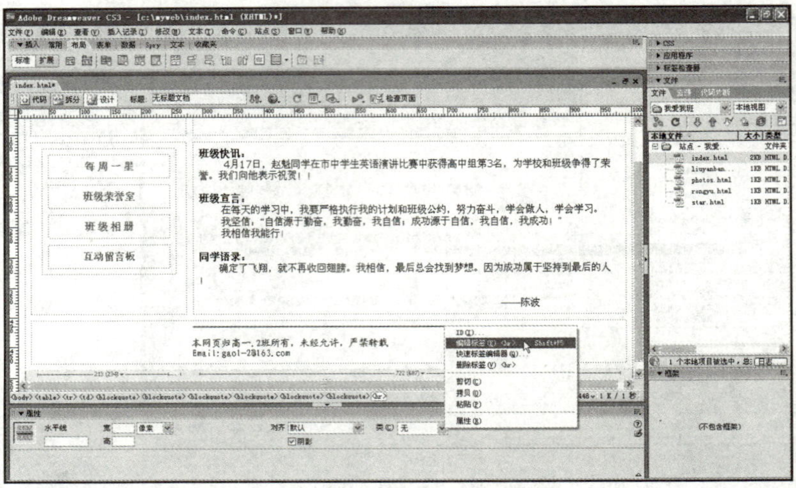

图 3.24 快捷菜单

在如图 3.25 所示的“标签编辑器”对话框中，在左侧窗口选择“浏览器特定的”选项，在右侧窗口选择需要的颜色，单击“确定”按钮即可。

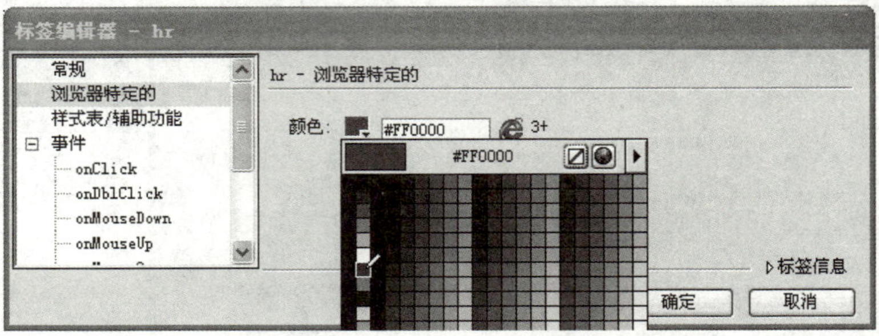

图 3.25 “标签编辑器”对话框

注意

更改水平线颜色以后，在 Dreamweaver 中不能看到水平线新的颜色，要想看到其新的颜色，必须在浏览器中预览。图 3.26 中是将水平线高度设置为 5 像素，颜色为蓝色的预览效果。

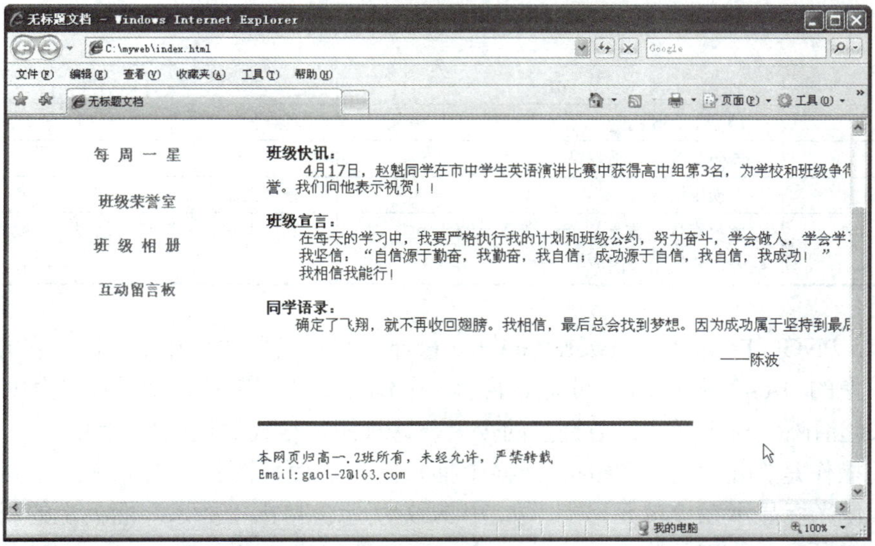
无标题文档 - Windows Internet Explorer
C:\myweb\index.html
文件(F)　编辑(E)　查看(V)　收藏夹(A)　工具(T)　帮助(H)
无标题文档
页面(P)　工具(O)
每 周 一 星
班级荣誉室
班 级 相 册
互动留言板
班级快讯：
4月17日，赵魁同学在市中学生英语演讲比赛中获得高中组第3名，为学校和班级争得荣誉。我们向他表示祝贺！！
班级宣言：
在每天的学习中，我要严格执行我的计划和班级公约，努力奋斗，学会做人，学会学习
我坚信："自信源于勤奋，我勤奋，我自信；成功源于自信，我自信，我成功！"
我相信我能行！
同学语录：
确定了飞翔，就不再收回翅膀。我相信，最后总会找到梦想。因为成功属于坚持到最后
——陈波
本网页归高一.2班所有，未经允许，严禁转载
Email:gao1-2@163.com
我的电脑
100%

图 3.26　更改水平线后的效果

在实际的应用中，一般不直接使用水平线，而是用图片代替，因为图片颜色更丰富，形象更生动。只是在没有合适图片的情况下，才使用水平线。那么怎样删除水平线呢？很简单，只要选中水平线，按键盘上的“Delete”键即可。

3.2.2　插入图片

Internet 上应用最广泛的图片格式有 3 种：GIF、JPEG 和 PNG。

GIF（Grappler Interchange Format）是第一种被 WWW（World Wide Web）所支持的图形文件格式，它采用 LZW 压缩算法，存储格式从 1 位到 8 位，最多支持 256 种颜色。另外，GIF 文件中的 GIF89a 格式可以存放多张图片，凭借这一功能，使其实现了简单的动画功能。GIF 格式的文件大小相对较小，多数用于图标、按钮、滚动条和背景等的文件输出，如图 3.27 所示。

JPEG 或 JPG 称为联合图片专家组（Joint Photograph Expert Group）格式，它主要应用于摄影图片的存储和显示，是一种静态影像压缩标准。和 BMP、GIF 文件不同，JPEG 文件采用有损压缩标准，即在压缩的过程中损失了一些图片信息，而且压缩比越大，损失越大，但这些压缩引起的信息丢失人眼难以察觉。它是专为有几百万种颜色的图片和图形设计的，它在处理颜色和图形细节方面做得比 GIF 好，因而在图片、复杂徽标和图片镜像方面使用得更为广泛。如图 3.28 所示是一些 JPEG 格式图片。

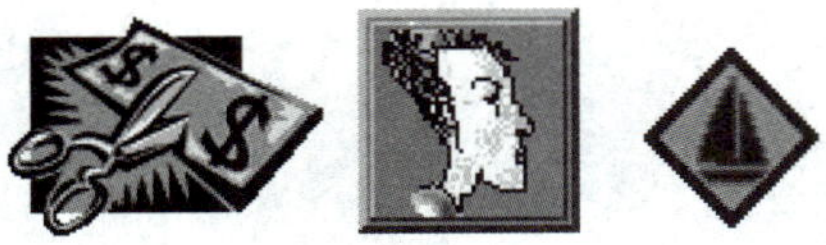

图 3.27　小巧的 GIF 文件

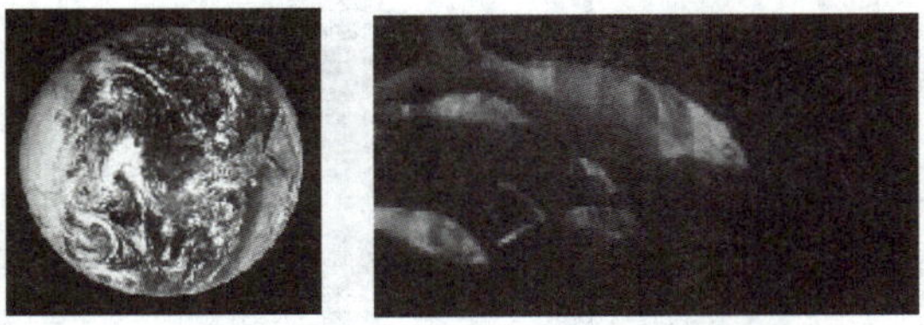

图 3.28　色彩饱满、鲜艳的 JPEG 文件

GIF 文件和 JPEG 文件各有优点，采用哪种格式，应根据实际的图片文件来决定。这两种文件的特点对比如表 3.1 所示。

表 3.1 GIF 文件和 JPEG 文件特点对比

	GIF	JPEG/JPG
色彩	16 色、256 色	真彩色
特殊功能	透明背景、动画效果	无
压缩是否有损失	无损压缩	有损压缩
适用面	颜色有限，主要以漫画图案或线条为主，一般表现建筑结构图或手绘图	颜色丰富，有连续的色调，一般表现真实的事物

近几年，PNG（Portable Network Graphic Format）格式文件又开始流行。它的特点是：只需下载图像的 1/64，就可以在网页上显示一个低分辨率的图片，随着图片信息的下载，图片也越来越清晰。对于网络日益拥挤的今天，这种图片格式显然更受欢迎。

下面的操作是在主页左上角的单元格中插入网站的徽标图片。首先在左上角单元格中单击鼠标，使光标显示在该单元格中。如图 3.29 所示，单击“插入”面板上的按钮，弹出“选择图像源文件”对话框，再单击“查找范围”右边的按钮，在下拉列表中选择 C 盘，如图 3.30 所示。

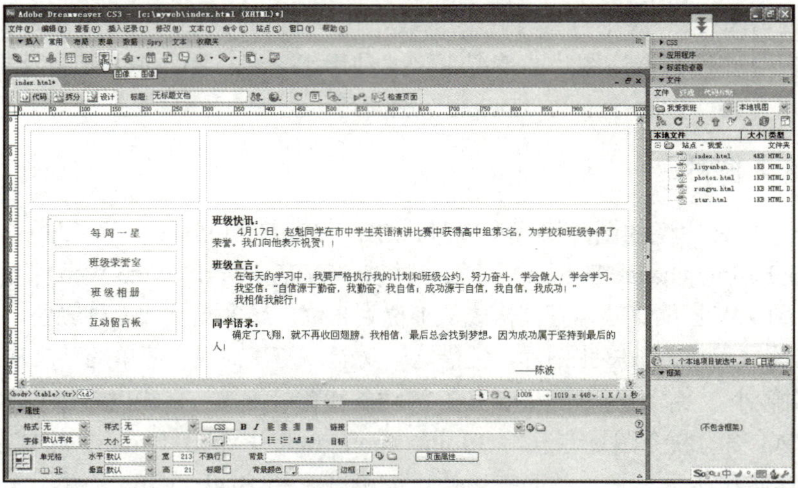

图 3.29 插入图像操作

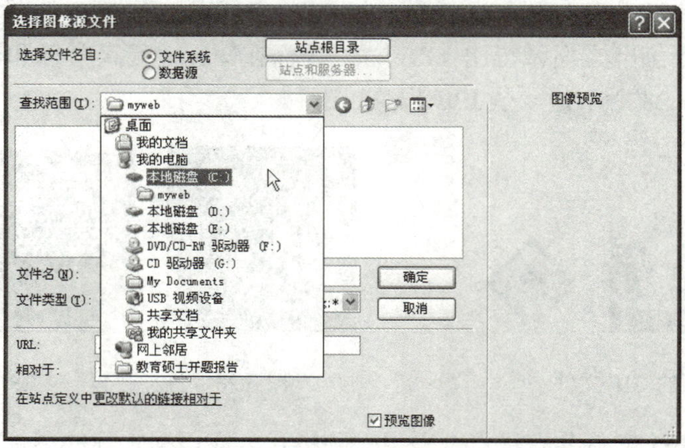

图 3.30 “选择图像源文件”对话框

双击文件夹“网页素材”，将它打开，接着在其中双击文件夹“images”，在文件夹“images”中选择文件“title”，即可在对话框右边显示图片的预览图像，通过预览可以知道图片的内容。单击“确定”按钮，将图片插入网页，如图 3.31 所示。

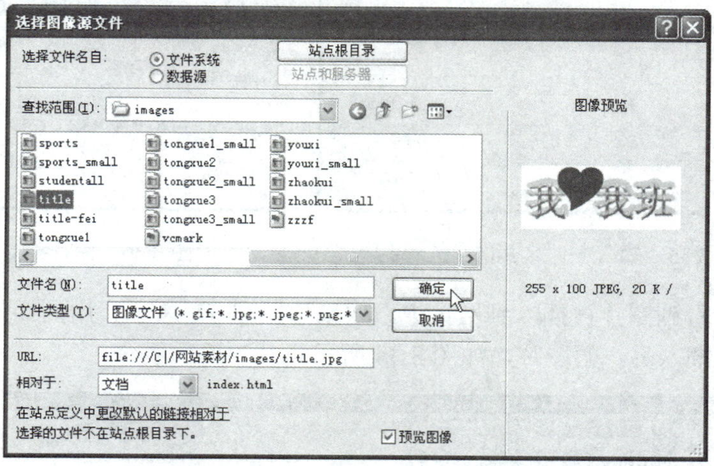

图 3.31　选中图片“title”并确定

由于图片在 C 盘的“网页素材”文件夹中，在网站以外，因此 Dreamweaver 会弹出一个对话框，提示是否将图片保存到网站中，如图 3.32 所示。单击“是”按钮即可，同时打开“复制文件为”对话框。

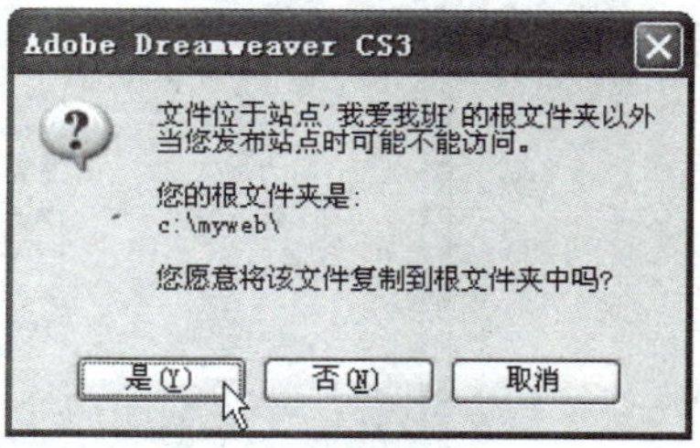

图 3.32　将图片保存到网站中

现在网站中只有 5 个网页文件，出于对网站管理的要求，最好将图片、动画、声音等文件保存在另一个新的文件夹中，这样可以保持网站根目录的整洁。在“复制文件为”对话框中单击“创建新文件夹”按钮，如图 3.33 所示。

输入“images”作为新文件夹的名称，如图 3.34 所示。

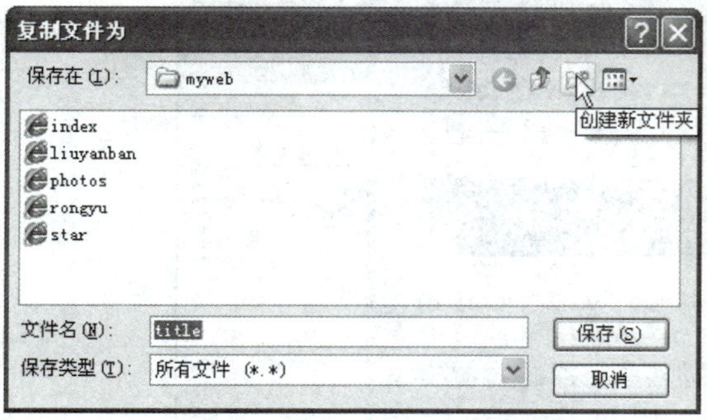

图 3.33　新建文件夹

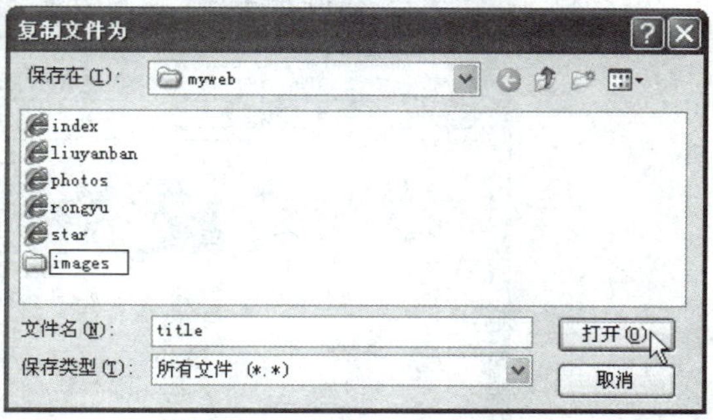

图 3.34　输入文件夹名称

双击文件夹“images”，将它打开，在“文件名”文本框中输入“title.jpg”作为文件名，单击“保存”按钮，如图 3.35 所示。

系统会弹出“图像标签辅助功能属性”对话框，如图 3.36 所示，在该对话框中可以输入图像的相关信息。单击“确定”按钮，关闭该对话框即可。

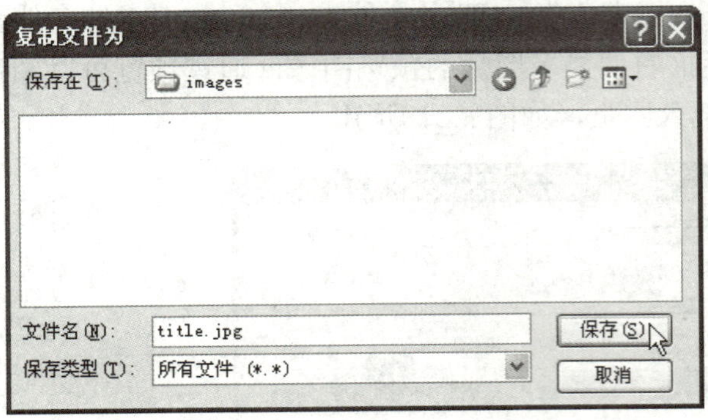
复制文件为
保存在(I): images
文件名(N): title.jpg
保存(S)
保存类型(T): 所有文件 (*.*)
取消

图 3.35　输入文件名并保存

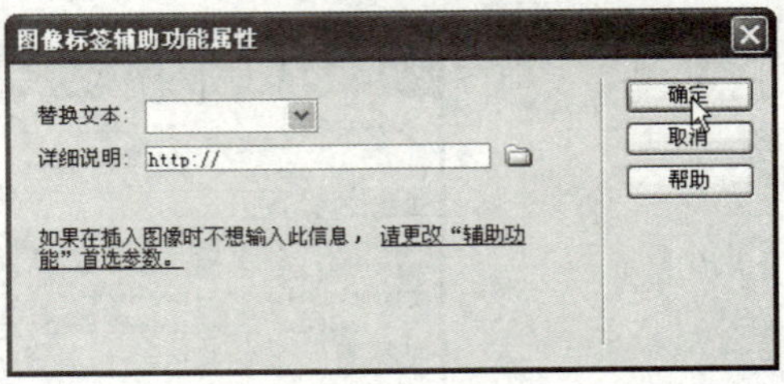
图像标签辅助功能属性
替换文本:
确定
取消
详细说明: http://
帮助
如果在插入图像时不想输入此信息，请更改"辅助功能"首选参数。

图 3.36　图片被插入到网页中

这样，可以看到图片被插入到网页中，效果如图 3.37 所示。用同样的方法在网页顶端右边的单元格中插入另一幅图片，如图 3.38 所示。

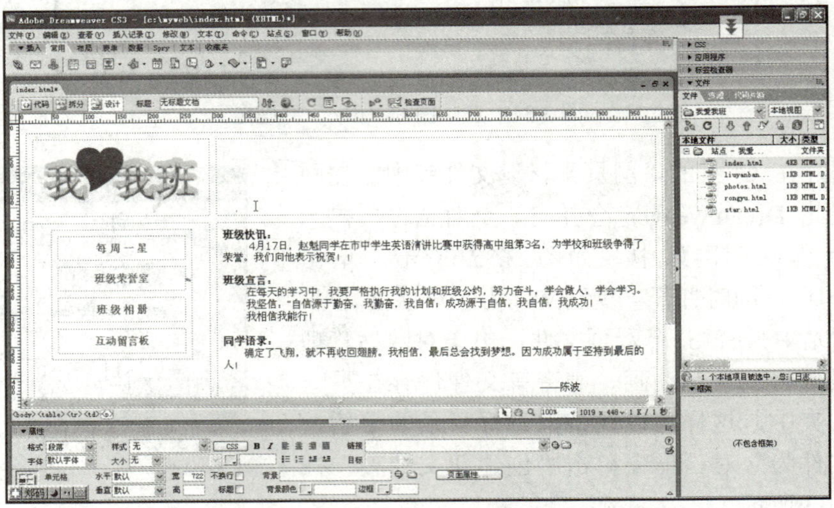
我❤我班
每 周 一 星
班级荣誉室
班 级 相 册
互动留言板
班级快讯:
4月17日，赵魁同学在市中学生英语演讲比赛中获得高中组第3名，为学校和班级争得了荣誉。我们向他表示祝贺！！
班级宣言:
在每天的学习中，我要严格执行我的计划和班级公约，努力奋斗，学会做人，学会学习。
我坚信:"自信源于勤奋，我勤奋，我自信；成功源于自信，我自信，我成功！"
我相信我能行！
同学语录:
确定了飞翔，就不再收回翅膀。我相信，最后总会找到梦想。因为成功属于坚持到最后的人！
——陈波

图 3.37　图片被插入到网页中

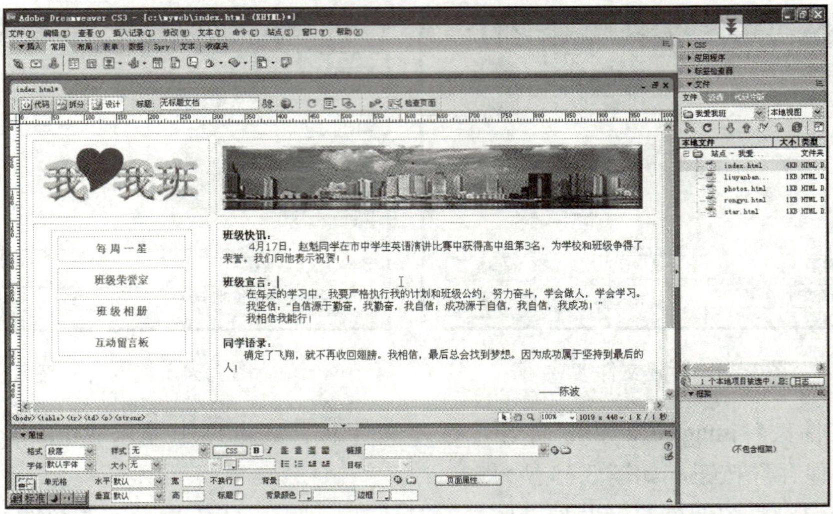
我❤我班
每 周 一 星
班级荣誉室
班 级 相 册
互动留言板
班级快讯:
4月17日，赵魁同学在市中学生英语演讲比赛中获得高中组第3名，为学校和班级争得了荣誉。我们向他表示祝贺！！
班级宣言:
在每天的学习中，我要严格执行我的计划和班级公约，努力奋斗，学会做人，学会学习。
我坚信:"自信源于勤奋，我勤奋，我自信；成功源于自信，我自信，我成功！"
我相信我能行！
同学语录:
确定了飞翔，就不再收回翅膀。我相信，最后总会找到梦想。因为成功属于坚持到最后的人！
——陈波

图 3.38　插入另一幅图片

3.2.3　设置图片

插入图片后，还需要通过设置图片来进行调整，以收到更好的视觉效果。下面来学习如何设置图片。

单击图片，使图片被一个矩形框住，同时出现 3 个小的实心矩形。鼠标指针指向图片右下角，当鼠标指针变成双向箭头时，拖动鼠标，就可以更改图片的大小，如图 3.39 所示。

图 3.39　拖动鼠标更改图片大小

在单击图片时，“属性”面板同时被打开，单击“对齐”右边的按钮，选择“居中”选项。在“替换”文本框中输入“我爱我班”，如图 3.40 所示。这样，当鼠标在浏览器中移动到该图片上时，会显示“我爱我班”几个字。特别地，由于网络慢等原因，图片不能正常下载时，图片区域会显示替代文字，从而不会影响到网页的整体浏览效果。

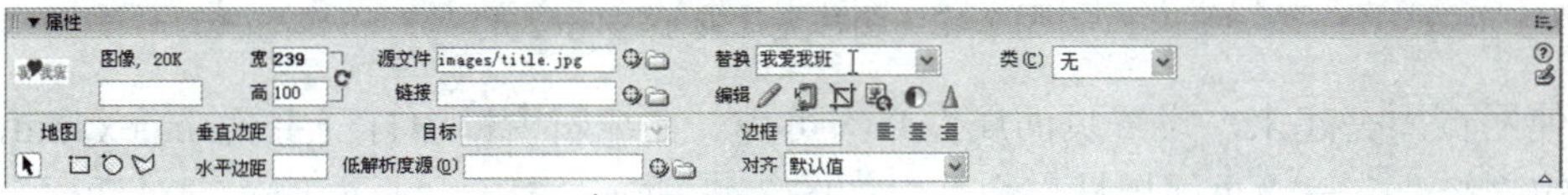

图 3.40　图片的属性设置

用同样的方法对网页中的另一幅图片进行设置，并保存网页。在浏览器中，可预览一下网页中插入图片并进行设置以后的效果。选择菜单栏上的“文件”→“在浏览器中预览”→“IExplore”命令，或按快捷键“F12”将网页在浏览器中打开，网页显示如图 3.41 所示；当图片无法显示时的效果如图 3.42 所示。

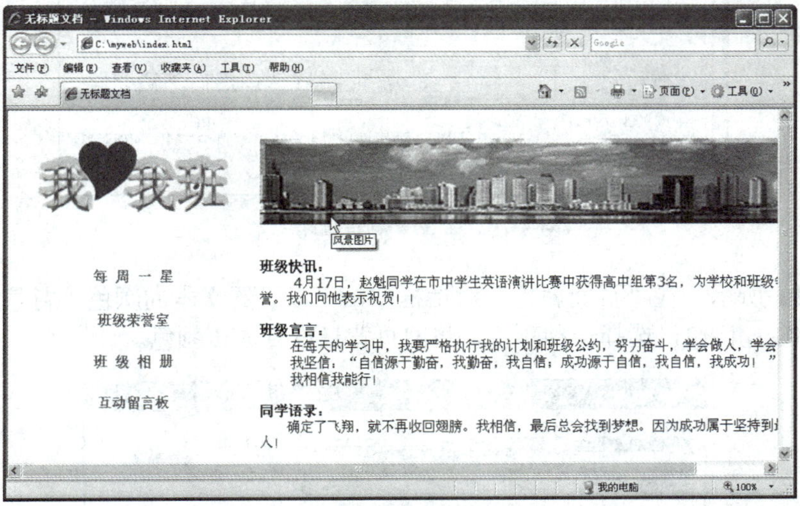

图 3.41　在 IE 中预览网页

3.2.4　添加网页背景

图片除了可以插入到网页的特定位置，帮助文字表达网页的内容外，还可以作为背景图片，美化网页。需要注意的是，一些特殊类型的图片并不能被很好地支持，应该在使用其前通过某些图片编辑软件转换成 JEPG、GIF 和 PNG 等格式。另外，图片的容量不能过大，并要保证存放在“网页素材”文件夹中。

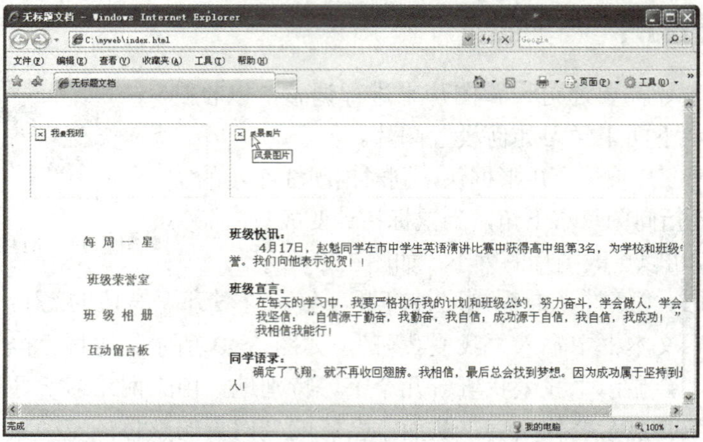

图 3.42　图片无法显示时的网页

要使网页漂亮起来，设置页面属性必不可少。在编辑窗口中打开主页 index.htm，选择菜单栏上的“修改”→“页面属性”命令，如图 3.43 所示，打开“页面属性”对话框。

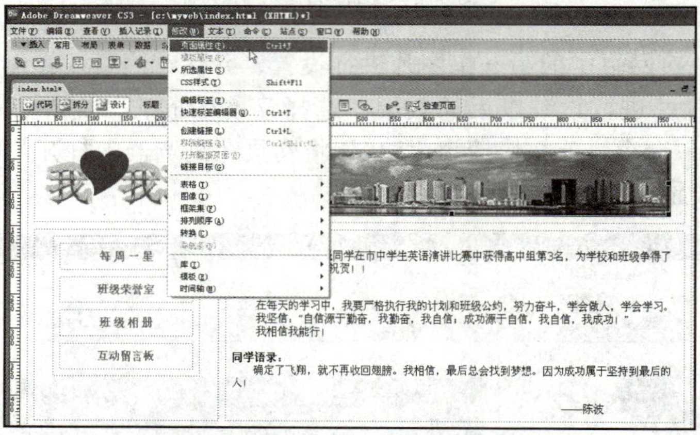

图 3.43　选择“页面属性”命令

如图 3.44 所示，在“页面属性”对话框中，可以设置文本的颜色、背景颜色等。单击“背景”右边的按钮，选择一种颜色，将网页背景设置成该颜色。

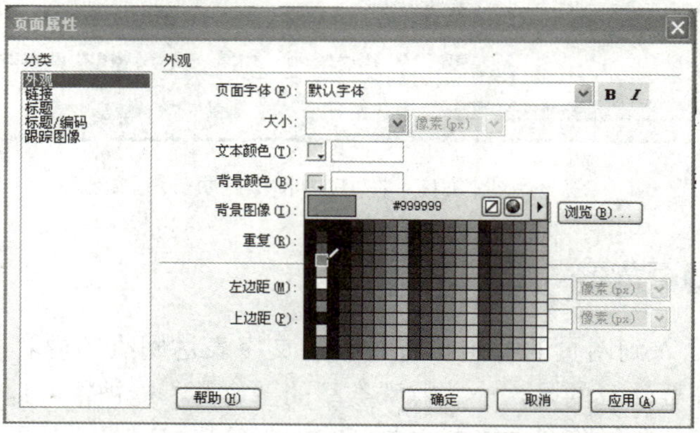

图 3.44　选择背景颜色

在这里要注意，假如不对背景及文字的颜色进行设置（此时 RGB 色值显示为空），那么浏览器在显示页面的时候，就会采用系统的默认设置。但因为不同的系统其设置可能会有所不同，这样就会导致页面的显示效果也是千差万别的。为了更好地让页面体现出设计风格，设定页面的背景颜色及文字颜色就非常重要。

如图 3.45 所示，就是设置了背景颜色以后的网页效果。

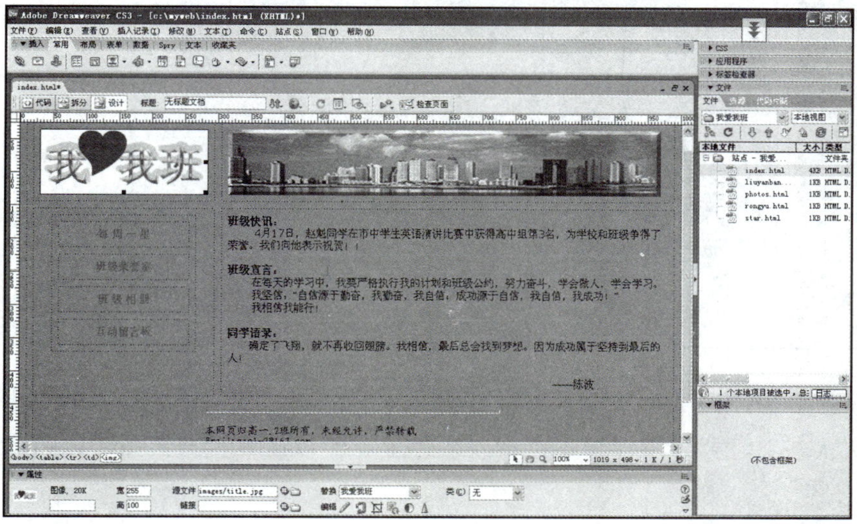

图 3.45　设置背景颜色后的网页效果

虽然，背景颜色可以为网页增色不少，但毕竟比较单调，使用频率越来越低。插入背景图像可以使网页更加个性化，因此得到广泛应用。其操作方法为：在“页面属性”对话框中，单击“背景图像”右边的“浏览”按钮（见图 3.44），此处再次打开“选择图像源文件”对话框，找到存放图像的文件夹，如图 3.46 所示。

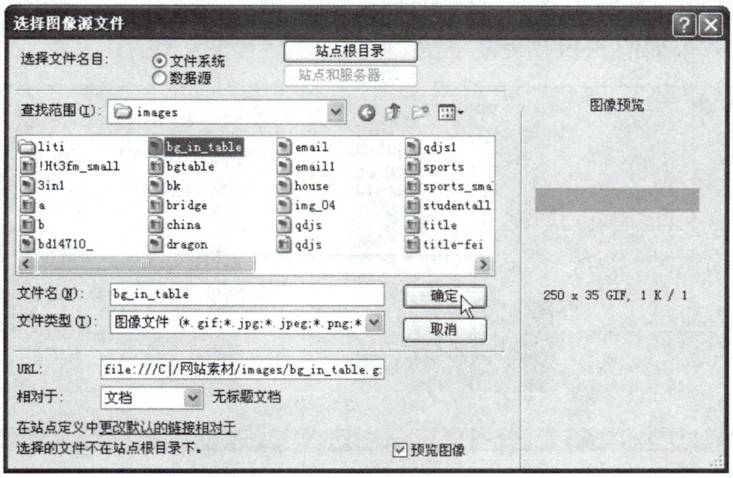

图 3.46　选择背景图片

与插入图片的操作一样，在文件夹“网页素材”的子文件夹“images”中选中要使用的图片文件，单击“确定”按钮，然后将图片保存到网站站点的文件夹“images”中，返回“页面属性”对话框，单击“确定”按钮，效果如图 3.47 所示。

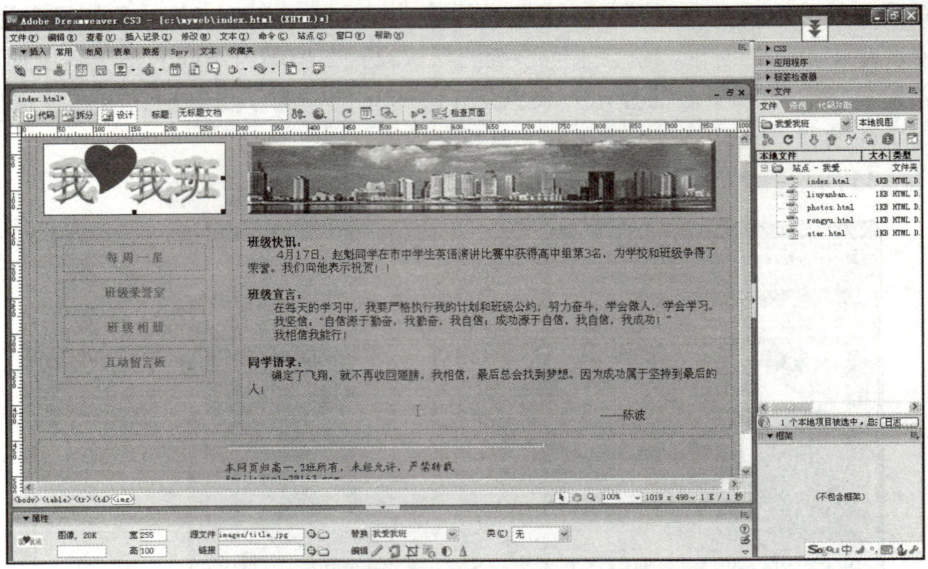

图 3.47　添加背景图片后的网页效果

在默认状态下，背景图片覆盖在背景颜色上。所以在设置背景图片以后，背景颜色是看不到的。

3.2.5　设置表格背景

在默认状态下，表格的背景与网页的背景相同。在表格中设置背景可以将表格与网页的背景区分开，使表格的内容更突出。

在编辑窗口中拖动鼠标选中嵌套表格中的单元格，注意是选中所有单元格，不是选中整个表格。单击“属性”面板上右下角的展开箭头，然后单击“背景颜色”后面的按钮，如图 3.48 所示，在弹出的调色板中选择一种颜色，单元格背景颜色即被改变。同时改变框线颜色后，效果如图 3.49 所示。

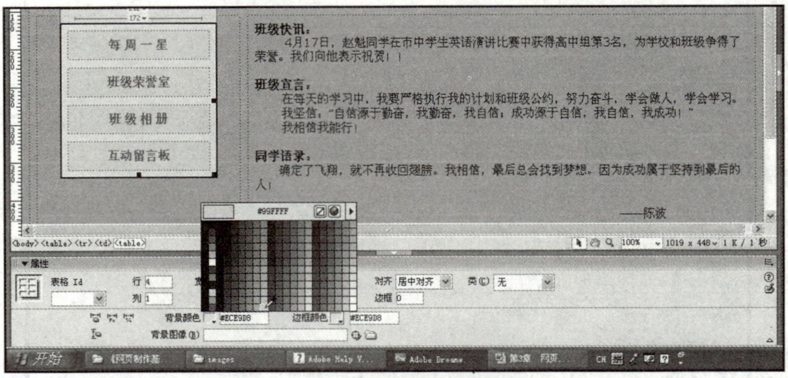

图 3.48　选取颜色

按“F12”键，在 IE 浏览器中预览网页可以看到网页的真实效果，如图 3.50 所示。如果与设计有偏差，可以返回 Dreamweaver 编辑窗口中进行修改。

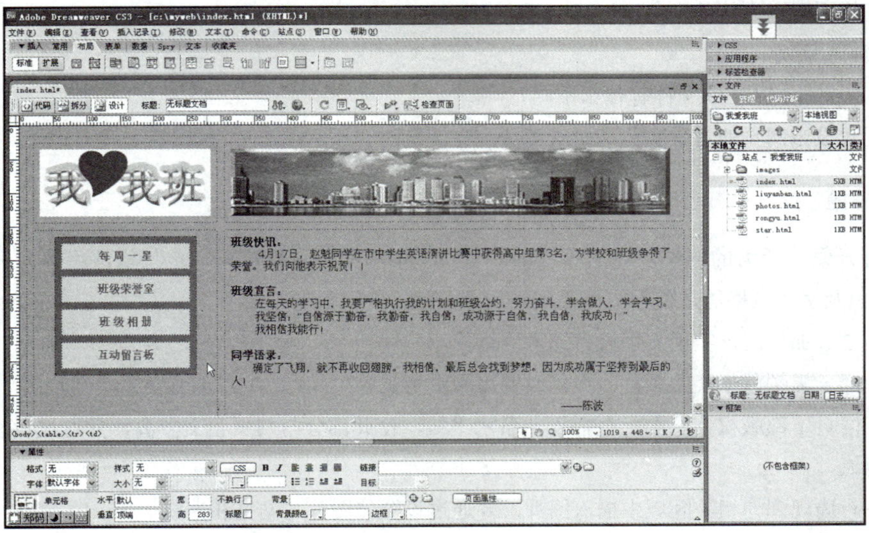
我❤我班
每周一星
班级荣誉室
班级相册
互动留言板
班级快讯：
4月17日，赵魁同学在市中学生英语演讲比赛中获得高中组第3名，为学校和班级争得了荣誉。我们向他表示祝贺！！
班级宣言：
在每天的学习中，我要严格执行我的计划和班级公约，努力奋斗，学会做人，学会学习。
我坚信："自信源于勤奋，我勤奋，我自信；成功源于自信，我自信，我成功！"
我相信我能行！
同学语录：
确定了飞翔，就不再收回翅膀。我相信，最后总会找到梦想。因为成功属于坚持到最后的人！
——陈波

图 3.49　设置表格背景后的网页效果

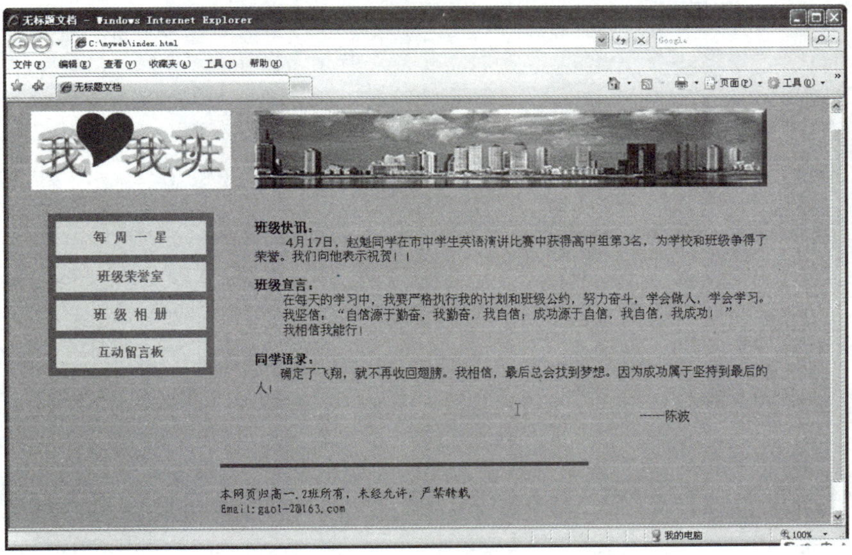
无标题文档 - Windows Internet Explorer
C:\myweb\index.html
我❤我班
每 周 一 星
班级荣誉室
班 级 相 册
互动留言板
班级快讯：
4月17日，赵魁同学在市中学生英语演讲比赛中获得高中组第3名，为学校和班级争得了荣誉。我们向他表示祝贺！！
班级宣言：
在每天的学习中，我要严格执行我的计划和班级公约，努力奋斗，学会做人，学会学习。
我坚信，"自信源于勤奋，我勤奋，我自信；成功源于自信，我自信，我成功！"
我相信我能行！
同学语录：
确定了飞翔，就不再收回翅膀。我相信，最后总会找到梦想。因为成功属于坚持到最后的人！
——陈波
本网页归高一.2班所有，未经允许，严禁转载
Email:gao1-2@163.com

图 3.50　在 IE 中预览的网页效果

习题 3

1．简答题

（1）文本换行时，按"Enter"键和"Shift+Enter"组合键有什么不同？

（2）怎样在 Dreamweaver 中添加中文字体？

（3）怎样打开编辑 HTML 代码的窗口？

（4）怎样在行首缩进两格？

（5）怎样更改水平线的颜色？

（6）怎样删除水平线？

（7）GIF 文件与 JPEG 文件有什么不同？

（8）同时设定网页的背景颜色和背景图片，在浏览时会显示哪一种背景？

2．操作题

（1）打开爱护牙齿的网站，对网页“index.htm”中的文件进行修饰，包括修改字体、字号、对齐方式、字体颜色及字体风格等，使网页更美观。

（2）通过添加代码，实现文字段首缩进两格。

（3）选择一幅颜色偏淡的图片，将其设置为网页背景。

（4）在网页下部版权信息的上端插入一条水平线，使此部分与网页正文分离，并通过设置使其与网页色调协调一致。

（5）在布局规划的相关区域中插入图片，并通过设置使图片与网页和谐统一。

第 4 章　超链接的创建与管理

WWW 浏览之所以如此流行，一个重要的原因是超链接这一概念的存在。超链接允许我们从自己的页面出发直接指向 Internet 上存在的任何一个其他页面，或者说，在一台计算机上可以打开 Internet 上成千上万的网页文件。

根据链接的范围，超链接可以分为内部超链接、外部超链接和锚记超链接。内部超链接是指打开的超链接对象在本网站内；外部超链接是指打开的超链接对象在 WWW 的其他网站中；而锚记超链接可以链接到同一网页中的不同位置，也称为书签。根据建立超链接的不同对象，超链接又可以分为文本超链接和图片超链接。

4.1　创建文本超链接

文本超链接是最基本的一种超链接，在早期的网页制作过程中常常使用文本超链接。其特征是关键词呈蓝色，而且带有下画线。现在，随着宽带技术的普及，特别是网页制作技术的发展，那种蓝色带有下画线的超链接关键词已经少多了。

4.1.1　创建网站内文本超链接

在浏览网页的时候，特别是使用手机上网，或者浏览网络小说时，常常会看到一些蓝色带下画线的文字，将鼠标移动到这些文字上时，鼠标指针变成手形，单击鼠标会打开另一个网页。这个链接就是一个文本超链接，带下画线的文字称为热区文本。

创建文本超链接的一项重要工作就是选择合适的热区文本。下面讲解如何选择热区文本，并设置超链接。

首先，打开各个网页，输入相关内容并保存。然后在网页“index.htm”中选中“每周一星”这几个字，将其作为建立超链接的热区文本。单击“属性”面板中的“浏览文件”按钮，如图 4.1 所示，打开“选择文件”对话框。

注意

如果“属性”面板没有打开，可以使用 3 种方法将它打开：①单击窗口底部的按钮；②选择菜单栏中的“窗口”→“属性”命令；③使用“Ctrl+F3”组合键。

在“选择文件”对话框中，选择网页文件“star.html”，单击“确定”按钮，如图 4.2 所示。

在编辑区域任意位置单击鼠标，取消热区文本的选取。可以发现“每周一星”几个字变成蓝色，并出现下画线，如图 4.3 所示。

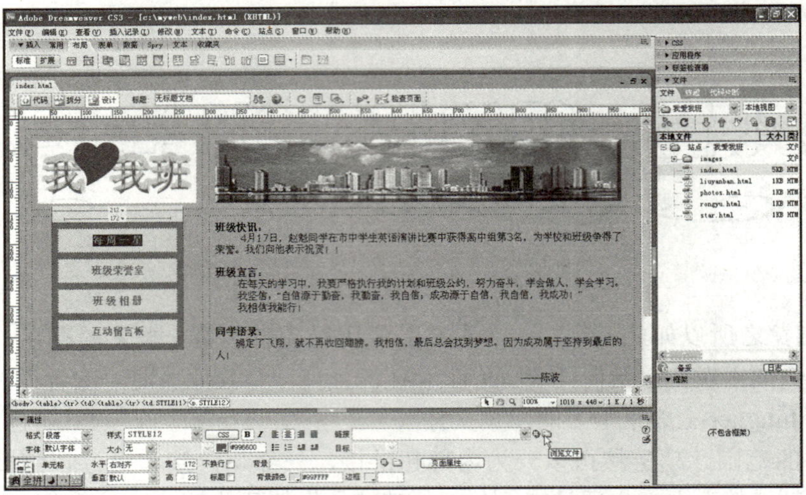

图 4.1　单击“浏览文件”按钮

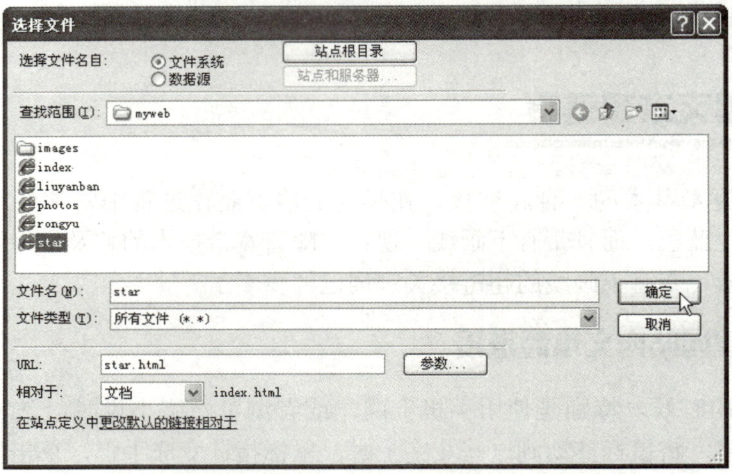

图 4.2　选择网页文件“star.html”

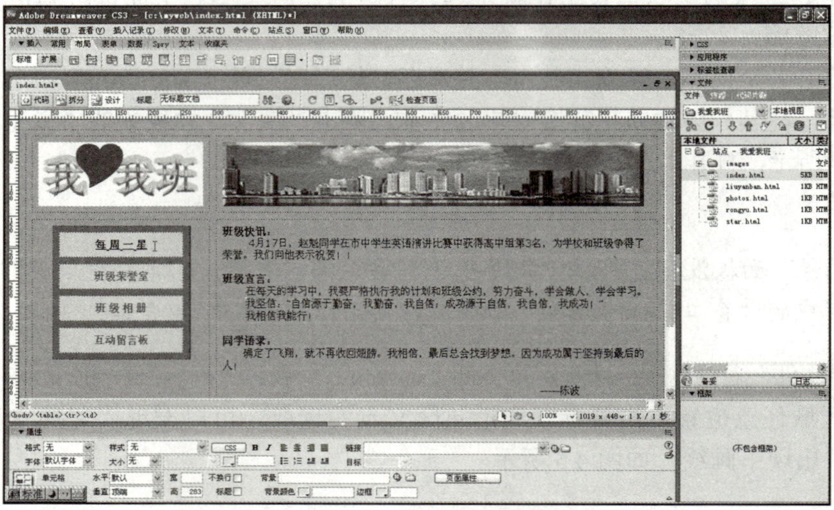

图 4.3　“每周一星”创建为超链接

除了使用上面的方法以外，还可以使用拖曳的方法。选中热区文本以后，在“属性”面板中单击锚记标记，拖曳到右面“文件”浮动面板中的网页“star.html”上，松开鼠标，即完成超链接的建立，如图 4.4 所示。

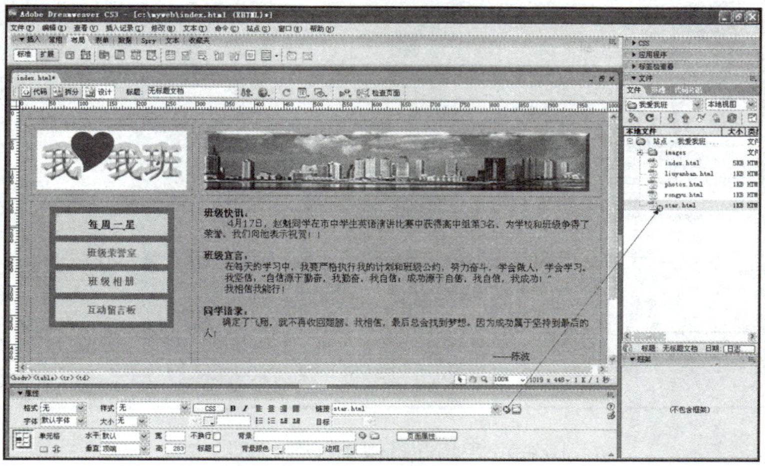
我♥我班
每周一星
班级荣誉室
班级相册
互动留言板
班级快讯：
4月17日，赵魁同学在市中学生英语演讲比赛中获得高中组第3名，为学校和班级争得了荣誉，我们向他表示祝贺！！
班级宣言：
同学语录：
——陈波

图 4.4　通过拖曳建立超链接

选择菜单栏上的“文件”→“保存”命令，保存网页。然后再次选择“文件”→“在浏览器中预览”→“IExplore”命令，如图 4.5 所示，将网页在浏览器中打开。

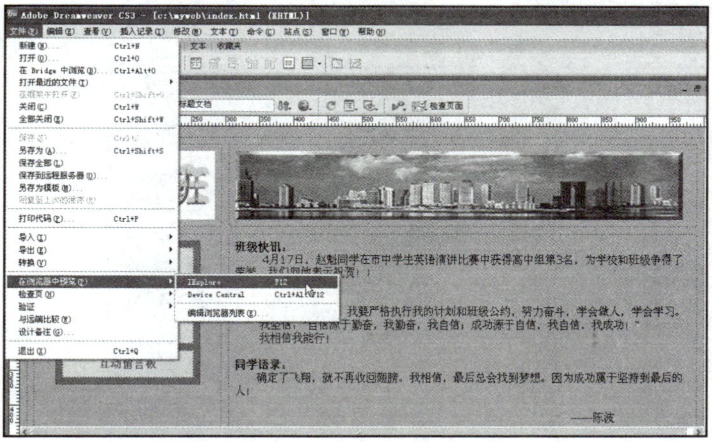
班级快讯：
4月17日，赵魁同学在市中学生英语演讲比赛中获得高中组第3名，为学校和班级争得了
同学语录：
确定了飞翔，就不再收回翅膀。我相信，最后总会找到梦想。因为成功属于坚持到最后的人！
——陈波

图 4.5　在浏览器中打开网页

移动鼠标到“每周一星”上，鼠标指针变成手形，如图 4.6 所示。单击鼠标，网页“star.html”被打开。

用同样的方法，为主页上的文字“班级荣誉室”、“班级相册”和“互动留言板”建立超链接，分别链接到网页“rongyu.html”、“photos.html”和“liuyanban.html”上，并在浏览器中预览超链接的效果。

4.1.2　创建网站外文本超链接

除了可以将主页上的文字与网站中的网页链接起来以外，还可以与网站外的文件相连，甚至可以是 Internet 上的网站。

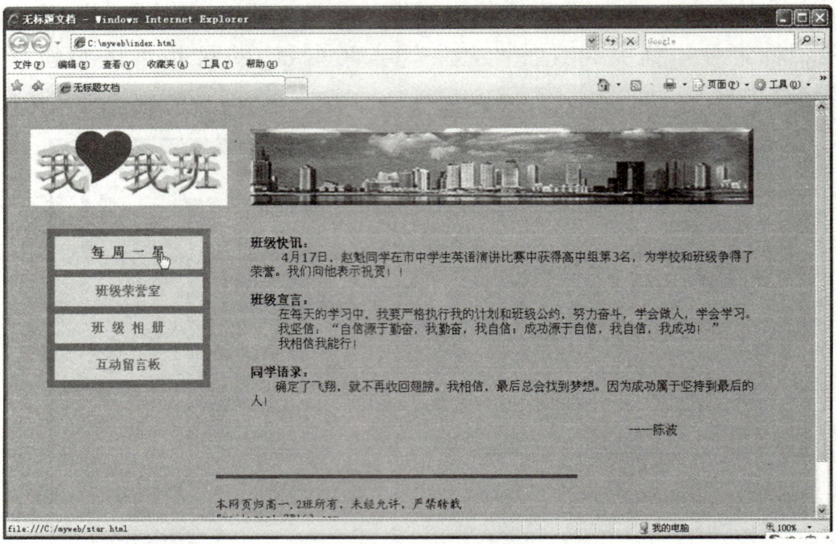
无标题文档 - Windows Internet Explorer
C:\myweb\index.html
无标题文档
我❤我班
每 周 一 星
班级荣誉室
班 级 相 册
互动留言板
班级快讯：
4月17日，赵魁同学在市中学生英语演讲比赛中获得高中组第3名，为学校和班级争得了荣誉。我们向他表示祝贺！！
班级宣言：
在每天的学习中，我要严格执行我的计划和班级公约，努力奋斗，学会做人，学会学习。
我坚信："自信源于勤奋，我勤奋，我自信；成功源于自信，我自信，我成功！"
我相信我能行！
同学语录：
确定了飞翔，就不再收回翅膀。我相信，最后总会找到梦想。因为成功属于坚持到最后的人！
----陈波
本网页归高一.2班所有，未经允许，严禁转载
file:///C:/myweb/star.html
我的电脑
100%

图 4.6 单击超链接“每周一星”

在主页的合适位置输入“推荐网站”、“网易”、“搜狐”、“百度”、“新浪”几个字，如图 4.7 所示，下面的操作将把它们与相应的网站链接起来。

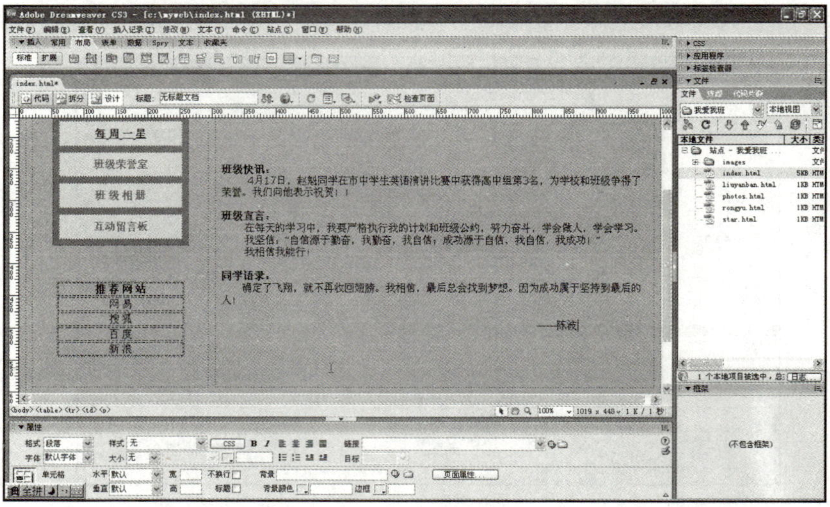
Adobe Dreamweaver CS3 - [c:\myweb\index.html (XHTML)*]
index.html*
代码 拆分 设计 标题: 无标题文档
每 周 一 星
班级荣誉室
班 级 相 册
互动留言板
推 荐 网 站
网 易
搜 狐
百 度
新 浪
班级快讯：
班级宣言：
同学语录：
----陈波
index.html
liuyanban.html
photos.html
rongyu.html
star.html

图 4.7 输入文字

选中“网易”两个字，然后在“属性”面板的“链接”文本框中输入“网易”的网址：http://www.163.com，如图 4.8 所示。

保存网页后，按“F12”键，在浏览器中将网页打开。将鼠标指针移动到“网易”两个字上，可以看到鼠标指针变成手形，单击鼠标，如果已经连接到 Internet 上，则网易的主页会被打开。

重复上述操作，为“搜狐”、“百度”和“新浪”创建超链接，将它们与相应的网站链接起来。

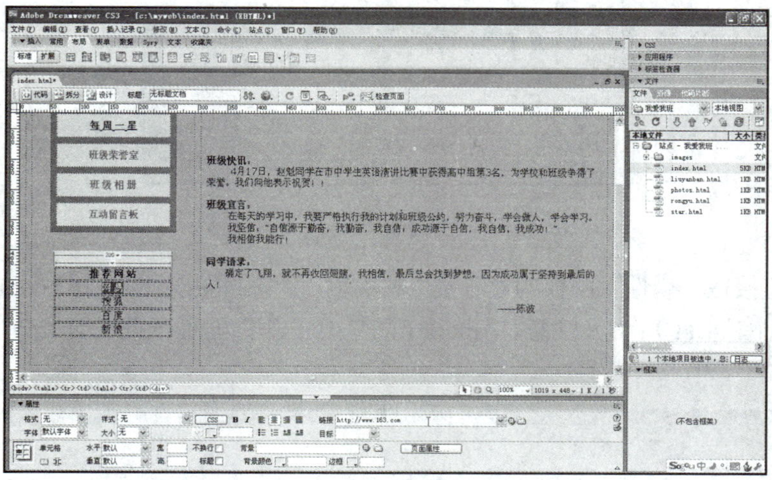

图 4.8　在“属性”面板中输入“网易”的网址

4.1.3　创建电子邮件超链接

在网页的制作过程中，要处处体现出以浏览者为中心，即处处为浏览者提供方便。电子邮件超链接为浏览者与网页所有者之间架起了沟通的桥梁。浏览者只需单击电子邮件超链接，就可以打开电子邮件编写软件，并且自动输入电子邮件地址，非常方便。下面讲解如何建立电子邮件超链接。

在网页“index.html”中拖动鼠标，选择文字“Email:gao1-2@163.com”为热区文本。选择菜单栏上的“插入记录”→“电子邮件链接”命令，如图 4.9 所示，打开“电子邮件链接”对话框。

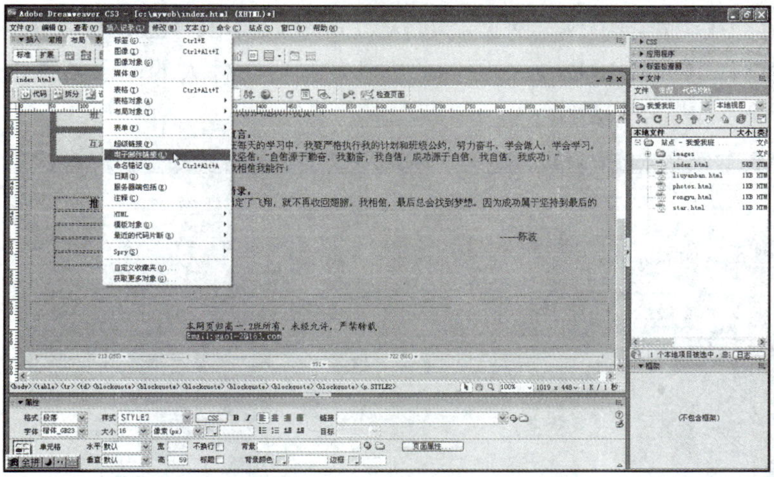

图 4.9　选择“电子邮件链接”命令

在“电子邮件链接”对话框中可以发现，“文本”栏中自动出现“Email:gao1-2@163.com”几个字，也就是电子邮件超链接的热区文字。在“E-Mail”文本框中输入网页制作者的电子邮件地址，如图 4.10 所示，图中输入的是“gao1-2@163.com”，单击“确定”按钮。

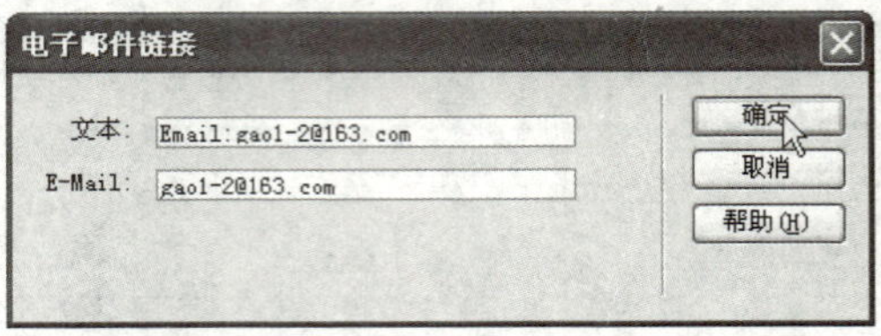

图 4.10　“电子邮件链接”对话框

另外，若直接在“属性”面板的“链接”栏中输入“mailto:gao1-2@163.com”，也可以达到同样的效果，如图 4.11 所示。注意，“mailto:”与电子邮件地址（此处为 gao1-2@163.com）之间不能有空格。

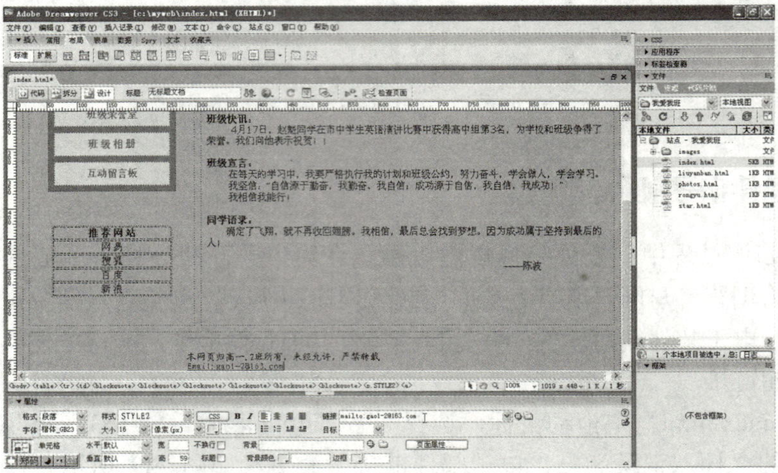

图 4.11　在“属性”面板中直接输入电子邮件地址

保存网页后，在浏览器中预览网页，单击“Email:gao1-2@163.com”，如图 4.12 所示。电子邮件编辑软件“Outlook Express”自动打开，同时收件人的电子邮件地址自动显示在“收件人”一栏中，如图 4.13 所示。

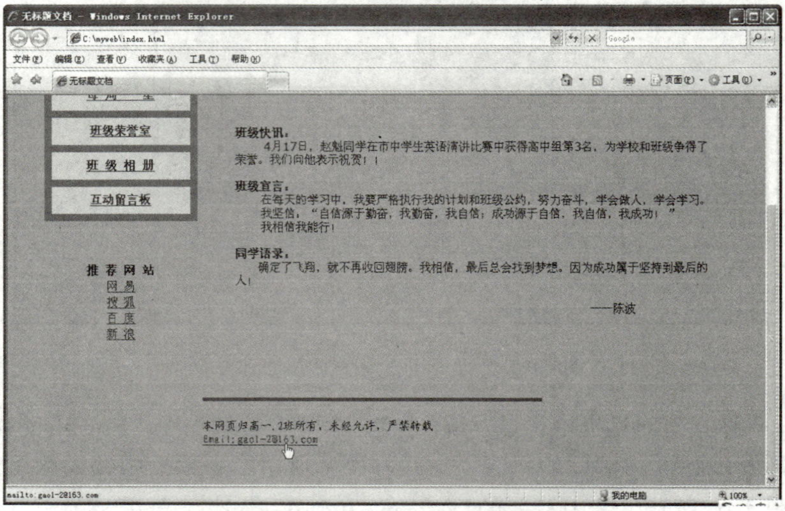

图 4.12　单击电子邮件超链接

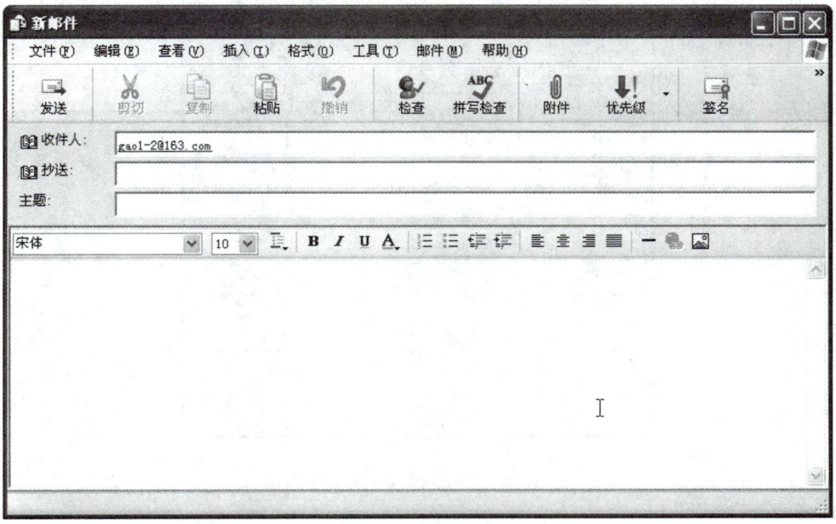

图 4.13　Outlook Express 自动打开

在预览过程中如果发现超链接发生错误，可以随时进行修改。

4.1.4　修改超链接

在编辑窗口中，选中需要修改的超链接的热区文本，然后在“属性”面板的“链接”文本框中便可以进行修改，修改完后用鼠标在任意区域单击即可。也可以选择菜单栏中的“修改”→“更改链接”命令，如图 4.14 所示。

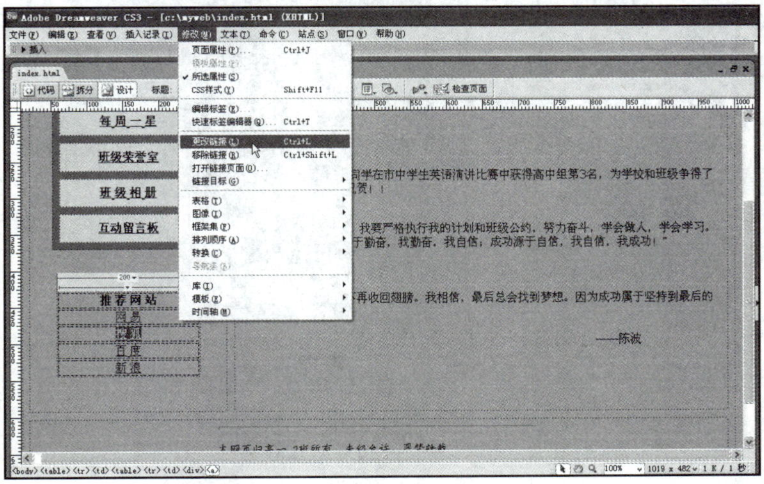

图 4.14　选择“更改链接”命令

打开“选择文件”对话框，如图 4.15 所示，在其中重新选择需要链接的文件或输入正确的网址，单击“确定”按钮完成修改。

注意

每次修改完毕，都需要对修改结果进行保存，方法同前。

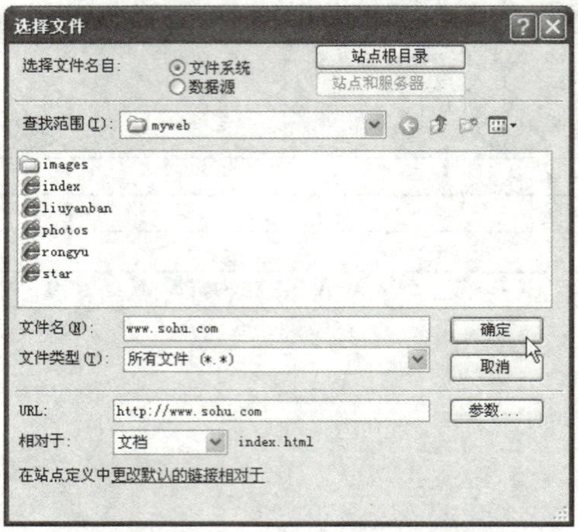

图 4.15　“选择文件”对话框

4.1.5　创建重新打开一个窗口的超链接

在浏览网页的时候，常常会遇到这种情况，在打开超链接时，网页内容并没有显示在已打开的 IE 窗口中，而是重新打开一个窗口，在新窗口中显示所链接的内容。这种形式的超链接可以使浏览者非常方便地在各个窗口间查询信息。

在编辑窗口中建立超链接以后，选取“每周一星”，在“属性”面板中单击“目标”右边的▼按钮，在下拉列表中选择“_blank”，然后将网页保存，如图 4.16 所示。

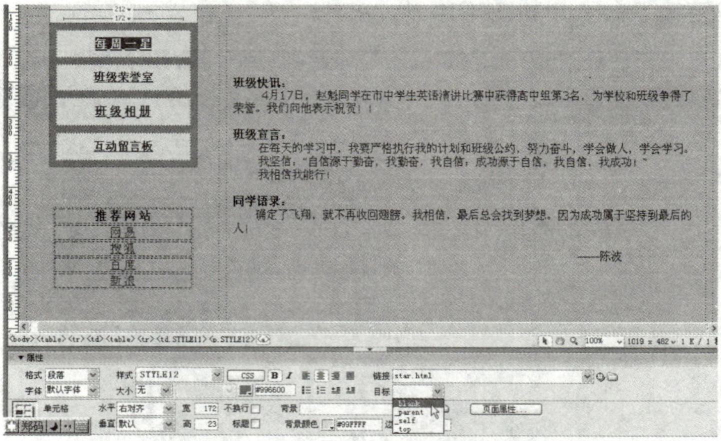

图 4.16　“目标”选择“_blank”

保存网页后，在浏览器中浏览并单击超链接热区文本，可以发现所链接的网页“每周一星”在新打开的窗口中显示出来，如图 4.17 所示。

除了“_blank”以外，链接目标还有 3 个选项，这 3 个选项都与框架有关。其中，“_parent”表示在显示链接的框架的父框架集中打开链接的文档，同时替换整个框架集，也就是说，整个框架文件被覆盖；“_self”表示在当前框架中打开链接，同时替换该框架中的内容；“_top”表示在当前浏览器窗口中打开链接的文档，同时替换所有框架。

其实在使用框架时，还会显示框架的名称，这样可以选择一个命名框架以打开该框架中链接的文档。这是使用最广泛的一种方式。

图 4.17　“每周一星”在新窗口中打开

4.2　创建图片超链接

除了文字以外，图片也可以建立超链接，而且还可以利用热区功能为图片的不同位置建立不同的超链接。图片的热区与文字的热区文本相似，它是图片上的一部分，单击这一部分可以打开相关链接的网页。

4.2.1　创建整个图片超链接

首先在网页“index.html”右侧插入一幅动画图片，该动画图片显示的是信件的收发过程。下面看一下如何为该图片建立电子邮件超链接。

选中主页右侧的电子邮件图片，然后在“属性”面板的“链接”文本框中输入“mailto:gao1-2@163.com”，如图 4.18 所示。在网页任意位置单击鼠标，然后保存网页。这样就为图片文件建立了电子邮件超链接。

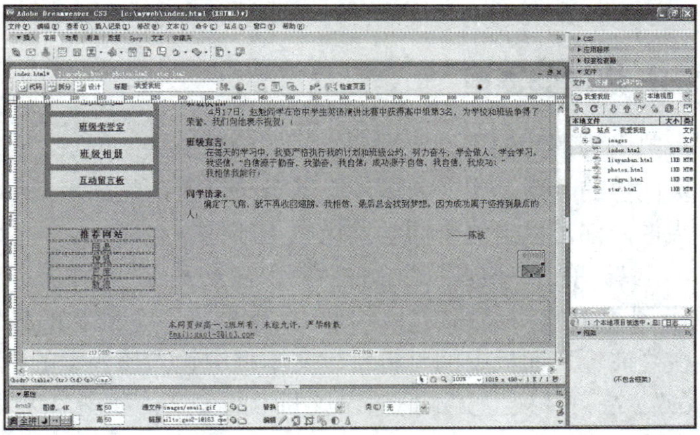

图 4.18　为图片文件建立了电子邮件超链接

在浏览器中预览网页，单击电子邮件图片，如图 4.19 所示。电子邮件编辑软件“Outlook Express”自动打开，同时收件人的电子邮件地址自动显示在“收件人”一栏中，如图 4.20 所示。

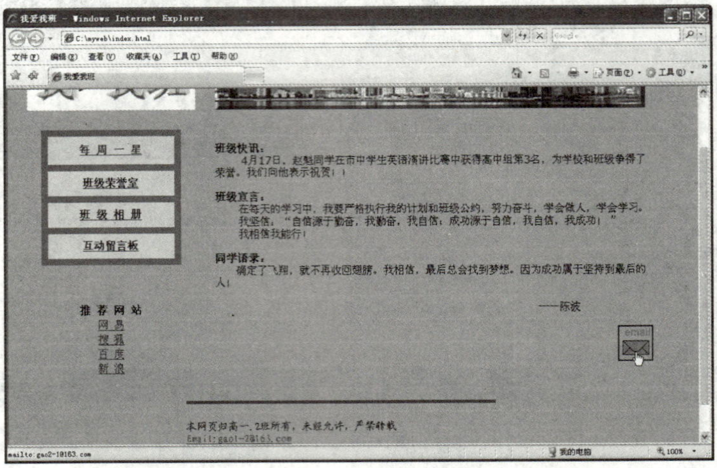

图 4.19　单击电子邮件超链接

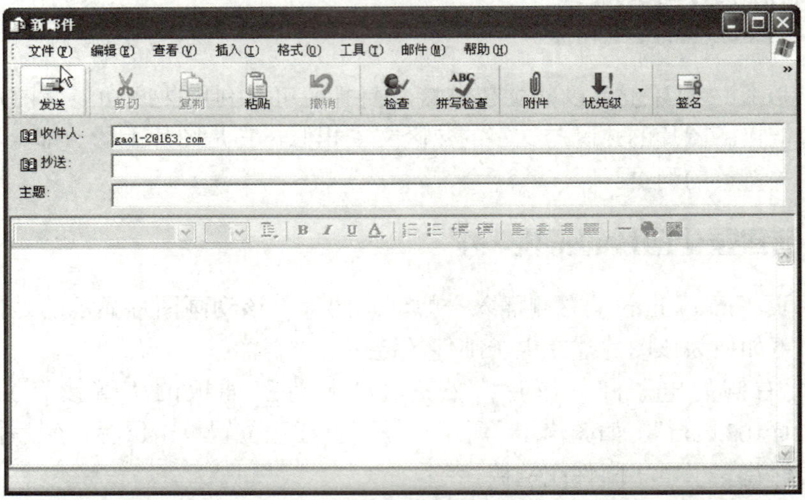

图 4.20　为图片文件建立了电子邮件超链接

4.2.2　创建图片热区超链接

还可以利用图片热区为图片的不同位置建立不同的超链接。网页“rongyu.html”上方是一幅图片，这是全班同学的合影。下面为图片上的每一个人都建立一个电子邮件超链接，使得单击每一个人的头像，都可以给这个同学发送电子邮件。

选中整个图片，用鼠标单击“属性”面板的“矩形热点工具”按钮□，如图 4.21 所示。

在被选中的整个图片上拖动鼠标指针，画一个虚框将一个同学的头像框起来，可以发现被选区域变虚。在“属性”面板中的“链接”文本框中输入该同学的电子邮件超链接，注意不要遗漏“mailto:”，在“替换”文本框输入该同学的名字，如图 4.22 所示。这样在浏览器中浏览网页时，当鼠标指针移动到刚才变虚的被选区域上时，鼠标指针会变成手形，作为有超链接的提示。

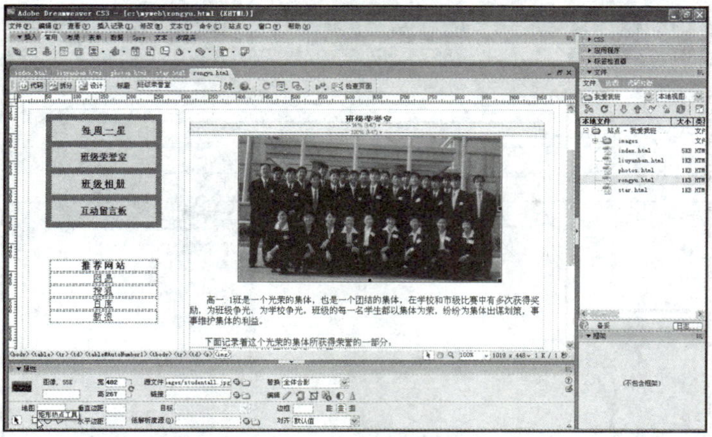

图 4.21　单击“矩形热点工具”按钮

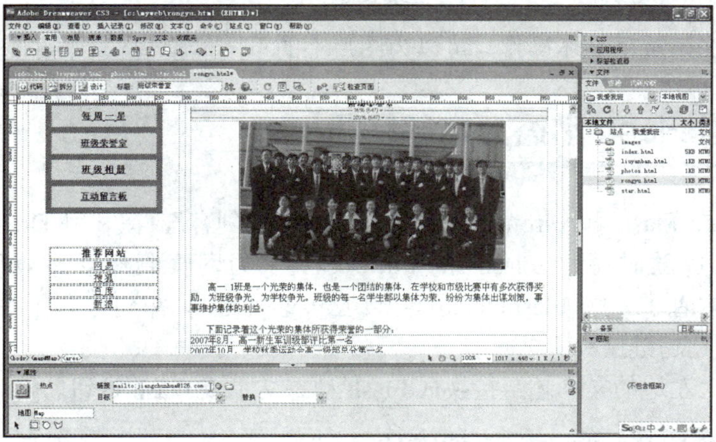

图 4.22　为图片热区建立超链接

保存网页后，在浏览器中预览网页，移动鼠标指针到图片的头像上时，鼠标指针变成手形，同时出现替代文字，也就是该同学的名字，如图 4.23 所示。单击鼠标，Outlook Express 被打开，如图 4.24 所示。

班级荣誉室
每 周 一 星
班级荣誉室
班 级 相 册
互动留言板
推 荐 网 站
网 易
搜 狐
百 度
新 浪
高一 1班是一个光荣的集体，也是一个团结的集体，在学校和市级比赛中有多次获得奖励，为班级争光，为学校争光，班级的每一名学生都以集体为荣，纷纷为集体出谋划策，事事维护集体的利益。

图 4.23　单击图片热区超链接

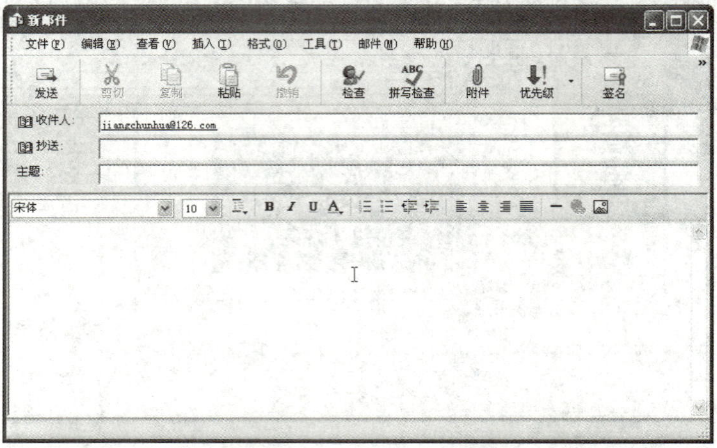

图 4.24　Outlook Express 被打开

用同样的方法，重复上述操作，可以为图片上的不同位置建立不同的超链接。

4.3　使用 Flash 动态文本超链接

Dreamweaver、Flash 和 Fireworks 合称为“网络三剑客”，在利用 Dreamweaver 制作网页的过程中，可以随时调用 Flash 和 Fireworks 来为网页制作动态效果或处理图片。Dreamweaver 也内置了一些 Flash 的功能，不必安装 Flash，就可以制作 Flash 动态文本和 Flash 按钮，并创建超链接。

下面将主页上左边的文本超链接换成 Flash 动态文本或 Flash 按钮。

4.3.1　使用 Flash 文本创建超链接

在 Dreamweaver 中打开网页“index.html”，将超链接文本“每周一星”几个字删除，并让光标出现在该单元格中。单击“插入”面板中的“媒体”按钮，打开“媒体”下拉菜单，如图 4.25 所示。

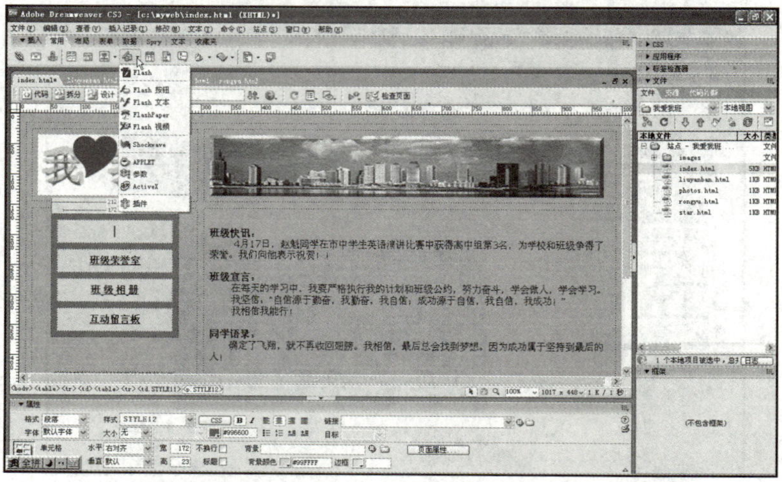

图 4.25　打开“媒体”下拉菜单

在“媒体”下拉菜单中选择“Flash 文本”命令，打开“插入 Flash 文本”对话框，在“插入 Flash 文本”对话框的“文本”文本框中，输入文字“每周一星”，如图 4.26 所示。

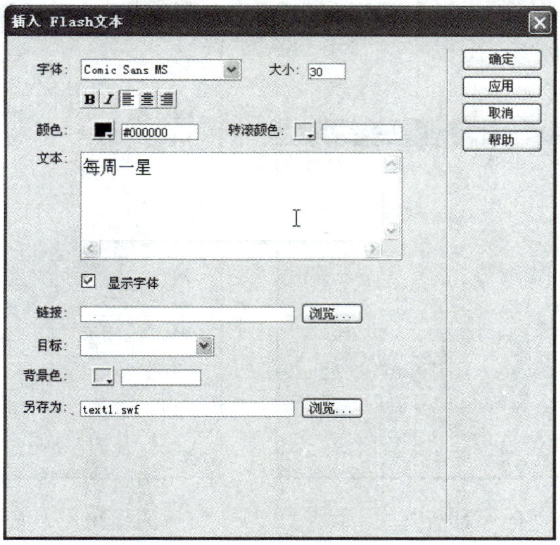

图 4.26　“插入 Flash 文本”对话框

单击“字体”栏右边的按钮，选择字体为“楷体_GB2312”，字号大小为“20”，如图 4.27 所示。

单击“转滚颜色”右边的按钮，在调色板中选择蓝色为动态效果颜色，如图 4.28 所示。

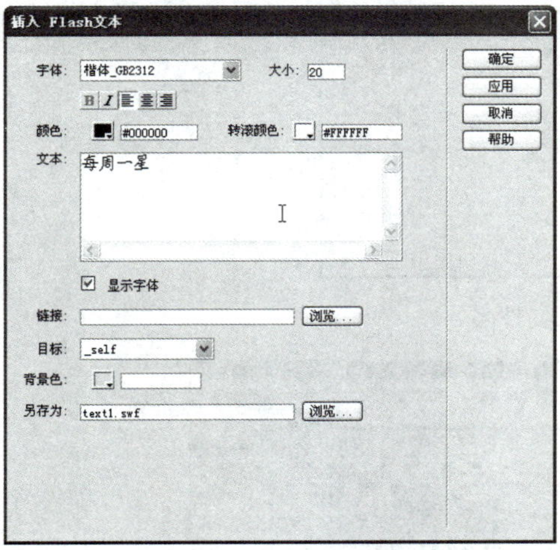

图 4.27　“插入 Flash 文本”对话框

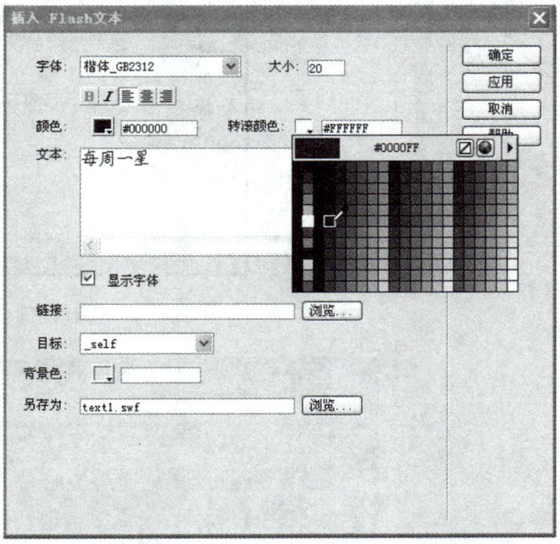

图 4.28　设置字体颜色

单击“链接”文本框右边的“浏览”按钮，打开“选择文件”对话框。在该对话框中，选择文件“star.html”，单击“确定”按钮，如图 4.29 所示。这样单击 Flash 文本（“每周一星”）时将打开该网页。

返回“插入 Flash 文本”对话框，如图 4.30 所示。

在“另存为”文本框中输入 Flash 文件名称，如图 4.31 所示。注意文件名不能为中文，存放路径也不能有中文，文件扩展名为“.swf”，当然也可以采用默认名称。如果单击文本框后面的“浏览”按钮，可以确定文件保存的位置。最后单击“确定”按钮，网页上出现 Flash 文本，如图 4.32 所示。

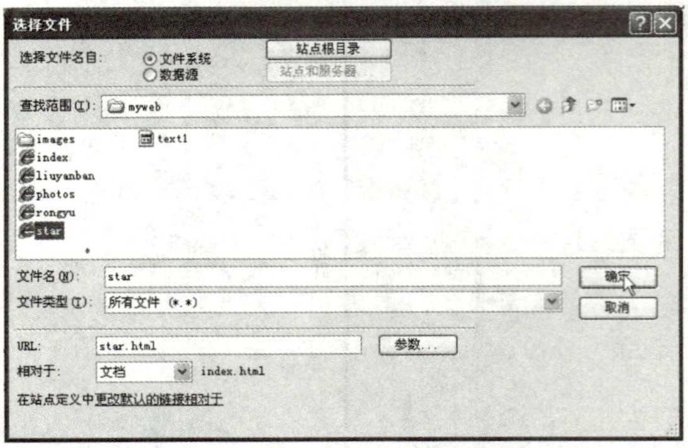

图 4.29 “选择文件”对话框

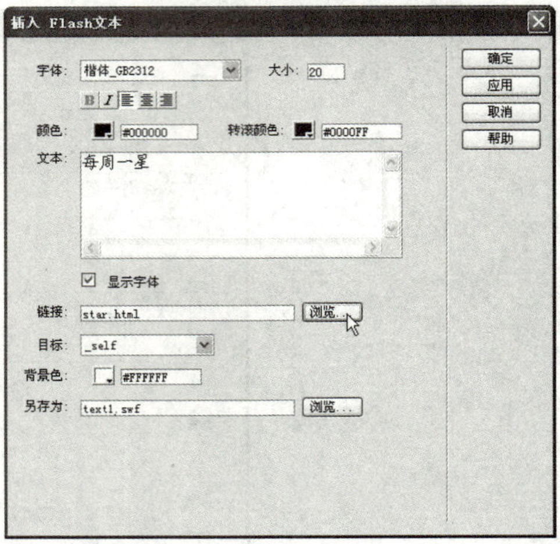

图 4.30 “插入 Flash 文本”对话框

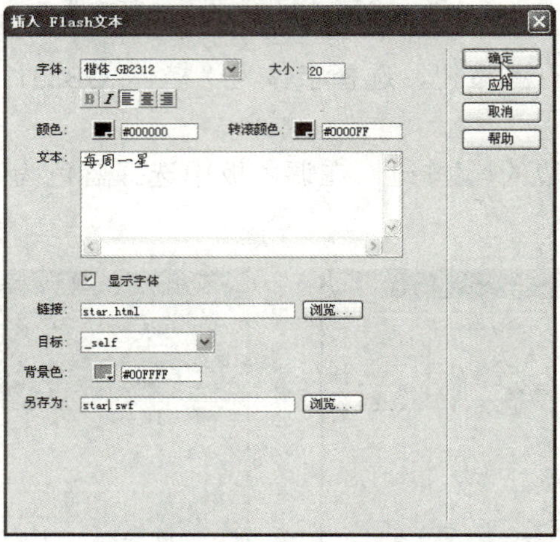

图 4.31 输入文件名

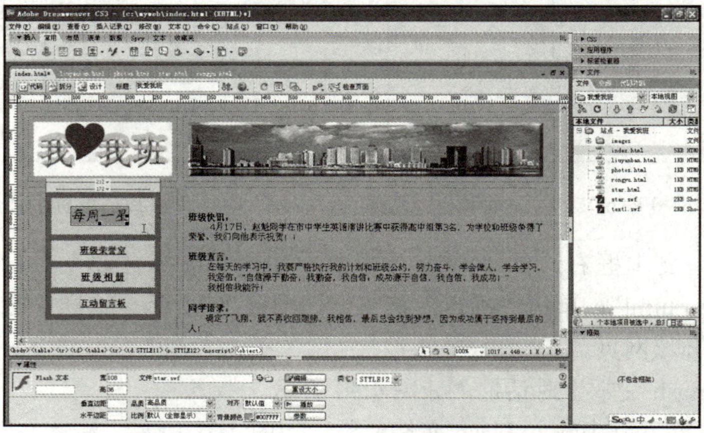

图 4.32 “每周一星”的 Flash 文本已经建立

此处需要说明的是，单击“确定”按钮后，如果出现如图 4.33 所示的警告框，说明文件存放路径中有中文，Flash 文本设置无效，选择菜单栏中的“站点”→“编辑站点”命令，修改站点的设置，将保存网页的文件夹名更改为英文，可以重新设置 Flash 文本。

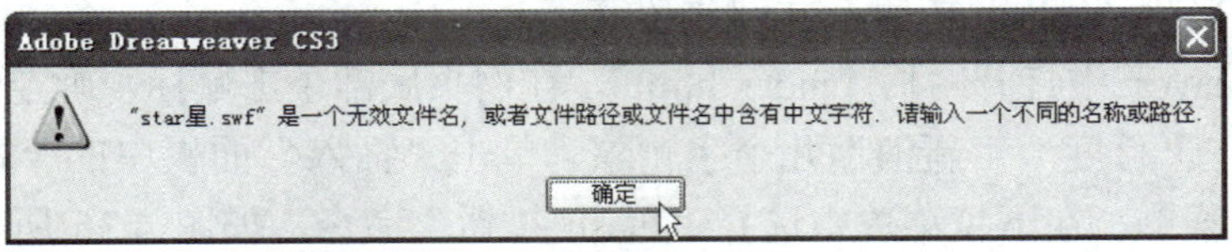

图 4.33　使用中文名称的警告框

重复上述操作步骤，将其他文本超链接均设置为 Flash 文本。取消表格背景色，调整表格大小，结果如图 4.34 所示。

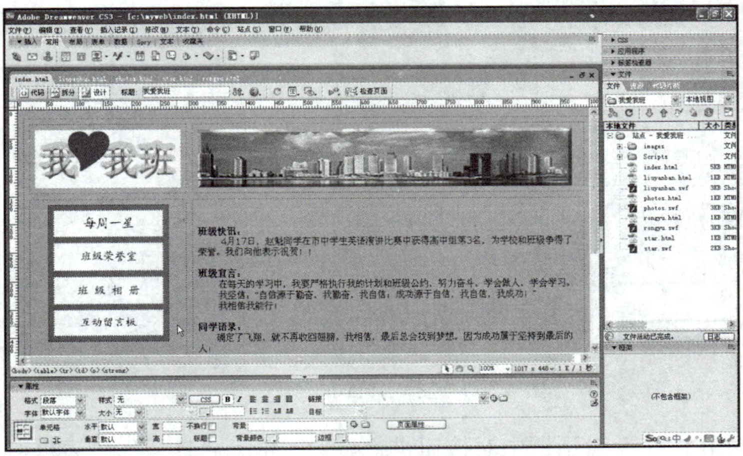

图 4.34　将其他文本超链接都换成 Flash 文本

保存网页后，选择菜单栏中的“文件”→“在浏览器中预览”→“IExplore”命令或者按“F12”键，将网页在浏览器中打开进行预览。移动鼠标指针到 Flash 文本上，文本变成蓝色，如图 4.35 所示。

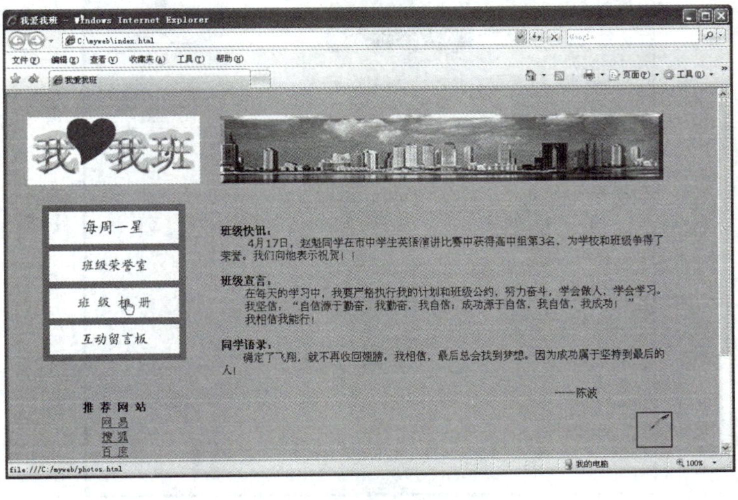

图 4.35　预览网页的 Flash 文本效果

4.3.2 使用 Flash 按钮创建超链接

除了可以设置 Flash 文本以外，还可以将有超链接的文本换成 Flash 按钮。下面将推荐网站的文本超链接换成 Flash 按钮，并创建超链接。

在 Dreamweaver 中打开网页“index.html”，在网页底部单击鼠标，确定光标的位置，将“网易”、“搜狐”、“百度”、“新浪”几个字删除。单击“插入”面板中的“媒体”按钮，打开“媒体”下拉菜单，在下拉菜单中选择“Flash 按钮”命令，如图 4.36 所示，打开“插入 Flash 按钮”对话框。

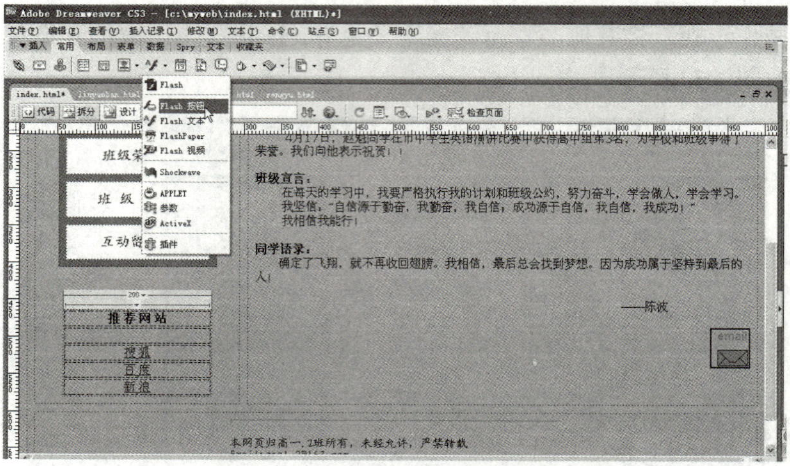

图 4.36 选择“Flash 按钮”命令

在“插入 Flash 按钮”对话框中对按钮进行设置。拖动“样式”列表框右边的滚动条，选择需要的按钮，按钮形状就显示在上面“范例”栏中；在“按钮文本”文本框中输入按钮文本为“网易”；单击“字体”右边的▼，选择字体为“楷体_GB2312”，大小为 20，如图 4.37 所示。

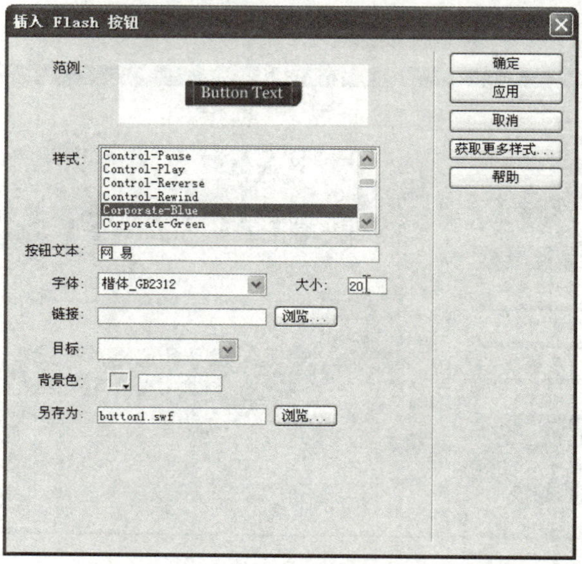

图 4.37 设置 Flash 按钮的文本属性

在“链接”文本框中输入下载文件的地址“http://www.163.com”；在“另存为”文本框中输入 Flash 文件名称，注意文件名不能为中文，存放路径也不能有中文，文件扩展名为“.swf”（也可以采用默认名称），如图 4.38 所示。最后，单击“确定”按钮，网页上出现 Flash 按钮“网易”，如图 4.39 所示。

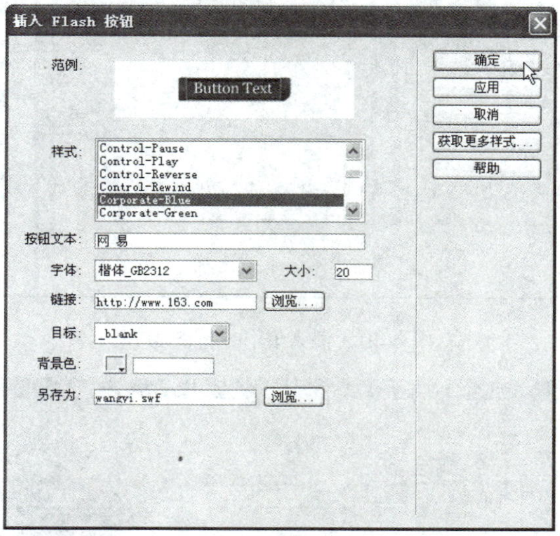

图 4.38　设置 Flash 按钮的链接和文件名

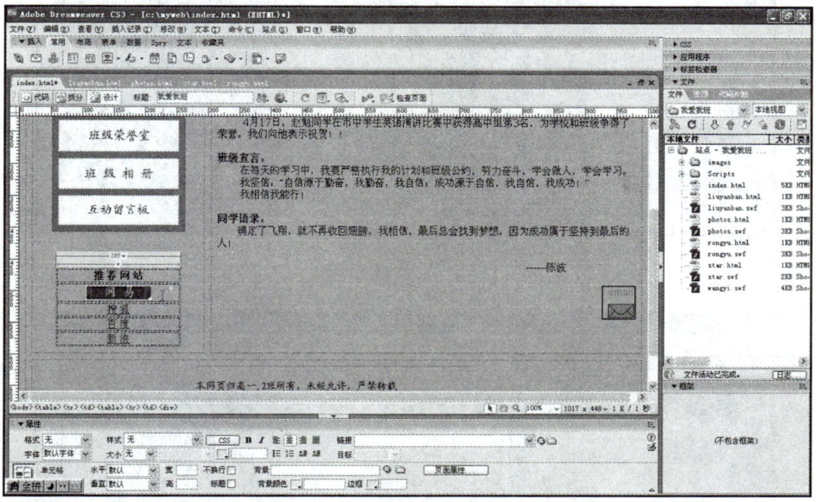

图 4.39　Flash 按钮“网易”已经插入

重复上述操作，为“搜狐”、“百度”和“新浪”添加 Flash 按钮，结果如图 4.40 所示。

保存网页后，选择菜单栏中的“文件”→“在浏览器中预览”→“IExplore”命令或者按“F12”键，将网页在浏览器中打开。由于使用了 Flash 的一些功能，浏览器可能会阻止这些控件的显示。在提示信息上单击鼠标右键，在弹出的快捷菜单中选择“允许阻止的内容”命令，可以显示 Flash 按钮，如图 4.41 所示。

移动鼠标指针到 Flash 按钮上，单击鼠标左键，按钮发生变化，如图 4.42 所示。之后，链接的网站主页被打开。

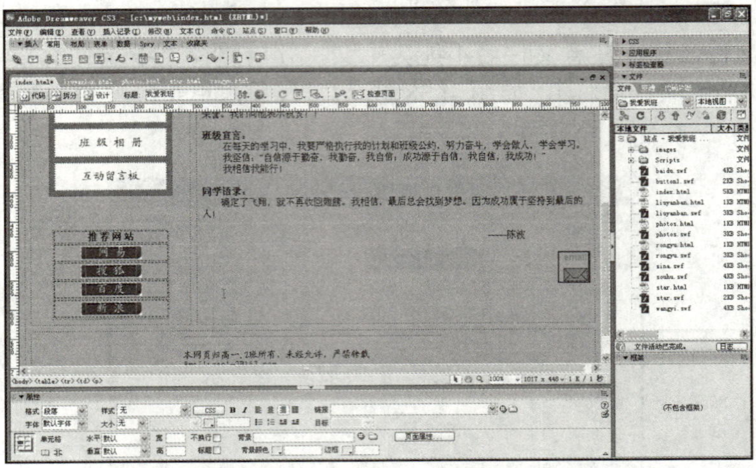

图 4.40　插入其他 Flash 按钮

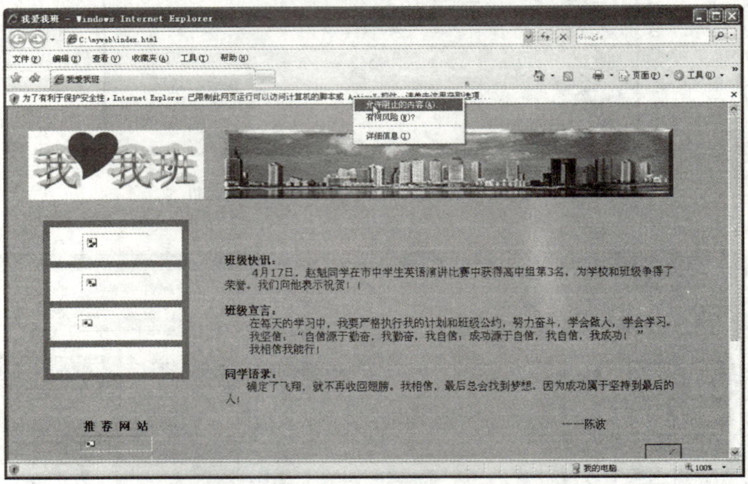

图 4.41　在浏览器中预览网页

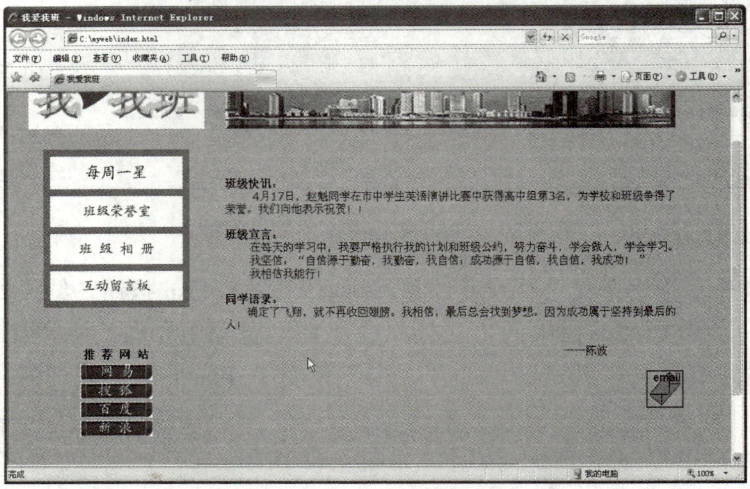

图 4.42　预览网页最终效果

4.4　创建网页书签

4.4.1　网页书签

网页中所谓的书签，就是到达网页中某个具体位置的链接，即锚记超链接。当网页内容过长时，使用书签可以快速地浏览到所关心的信息。例如，在网页“每周一星”中共介绍了多个星期的相关信息，如果不使用滚动条，只能看到其中的几种。下面为每一周都建立书签，单击书签后，该周的每周一星介绍就会出现在屏幕顶端。

4.4.2　制作网页书签

制作网页书签，即创建锚记超链接。首先在网页的顶端输入书签说明文本，如图 4.43 所示。这些说明文本也是书签的热区文本。

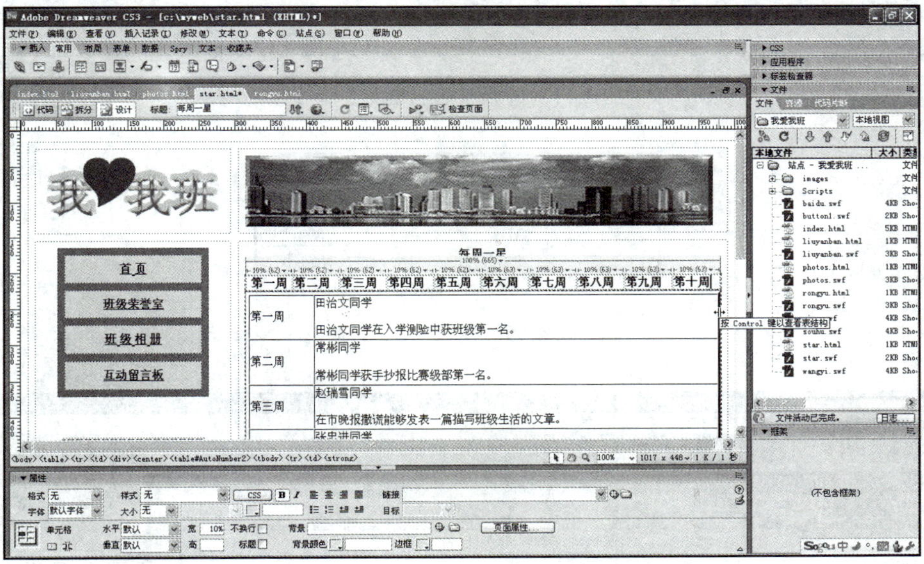

图 4.43　输入书签说明文本

以“第十周”的书签制作为例来学习如何创建锚记超链接。拖动滚动条至网页底部，将光标置于“第十周”几个字的前面，选择菜单栏上的“插入记录”→“命名锚记”命令，如图 4.44 所示。也可以单击“插入”面板中“常规”选项卡的“命名锚记”按钮。

在打开的“命名锚记”对话框中输入“第十周”作为锚记的名称，如图 4.45 所示，单击“确定”按钮。在刚才选中的“第十周”旁边出现一个锚记的标记，如图 4.46 所示。

拖动滚动条到网页顶端，选中网页顶端的“第十周”几个字，用鼠标拖动“属性”面板中的⊕到正文“第十周”旁边的锚记标记上。这时，可以发现“属性”面板的“链接”栏中出现“#第十周”，如图 4.47 所示。松开鼠标，网页顶端的“第十周”几个字变成蓝色并带有下画线，如图 4.48 所示。

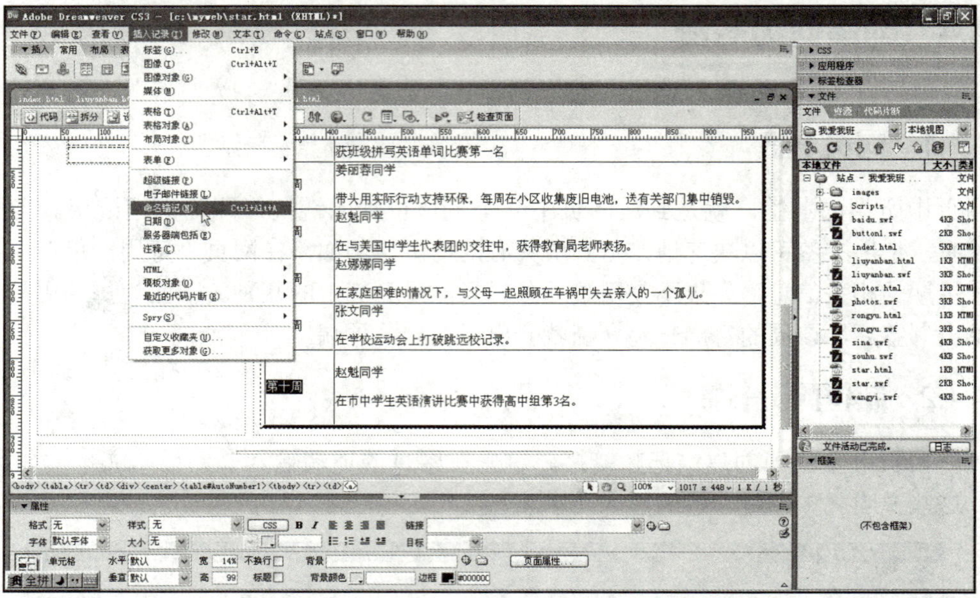
Adobe Dreamweaver CS3 - [c:\myweb\star.html (XHTML)*]
获班级拼写英语单词比赛第一名
姜丽春同学
带头用实际行动支持环保，每周在小区收集废旧电池，送有关部门集中销毁。
赵魁同学
在与美国中学生代表团的交往中，获得教育局老师表扬。
赵娜娜同学
在家庭困难的情况下，与父母一起照顾在车祸中失去亲人的一个孤儿。
张文同学
在学校运动会上打破跳远校记录。
第十周
赵魁同学
在市中学生英语演讲比赛中获得高中组第3名。

图 4.44　选择“命名锚记”命令

命名锚记
锚记名称：第十周
确定
取消
帮助(H)

图 4.45　输入锚记名称

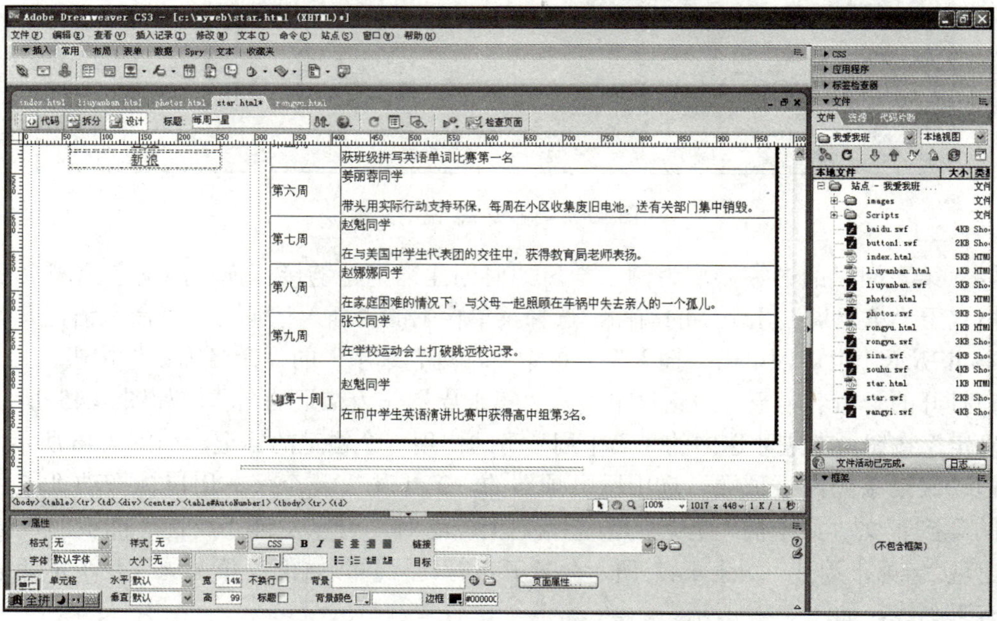
Adobe Dreamweaver CS3 - [c:\myweb\star.html (XHTML)*]
获班级拼写英语单词比赛第一名
第六周
姜丽春同学
带头用实际行动支持环保，每周在小区收集废旧电池，送有关部门集中销毁。
第七周
赵魁同学
在与美国中学生代表团的交往中，获得教育局老师表扬。
第八周
赵娜娜同学
在家庭困难的情况下，与父母一起照顾在车祸中失去亲人的一个孤儿。
第九周
张文同学
在学校运动会上打破跳远校记录。
第十周
赵魁同学
在市中学生英语演讲比赛中获得高中组第3名。

图 4.46　锚记标记出现在“第十周”旁边

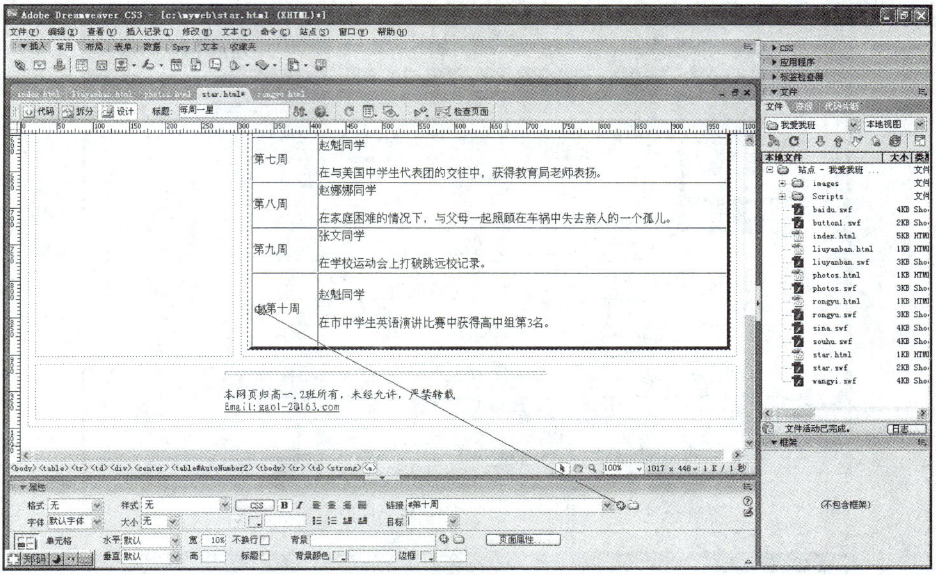
Adobe Dreamweaver CS3 - [c:\myweb\star.html (XHTML)*]
第七周
赵魁同学
在与美国中学生代表团的交往中，获得教育局老师表扬。
第八周
赵娜娜同学
在家庭困难的情况下，与父母一起照顾在车祸中失去亲人的一个孤儿。
第九周
张文同学
在学校运动会上打破跳远校记录。
第十周
赵魁同学
在市中学生英语演讲比赛中获得高中组第3名。
本网页归高一.2班所有，未经允许，严禁转载
链接 #第十周
(不包含框架)

图 4.47　拖动锚记标记

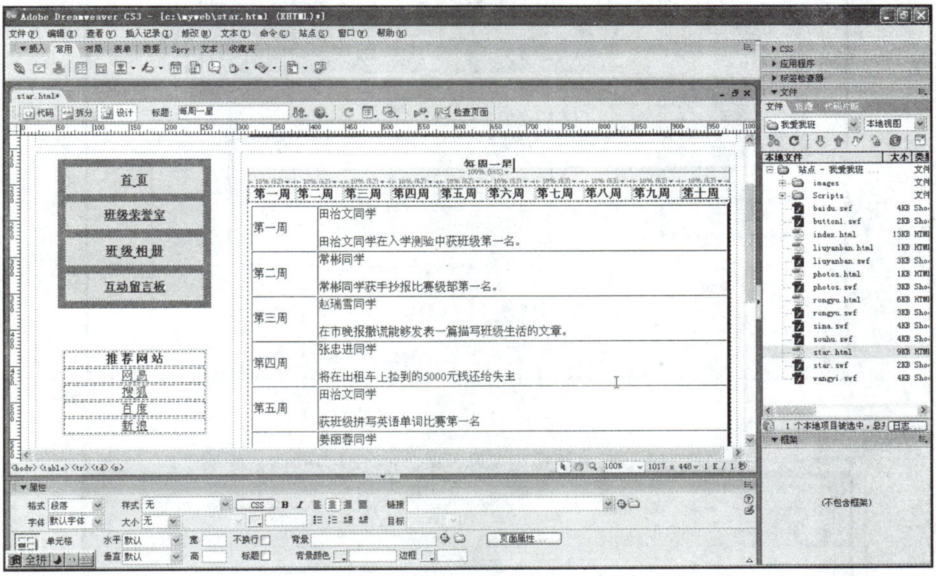
Adobe Dreamweaver CS3 - [c:\myweb\star.html (XHTML)*]
首页
班级荣誉室
班级相册
互动留言板
推荐网站
网易
搜狐
百度
新浪
每周一星
第一周 第二周 第三周 第四周 第五周 第六周 第七周 第八周 第九周 第十周
第一周
田治文同学
田治文同学在入学测验中获班级第一名。
第二周
常彬同学
常彬同学获手抄报比赛级部第一名。
第三周
赵瑞雪同学
在市晚报撒谎能够发表一篇描写班级生活的文章。
第四周
张忠进同学
将在出租车上捡到的5000元钱还给失主
第五周
田治文同学
获班级拼写英语单词比赛第一名
姜丽蓉同学
(不包含框架)

图 4.48　“第十周”书签制作完成

用同样的方法，将网页顶端其他的周次名称均制作成书签，效果如图 4.69 所示。

保存网页后，在浏览器中预览网页，单击网页顶端的“第十周”，如图 4.50 所示。则正文中的“第十周”出现在窗口中，如图 4.51 所示。

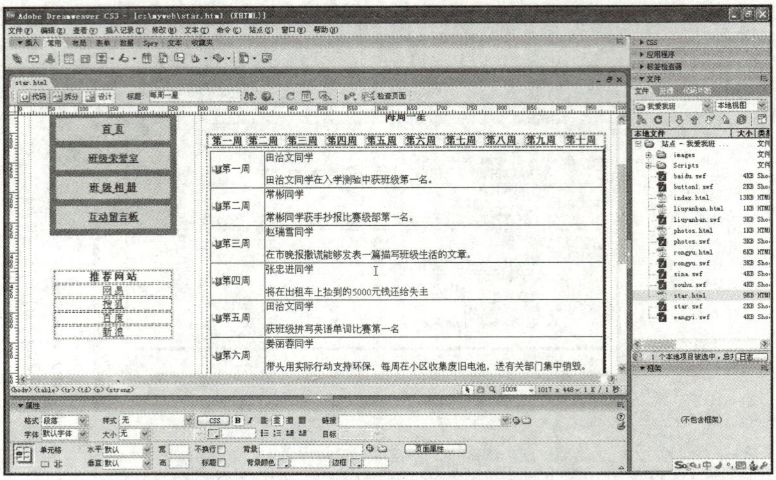
每周一星
第一周 第二周 第三周 第四周 第五周 第六周 第七周 第八周 第九周 第十周
首页
班级荣誉室
班级相册
互动留言板
推荐网站
网易
搜狐
百度
新浪
第一周
田治文同学
田治文同学在入学测验中获班级第一名。
第二周
常彬同学
常彬同学获手抄报比赛级部第一名。
第三周
赵瑞雪同学
在市晚报撒谎能够发表一篇描写班级生活的文章。
第四周
张忠进同学
将在出租车上捡到的5000元钱还给失主
第五周
田治文同学
获班级拼写英语单词比赛第一名
第六周
姜丽春同学
带头用实际行动支持环保，每周在小区收集废旧电池，送有关部门集中销毁。

图 4.49　书签制作完成

每周一星 - Windows Internet Explorer
C:\myweb\star.html
我♥我班
首 页
班级荣誉室
班 级 相 册
互动留言板
推 荐 网 站
网 易
搜 狐
百 度
新 浪
每周一星
第一周 第二周 第三周 第四周 第五周 第六周 第七周 第八周 第九周 第十周
第一周
田治文同学
田治文同学在入学测验中获班级第一名。
第二周
常彬同学
常彬同学获手抄报比赛级部第一名。
第三周
赵瑞雪同学
在市晚报撒谎能够发表一篇描写班级生活的文章。
第四周
张忠进同学
将在出租车上捡到的5000元钱还给失主
第五周
田治文同学
获班级拼写英语单词比赛第一名
file:///C:/myweb/star.html#第十周
我的电脑

图 4.50　单击“第十周”

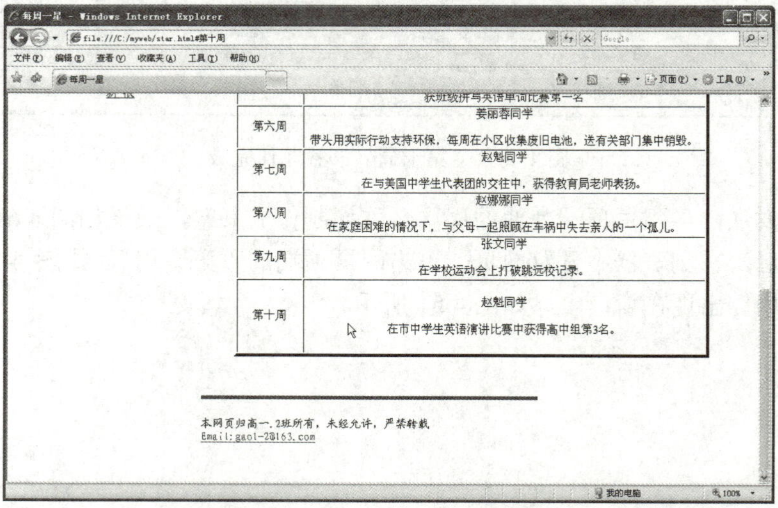
每周一星 - Windows Internet Explorer
file:///C:/myweb/star.html#第十周
第六周
姜丽春同学
带头用实际行动支持环保，每周在小区收集废旧电池，送有关部门集中销毁。
第七周
赵魁同学
在与美国中学生代表团的交往中，获得教育局老师表扬。
第八周
赵娜娜同学
在家庭困难的情况下，与父母一起照顾在车祸中失去亲人的一个孤儿。
第九周
张文同学
在学校运动会上打破跳远校记录。
第十周
赵魁同学
在市中学生英语演讲比赛中获得高中组第3名。
本网页归高一.2班所有，未经允许，严禁转载
Email:gao1-2@163.com
我的电脑

图 4.51　“第十周”出现在窗口中

习题 4

1．简答题

（1）内部超链接、外部超链接和锚记超链接有什么不同？

（2）什么叫热区文本？

（3）建立超链接有哪些方法？

（4）用直接输入的方法建立电子邮件超链接时，需要在电子邮件地址前输入什么？

（5）怎样设置图片热区？

（6）Flash 文本超链接和 Flash 按钮超链接有什么不同？

（7）什么叫网页书签？有什么作用？

2．操作题

（1）打开爱护牙齿的网站，在网页“index.html”中选中作为热区链接的文字，设置超链接，将它们与相应的网页链接起来。

（2）选中作为电子邮件超链接的文字或图片，为其建立电子邮件超链接。电子邮件地址统一为：ya@163.com。

（3）使用 Flash 动态文本或 Flash 按钮替换原有的文字超链接。

（4）建立或打开其他的网页，完成对超链接的设置，使它们和主页保持一致。

（5）选择一个文字内容较多，而且可以分类介绍的网页，如“护牙工具”，将相关的文本复制到该网页中，并制作出网页书签。

第 5 章　样式表与行为

5.1　使用样式表

5.1.1　样式表及其分类

样式表也称为样式，是目前网页制作中普遍应用的一项技术，它通过设置 HTML 代码标签来实现对网页文本的字体、颜色、填充、边距和字间距等进行格式化操作。在应用了样式表的网页中，如果要更改一些特定文本的样式风格，可以直接采用自定义的样式表，而不必频繁使用“属性”面板。而且，使用样式表还有一个好处，当别人浏览你的网页时，无论选择显示字体为何种大小，网页中的文字大小都不会变化。

样式表可以分为 HTML 样式表和 CSS 样式表，HTML 样式表功能比较弱，格式化文本的效率也不高，类似于 Word 中的“格式刷”，在 Dreamweaver 的早期版本中，还有 HTML 样式的控制面板，在 Dreamweaver CS 中已经看不见 HTML 样式面板了。

在“文本”菜单下的“样式”子菜单中可以看到一些 HTML 样式。选中文字，选择这些样式，就可以将文字变成该样式设定的样子。

CSS 是层叠样式表单（Cascading Style Sheets）的简称。对于设计者来说，它是一个非常灵活的工具，允许设计者在 HTML 文档中加入样式；不但不必再把繁杂的样式定义编写在文档结构中，而且可以将所有关于文档的样式指定内容全部脱离出来，如在行内定义，在标题中定义，甚至作为外部样式文件供 HTML 调用等。CSS 是当前网页设计中不可缺少的技术，在最常见的去除链接文字下画线的方法中，CSS 的应用是最简单的。

5.1.2　使用 CSS 增大行间距

我们前面学习过使用“Shift+Enter”组合键更改行间距的方法，但那种方法太呆板，无法灵活应用。使用 CSS 样式可以轻松、简单地增大行间距。

在 Dreamweaver 中打开网页“index.html”，单击窗口右边“浮动面板”中的“CSS”，在打开的面板中单击按钮，在弹出的菜单中选择“新建”命令，如图 5.1 所示。

在“新建 CSS 规则”对话框中输入“.hangjv”作为样式名称，注意前面一个小数点，目的是避免与其他 HTML 标记混淆。选择“定义在”为“(新建样式表文件)”，单击“确定”按钮，如图 5.2 所示。

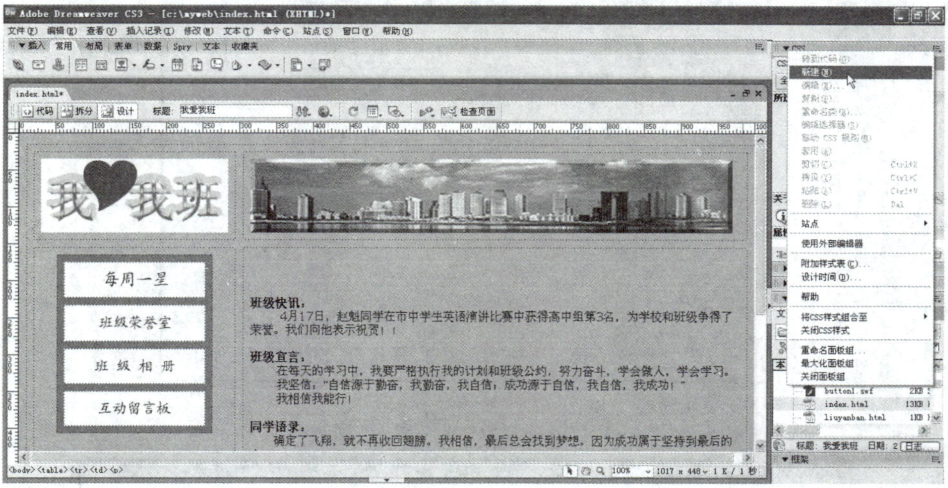

图 5.1　选择“新建”命令

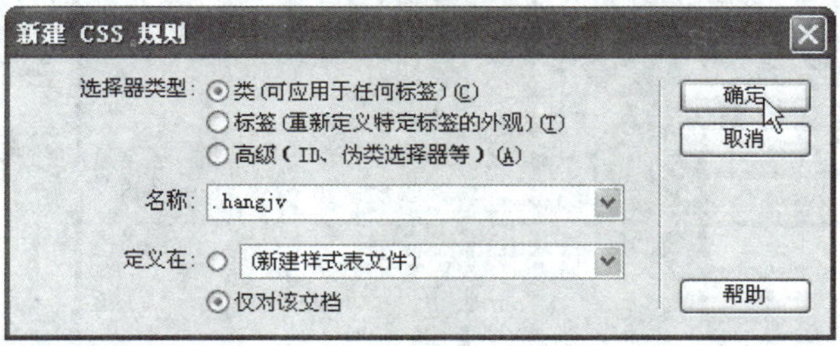

图 5.2　“新建 CSS 规则”对话框

在弹出的“.hangjv 的 CSS 规则定义”对话框中，单击“行高”右边的▼按钮，在下拉选项中选择“(值)”，然后将文本框中的“(值)”删除，输入“20”，将行高值设为 20 像素，单击“确定”按钮，如图 5.3 和图 5.4 所示。

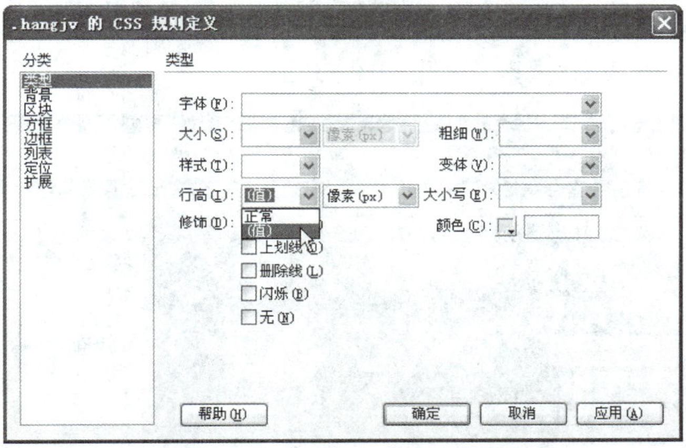

图 5.3　选择行高“(值)”

此时，在“CSS”面板中出现了名为 huangjv.css 的一个样式，如图 5.5 所示。

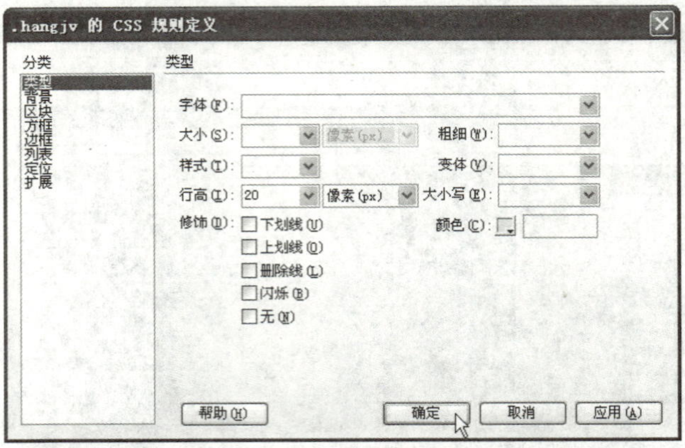

图 5.4　输入行高值为 20 像素

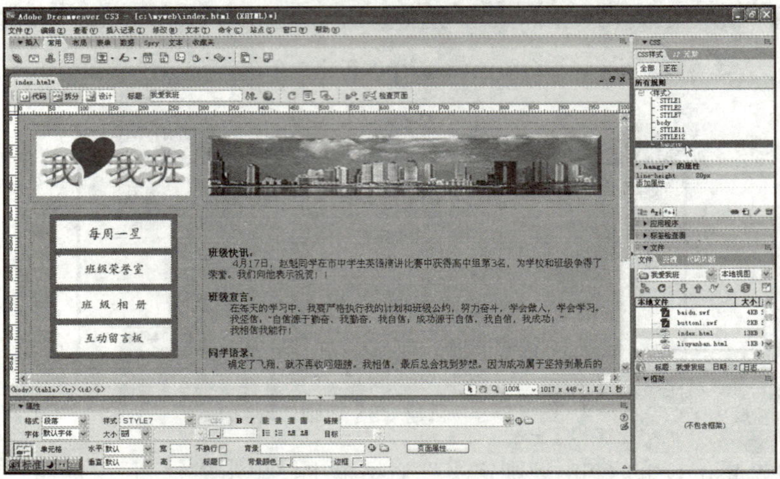

图 5.5　CSS 样式建立成功

在网页“index.html”中单击鼠标，使光标出现在第一段文字中，用鼠标右键单击样式表中的样式“hangjv”，在弹出的快捷菜单中选择“套用”命令，如图 5.6 所示，套用样式后第一段文字的行间距变成 20 像素，效果如图 5.7 所示。

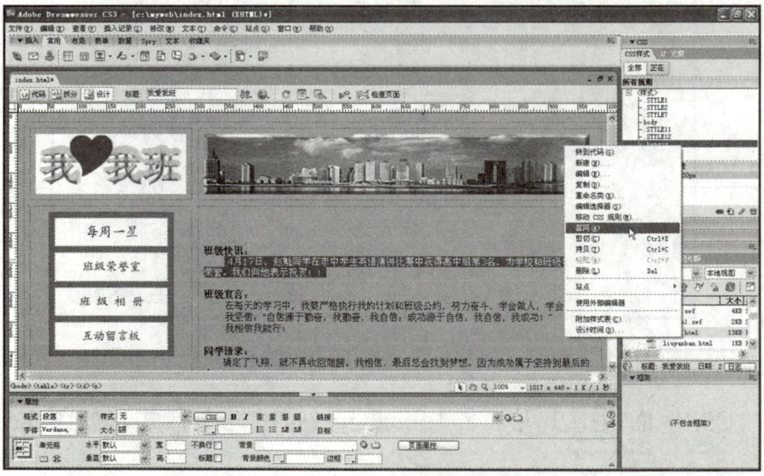

图 5.6　套用 CSS 样式

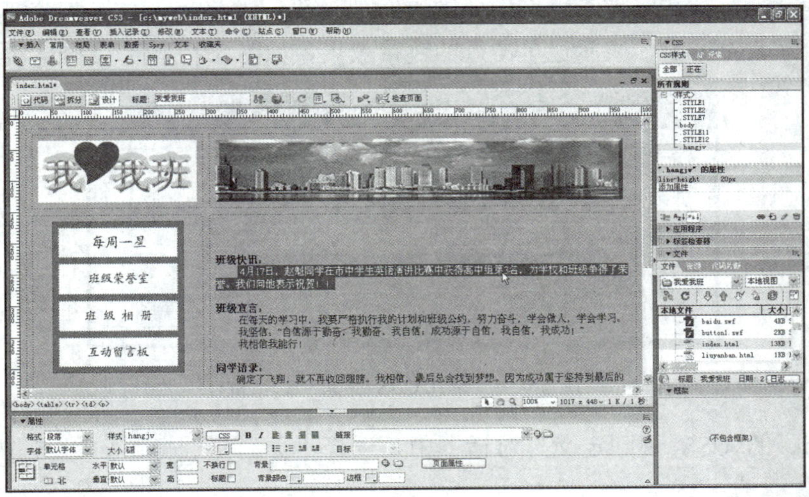

图 5.7　行间距发生变化

重复上一步操作，将网页中各段文字的行间距都更改成 20 像素的宽度，这显然要比按“Shift+Enter”组合键的方法来设定行间距要灵活得多。

5.1.3　使用 CSS 去掉超链接下画线

在使用文本超链接的网页中可以看到带有下画线的热区文字，虽然这些下画线对于超链接有提示作用，但往往影响美观。使用 CSS 可以非常轻松地将这些下画线隐藏。

在 Dreamweaver 中打开网页“star.html”。在窗口右边的“CSS”面板中单击按钮，在弹出的菜单中选择“新建”命令，如图 5.8 所示，打开“新建 CSS 规则”对话框。

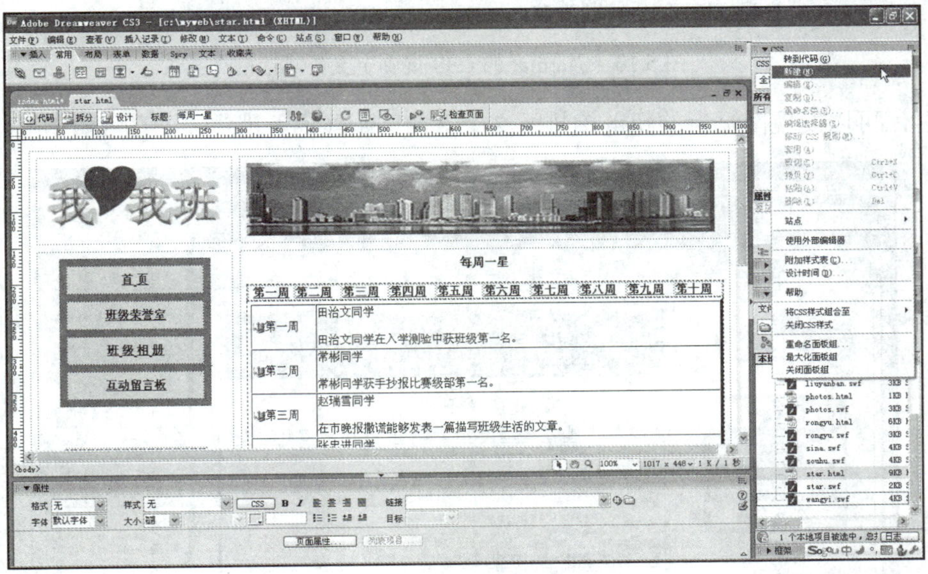

图 5.8　新建 CSS 规则

在“新建 CSS 规则”对话框中，“选择器类型”选择“高级（ID、伪类选择器等）”，单击“选择器”下拉框右边的按钮，在下拉列表中选择“a:link”，这表示对超链接进行操作，如果选择“a:hover”，表示鼠标指向链接时的效果；选择“a:active”，表示链接激活时的效果；选择“a:visited”，表示已单击过的链接效果，如图 5.9 所示，单击“确定”按钮。

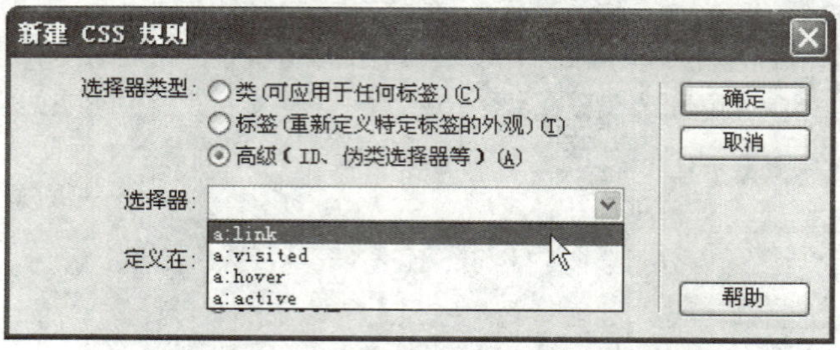

图 5.9　“新建 CSS 规则”对话框

在“a:link 的 CSS 规则定义”对话框中，选择“无”复选框，如图 5.10 所示，单击“确定”按钮。

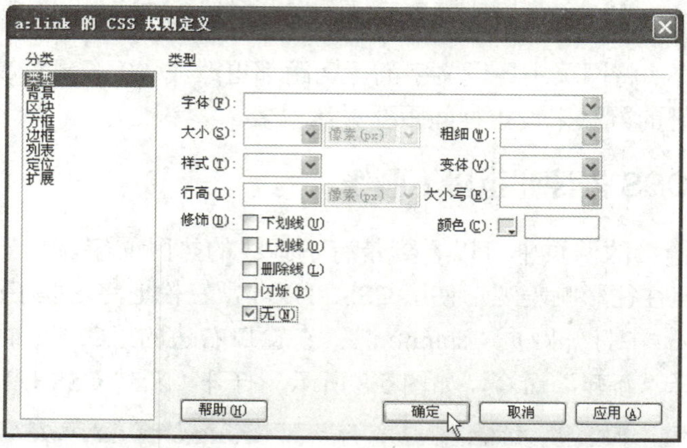

图 5.10　“a:link 的 CSS 规则定义”对话框

此时，可以发现网页上的超链接热区文字下的下画线已经消失，如图 5.11 所示。

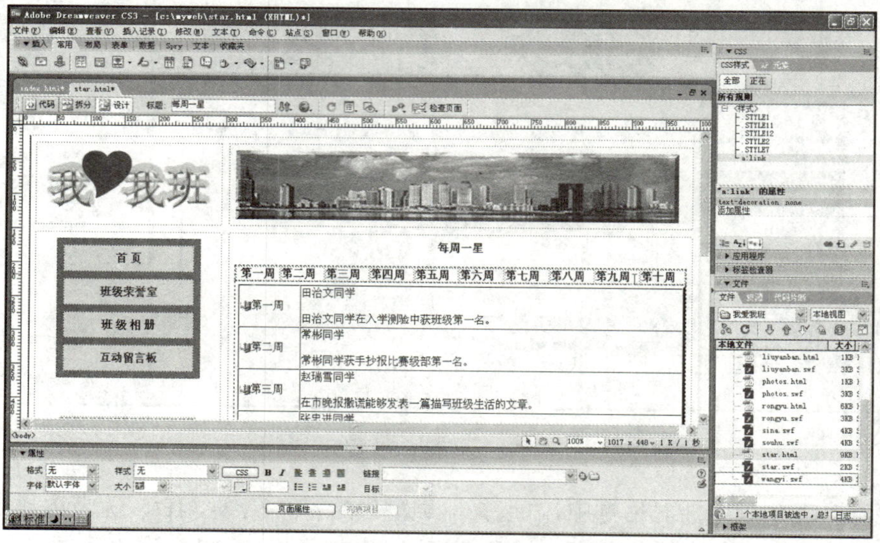

图 5.11　超链接热区文本下画线消失

在 IE 浏览器中将网页打开，可以发现超链接热区文本都没有下画线，如图 5.12 所示。

图 5.12　在浏览器中也看不到下画线

5.2　行为及其简单应用

5.2.1　行为

所谓“行为”，就是响应网页中的某一事件而采取的一个动作。当把某个行为赋予网页中的某个对象时，也就定义了一个动作，以及与其相对应的事件。事件可以是鼠标的移动、网页的打开与关闭、键盘的使用等，动作可以是弹出问候语、刷新页面、播放声音、检查用户浏览器等。例如，使用行为，可以轻松地实现背景音乐。对于该“行为”，事件是打开网页，动作是播放音乐。

在网页中添加行为即可将该行为附加到整个文档中，同时网页中的所有元素，包括链接、图像、表格及其他的 HTML 对象都被赋予这个行为。

一个事件可以关联多个动作，每个动作执行的先后次序由浮动面板中行为的排列顺序决定。

5.2.2　使用行为为网页添加背景音乐

在浏览网页时，经常可以遇到这样的情况：当打开关于森林的网页时，音箱里会传出几声鸟鸣，打开关于书法、国画的网页时又听到优美的古乐曲。这都是使用了背景音乐的缘故。

添加背景音乐可以使网页突出多媒体功能。但考虑到网络传播速度，采用的声音文件最好是 MIDI 格式，不要用 WAV 文件。音乐也最好采用轻音乐、流水声、鸟叫声或者其他与网页内容相关的声音文件，并且声音文件要提前复制到“网页素材”文件夹中。

下面来学习如何为网页添加背景音乐。

在 Dreamweaver 中打开网页文件“index.html”，单击窗口右下角的标签 <body>，选中整个网页，如图 5.13 所示。

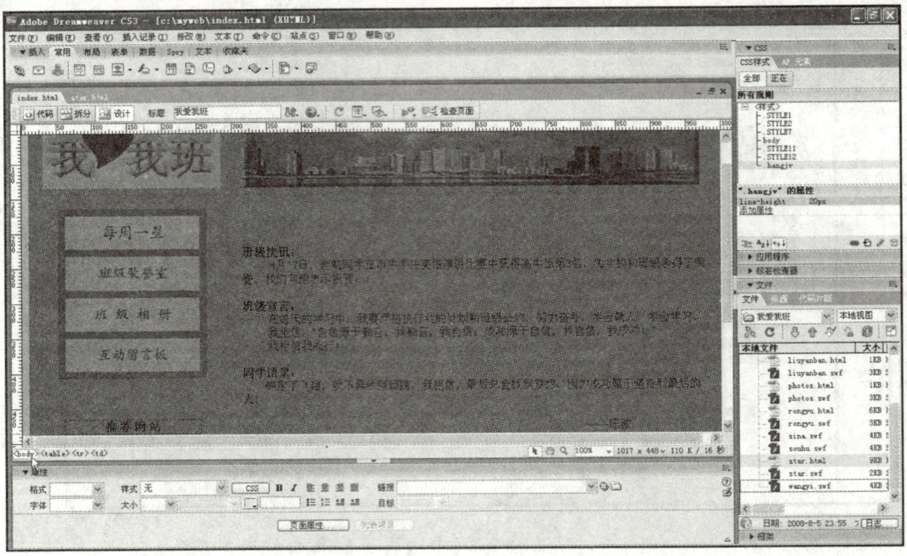

图 5.13　单击“<body>”标签

选择菜单栏中的“窗口”→“行为”命令，如图 5.14 所示。这时右边浮动面板中的“行为”选项卡被打开。

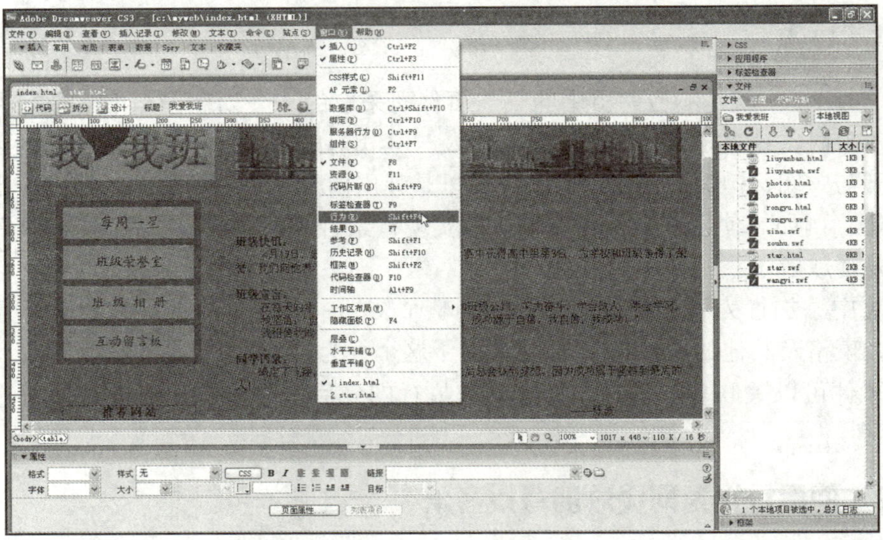

图 5.14　选择“行为”命令

在“行为”选项卡中单击按钮，在弹出的下拉菜单中选择“建议不再使用”→“播放声音”命令，如图 5.15 所示，打开“播放声音”对话框。

在“播放声音”对话框中，单击“浏览”按钮，如图 5.16 所示。

在弹出的“选择文件”对话框中，单击“查找范围”文本框右边的按钮，在下拉列表中选择“网页素材/images/”文件夹并打开，选中声音文件“music.midi”，如图 5.17 所示，单击“确定”按钮。

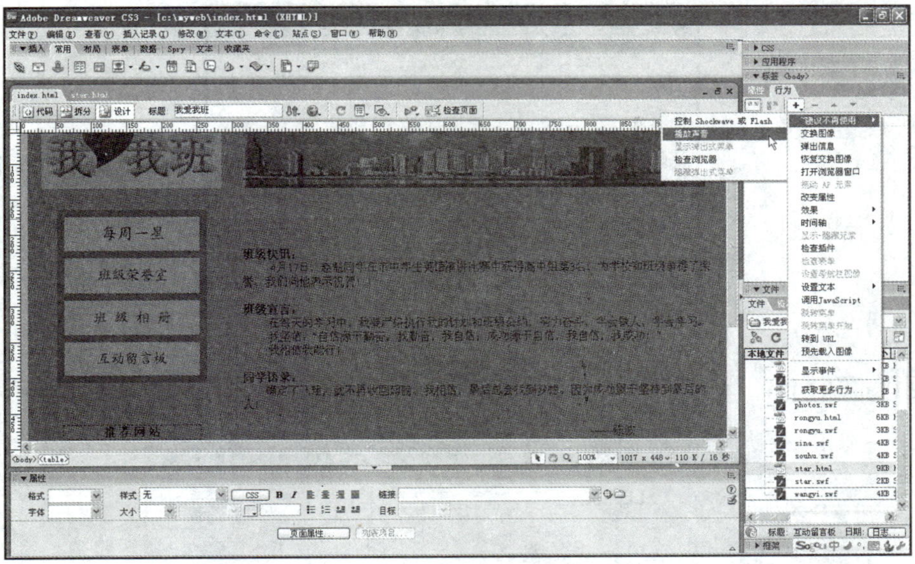

图 5.15　选择“播放声音”命令

图 5.16　“播放声音”对话框

由于声音文件“music.midi”不在当前的网站中，所以会弹出一个提示对话框，如图 5.18 所示，只需单击“是”按钮即可。

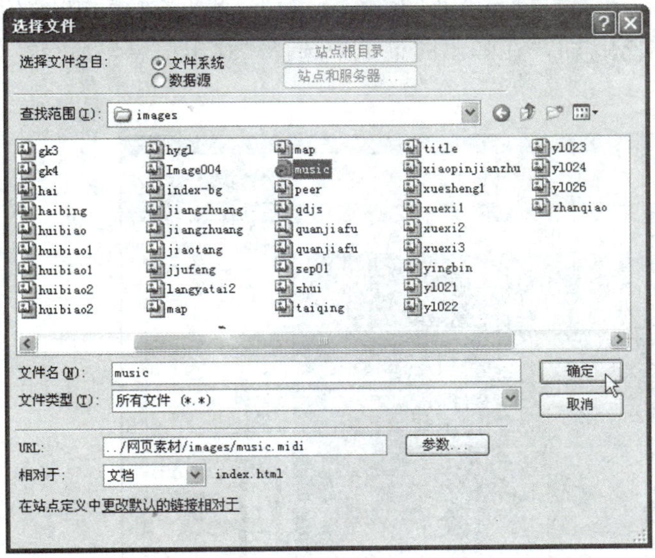

图 5.17　选择声音文件

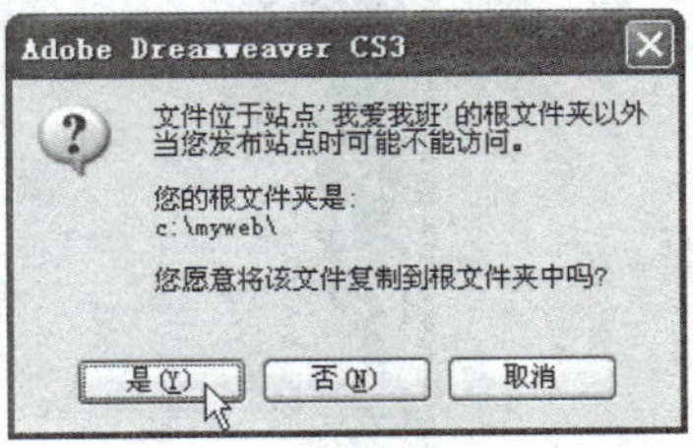

图 5.18　提示对话框

在弹出的“复制文件为”对话框中，双击文件夹“images”将它打开，如图 5.19 所示。最后单击“保存”按钮，将声音文件保存到当前站点的文件夹“images”中。

图 5.19　复制文件

返回“播放声音”对话框，单击 确定 按钮，完成设置，如图 5.20 所示。

图 5.20　完成播放声音的设置

打开音箱，按“F12”键，在浏览器中将网页打开，这时可以一边预览网页一边听音乐了。

5.2.3　使用行为弹出对话框

有一些网页常常自动弹出一些信息供浏览者阅读，这些信息可以是一些友好的问候语，也可以是与网页相关的提示语。

实现这一功能有两种方法，一种是采用“弹出信息”行动；另一种是采用“调用JavaScript”行为。

先看第一种方法。在 Dreamweaver 中打开网页文件“index.html”，单击窗口右下角的标签 <body>，在“行为”选项卡中单击 + 按钮，在弹出的菜单中选择“弹出信息”命令，如图 5.21 所示。

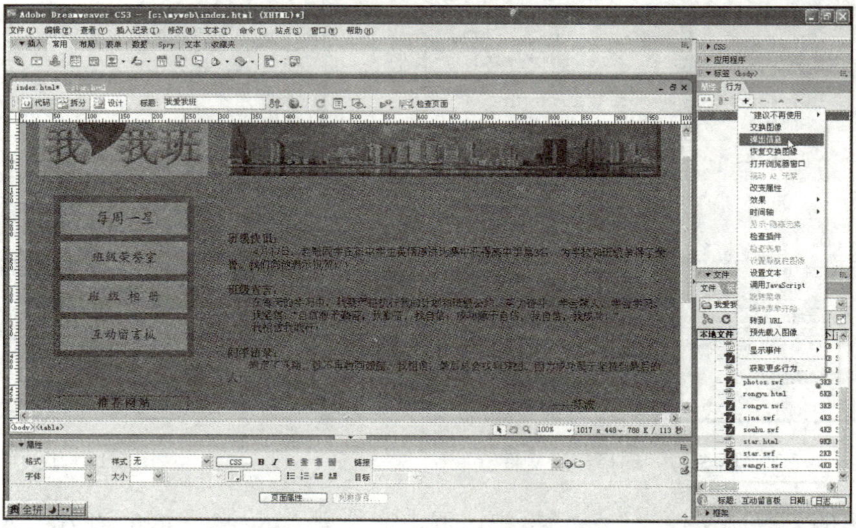

图 5.21　选择“弹出信息”命令

在打开的“弹出信息”对话框中，输入要显示的信息，单击“确定”按钮，如图 5.22 所示。

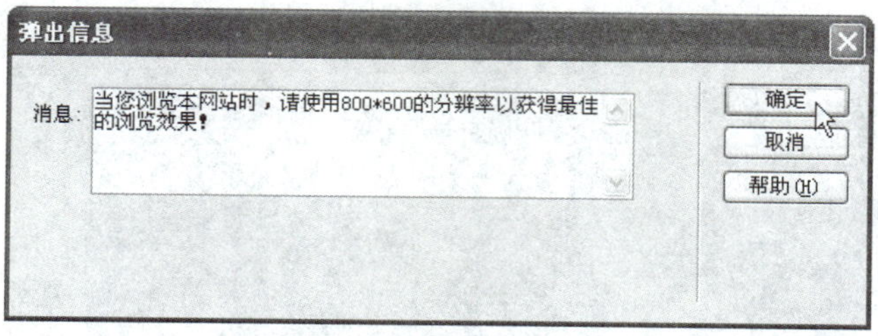

图 5.22　输入信息

在“行为”选项卡中可以看到“弹出信息”的行为已经被添加上了，如图 5.23 所示。.

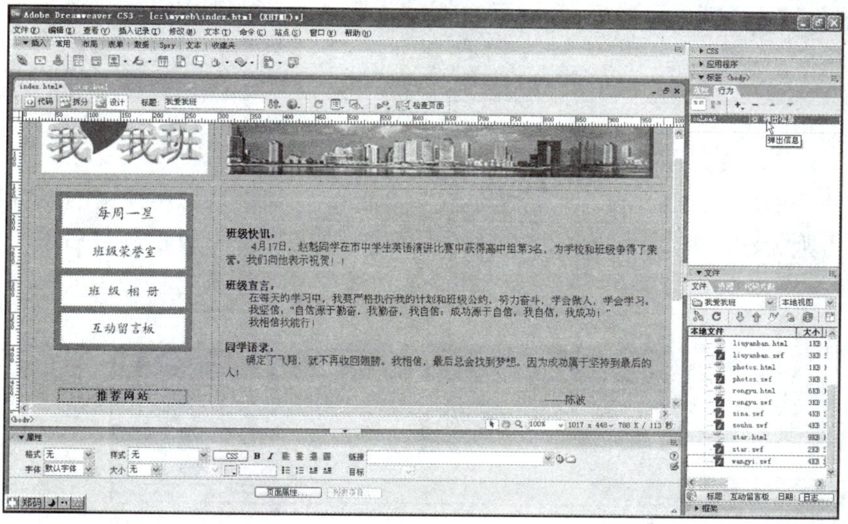

图 5.23　添加“弹出信息”行为

按“F12”键，预览网页，可以发现在浏览器上弹出一个对话框，如图 5.24 所示。只有单击“确定”按钮，关闭该对话框，才能继续浏览网页。

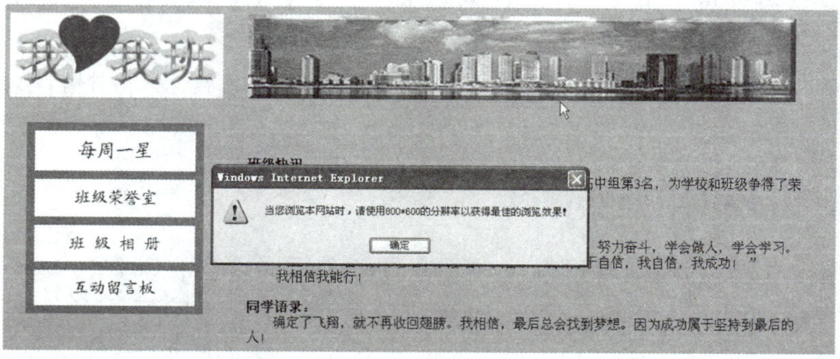

图 5.24　弹出信息对话框

第二种方法采用“调用 JavaScript”行为也可以达到同样的效果。重复前面的操作至打开“行为”选项卡，在的下拉菜单中选择“调用 JavaScript”命令，如图 5.25 所示。

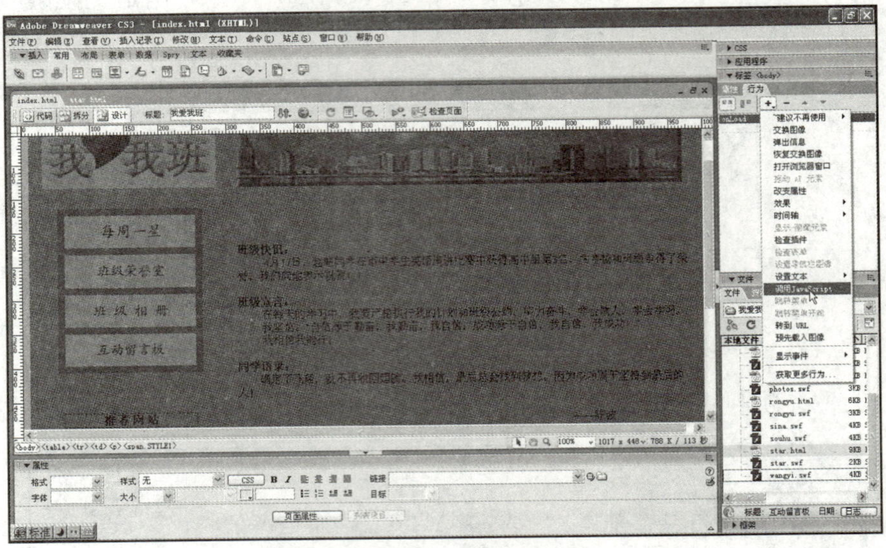

图 5.25 选择“调用 JavaScript”命令

在打开的“调用 JavaScript”对话框中输入“alert（‘请确认您所使用的浏览器为 IE 5.5 以上版本，否则无法正常显示网页的动态效果！’）”，如图 5.26 所示，最后单击“确定”按钮。

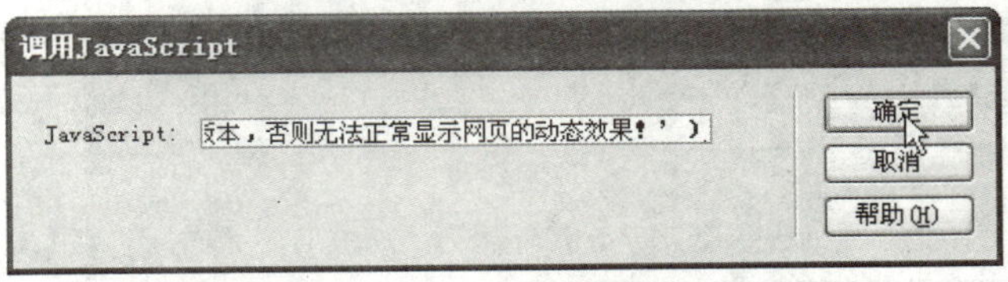

图 5.26 在“调用 JavaScript”对话框中输入信息

按“F12”键，预览网页，会发现弹出两个对话框。

对于弹出的对话框，虽然可以提示让浏览者在浏览网页时注意到其他的信息，但也有一些缺点。一是该方法过于呆板，不关闭对话框，就无法浏览网页；二是表现方法单一，只能是文本，效果不够生动。

在“行为”选项卡中，选中新建的行为，单击鼠标右键，在弹出的快捷菜单中选择“删除行为”命令，可以将这些行为删除，如图 5.27 所示。

5.2.4 使用行为弹出网页窗口

在浏览新浪、搜狐等网站时可以发现，在打开主页时，会自动弹出一些广告窗口，这些窗口就是一个小的网页，通常是 Flash 动画或颜色鲜艳的静态网页。

利用行为中的“打开浏览器窗口”可以实现上述功能。下面就来学习具体的设置方法。

在 Dreamweaver 中打开网页文件“index.html”，移动鼠标到窗口右边的“文件”浮动面板中，打开“文件”选项卡。在该选项卡中单击鼠标右键，在弹出的快捷菜单中选择“新建文件”命令，如图 5.28 所示。

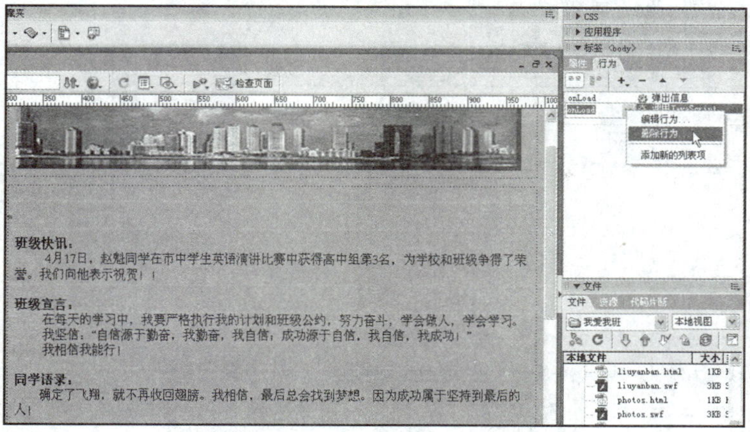

图 5.27　选择“删除行为”命令

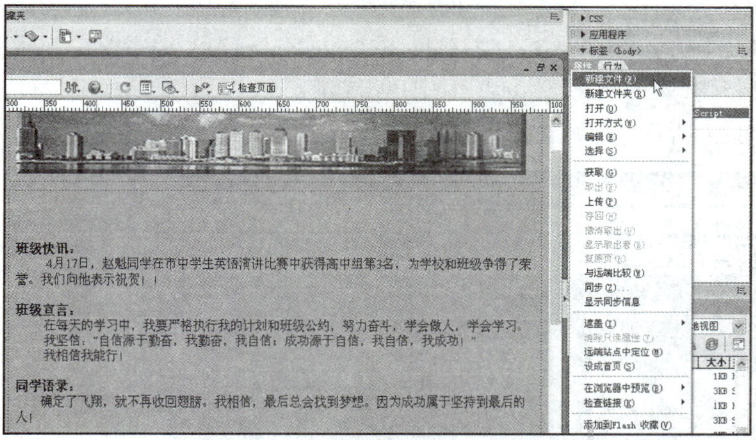

图 5.28　选择“新建文件”命令

将新建的网页文件命名为“hello.html”，如图 5.29 所示。

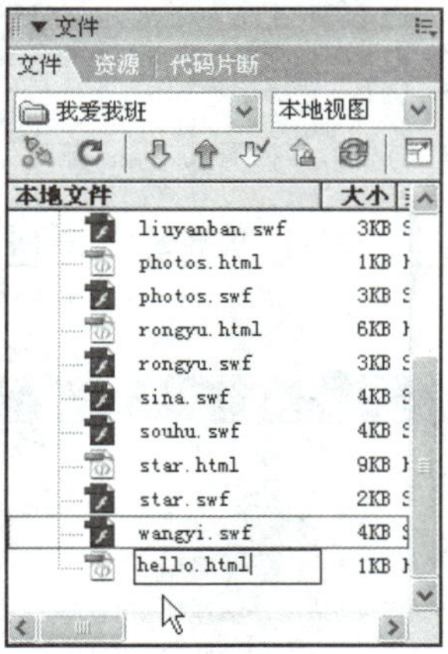

图 5.29　更改文件名

双击网页文件“hello.html”将它打开，编辑网页的内容并保存，注意内容不要过多，结果如图 5.30 所示。

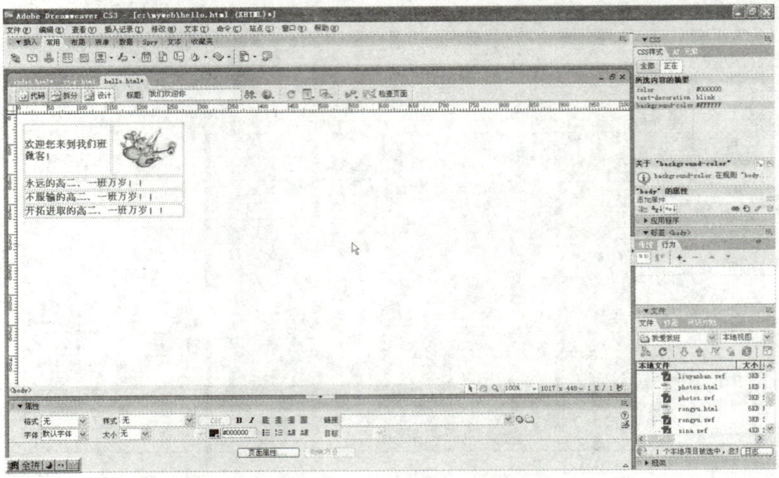

图 5.30　编辑网页内容

单击编辑窗口上方的 index * ，切换到网页“index.html”的编辑窗口。然后单击编辑窗口左下方的 <body> 标签，在“行为”选项卡中单击 + 按钮，在下拉菜单中选择“打开浏览器窗口”命令，如图 5.31 所示，打开“打开浏览器窗口”对话框。

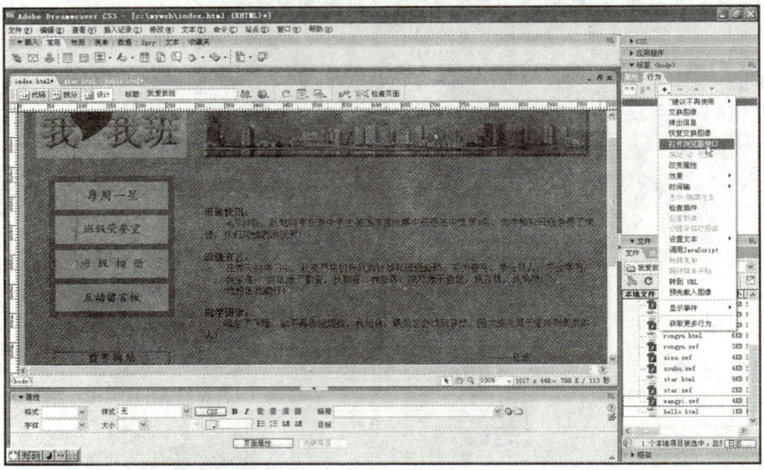

图 5.31　选择“打开浏览器窗口”命令

在“打开浏览器窗口”对话框中，单击“浏览”按钮，如图 5.32 所示，打开“选择文件”对话框。

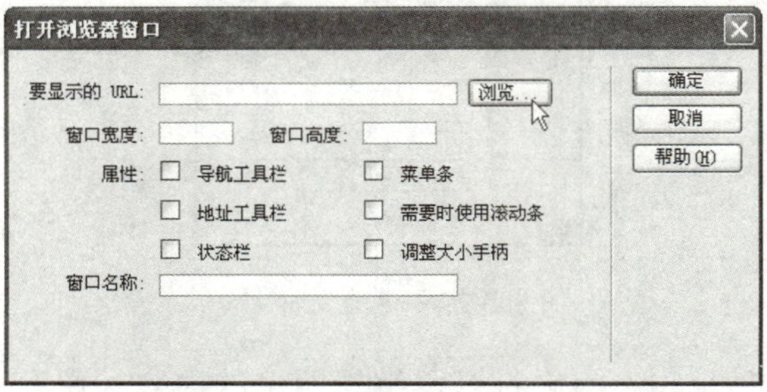

图 5.32　“打开浏览器窗口”对话框

在“选择文件”对话框中，选中“hello.html”文件，如图 5.33 所示。单击“确定”按钮，返回“打开浏览器窗口”对话框。

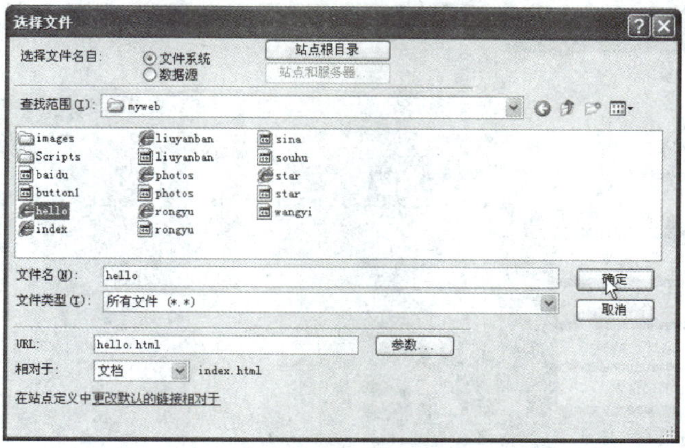

图 5.33　选择文件“hello”

在“打开浏览器窗口”对话框中，输入弹出窗口的大小及窗口名称，窗口大小的值并不是网页窗口的实际大小，而是它显示时的大小，如图 5.34 所示，单击“确定”按钮。

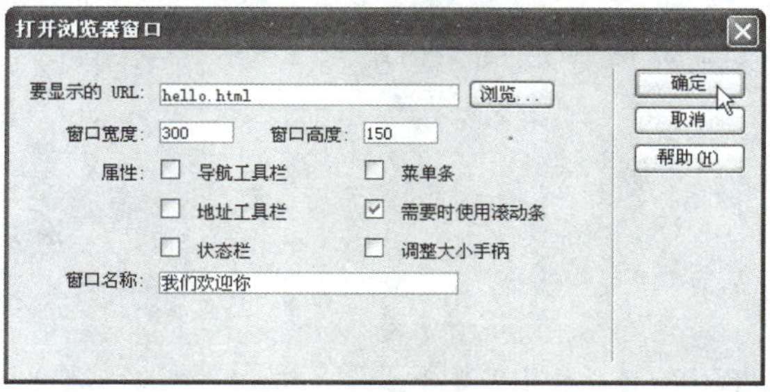

图 5.34　输入窗口属性

在 Dreamweaver 窗口中可以发现，“打开浏览器窗口”已经出现在“行为”选项卡中，如图 5.35 所示。

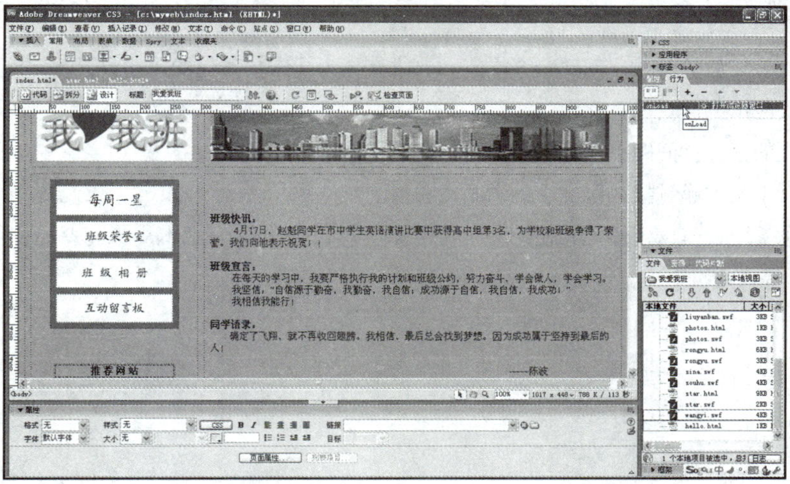

图 5.35　“打开浏览器窗口”行为被添加

按“F12”键，在浏览器中预览该网页，可以看到在打开主页的同时，弹出小窗口“hello.html”，如图 5.36 所示。

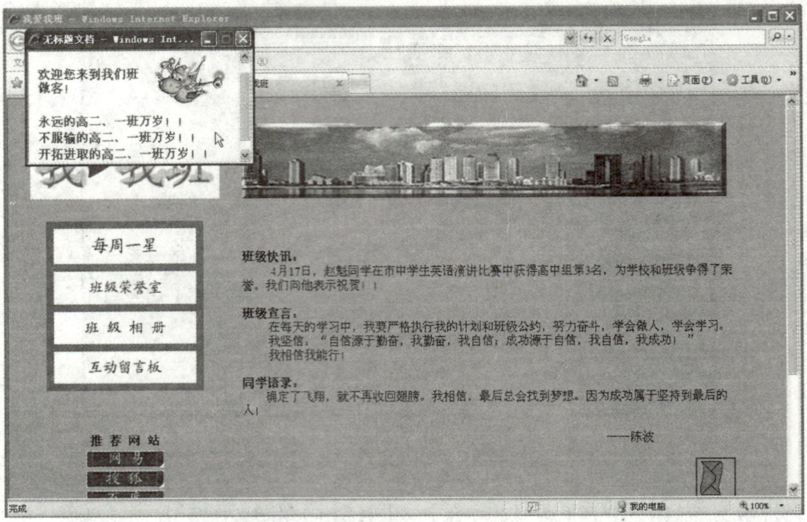

欢迎您来到我们班做客!
永远的高二、一班万岁!!
不服输的高二、一班万岁!!
开拓进取的高二、一班万岁!!
每周一星
班级荣誉室
班级相册
互动留言板
班级快讯:
4月17日，赵魁同学在市中学生英语演讲比赛中获得高中组第3名，为学校和班级争得了荣誉。我们向他表示祝贺!!
班级宣言:
在每天的学习中，我要严格执行我的计划和班级公约，努力奋斗，学会做人，学会学习。
我坚信，“自信源于勤奋，我勤奋，我自信；成功源于自信，我自信，我成功!”
我相信我能行!
同学语录:
确定了飞翔，就不再收回翅膀。我相信，最后总会找到梦想。因为成功属于坚持到最后的人!
——陈波
推荐网站
网易
搜狐
完成
我的电脑

图 5.36　弹出网页窗口

习题 5

1．简答题

（1）样式在网页制作过程中有什么作用？

（2）CSS 的含义是什么？

（3）什么是行为？有什么作用？

（4）“弹出窗口”行为与“弹出对话框”行为相比有什么优点？

2．操作题

（1）打开爱护牙齿的网站，创建一个样式，要求字体为仿宋，其他的风格自己决定。

（2）将样式应用到网页的正文中。

（3）将网页的正文行间距扩大到原来的 1.5 倍。

（4）将网页中文本超链接热区文字的下画线去掉。

（5）为主页添加背景音乐和弹出窗口，其中弹出窗口的内容为“本周末将举行护齿讲座，欢迎参加!”，背景字体等与主页一致。

第 6 章 AP 元素和时间轴

6.1 使用 AP 元素

AP 元素是分配有绝对位置的 HTM 留言板页面元素，是一种绝对定位元素。AP 元素可以包含文本、图像或其他任何可放置到 HTM 留言板文档正文中的内容。

在 Dreamweaver CS 以前的版本中使用“层”这个概念，通过在网页中插入层，可以方便地确定该层中文本、图像等对象的位置。但 Dreamweaver CS 彻底用 AP 元素这个概念取代了“层”这个概念，两者之间有相似之处，但 AP 元素的功能更强大一些，特别是和 CSS 相结合在网页布局方面有强大的功能。

6.1.1 AP 元素的作用

在网页中实现图文混排，前面已经学习了两个方法：表格和布局表格。利用 AP 元素也可以设计页面的布局，实现网页中的图文混排，并且由于各 AP 元素的位置可以任意移动，所以 AP 元素中的网页对象也可以出现在网页的任意位置。

可以这样理解 AP 元素在网页中的作用：AP 元素就像是挂在墙壁上的油画，参观者看到的是墙壁和油画的整体，而挂画时画的位置并不受墙壁的制约，可以选择在墙壁的任意位置上。

可以将 AP 元素放置到其他 AP 元素的前面或后面，隐藏某些 AP 元素而显示其他 AP 元素；也可以在一个 AP 元素中放置背景图像，然后在该 AP 元素的前面放置另一个包含带有透明背景的文本的 AP 元素。通过下面的例子，会逐渐理解 AP 元素的强大作用。

6.1.2 使用 AP 元素规划布局实现图文混排

下面以在网页“index.html”中实现图文混排的效果为例来说明 AP 元素的使用方法。

首先，在 Dreamweaver 中打开网页文件“index.html”，然后在正文区域插入一幅图片。从图 6.1 中可以发现，文字与图片之间的位置不协调。

现在，我们通过插入 AP 元素，将图片和文字放置在不同的 AP 元素中，借此实现图文混排的效果。

在编辑区域中单击鼠标，使光标出现在编辑区中，然后按“Enter”键，在顶端空出几行。选择菜单栏中的“插入记录”→“布局对象”→“AP Div”命令，如图 6.2 所示。

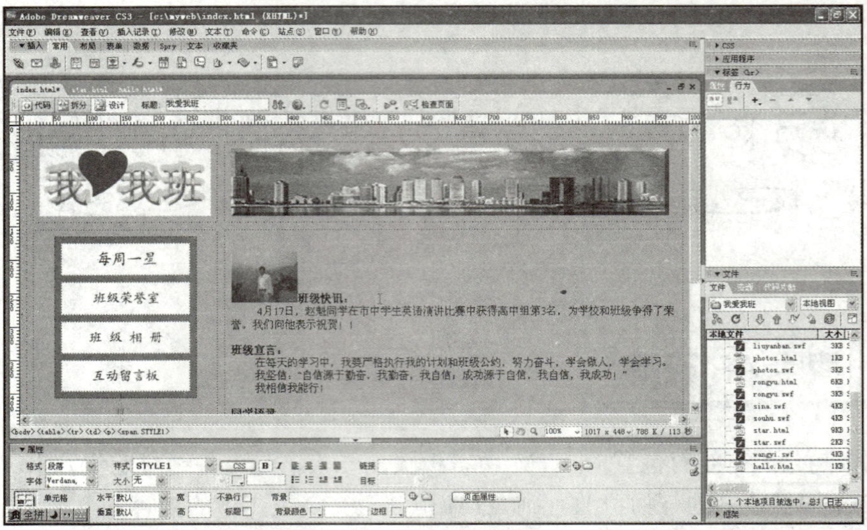

图 6.1　在网页“index.html”中插入图片

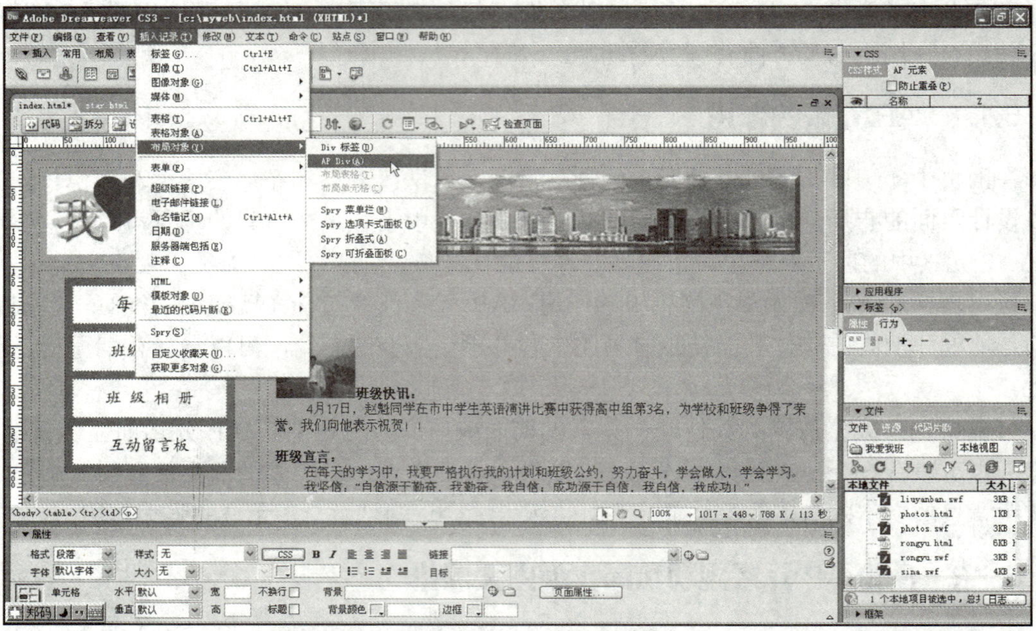

图 6.2　选择“AP Div”命令

此时在网页编辑区出现一个区域，如图 6.3 所示。

重复上述操作，再次插入两个新的 AP 元素区域。注意在插入时，光标不要出现在第一个 AP 元素区域中，否则就形成嵌套。这样，在该单元格中共插入 3 个 AP 元素。注意，每插入一个新的 AP 元素，在浮动面板的“AP 元素”选项卡中就会增加一个标记，如图 6.4 所示。单击该标记可以选中其所对应的 AP 元素。

选中 AP 元素，移动它们的位置，使得两个 AP 元素占据第一行，另一个 AP 元素占据第二行，分别将图片移到左上方的区域中，文字移到右上方和下面的区域中，如图 6.5 所示。

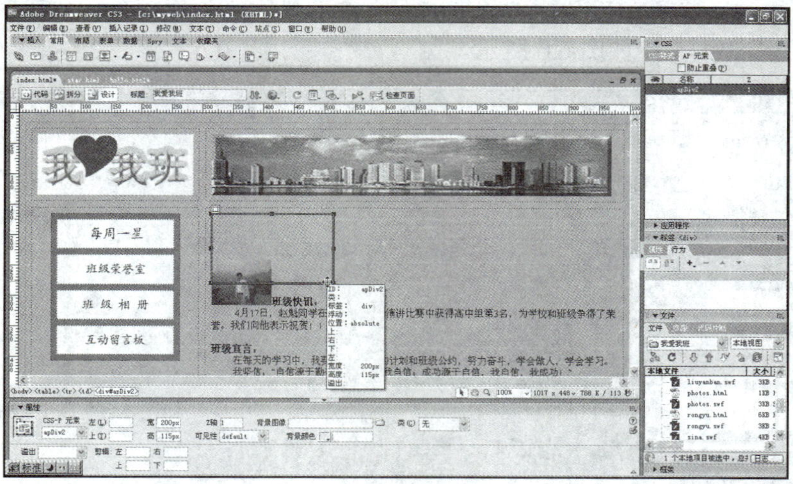

图 6.3　插入一个 AP Div

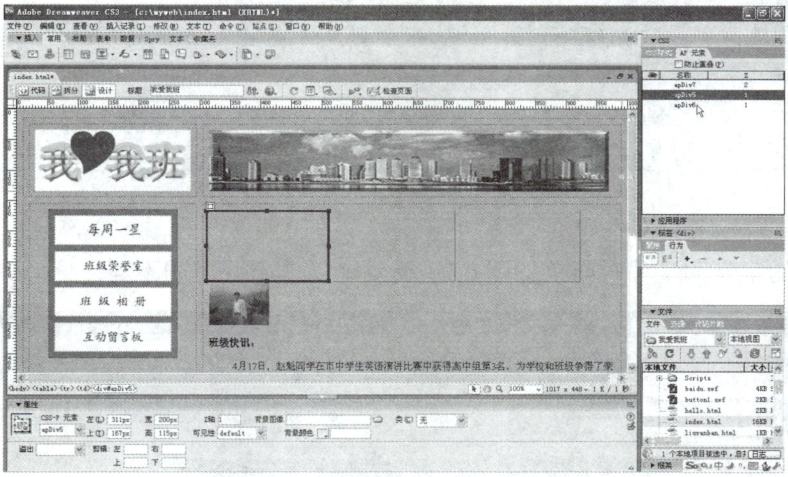

图 6.4　插入 3 个 AP 元素

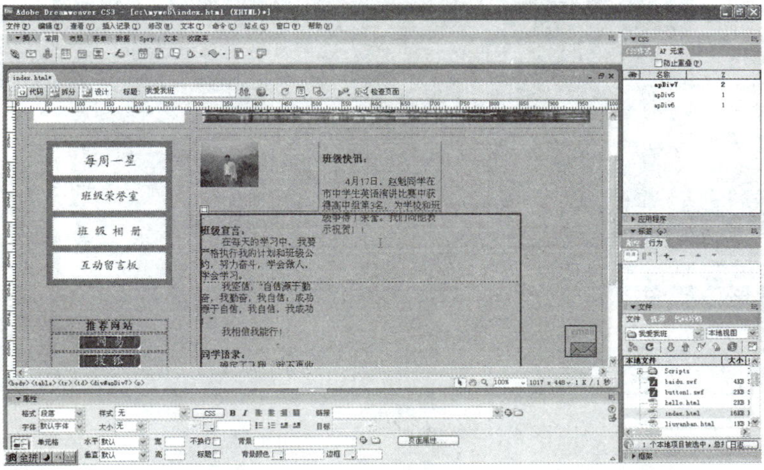

图 6.5　移动图片和文字

选中 AP 元素。将鼠标指针移动到框线右下角的■上，当鼠标指针变成↘时，拖动鼠标，更改 AP 元素的大小，如图 6.6 所示。

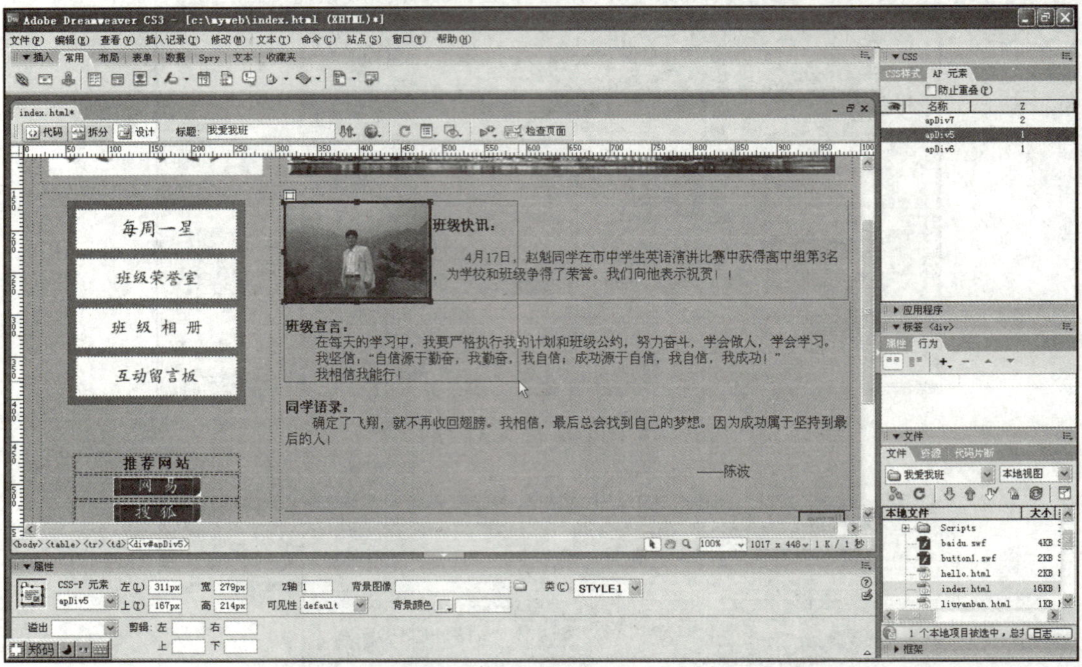
Adobe Dreamweaver CS3 - [c:\myweb\index.html (XHTML)*]
每周一星
班级荣誉室
班 级 相 册
互动留言板
推荐网站
网 易
搜 狐
班级快讯：
4月17日，赵魁同学在市中学生英语演讲比赛中获得高中组第3名，为学校和班级争得了荣誉。我们向他表示祝贺！！
班级宣言：
在每天的学习中，我要严格执行我的计划和班级公约，努力奋斗，学会做人，学会学习。
我坚信，"自信源于勤奋，我勤奋，我自信；成功源于自信，我自信，我成功！"
我相信我能行！
同学语录：
确定了飞翔，就不再收回翅膀。我相信，最后总会找到自己的梦想。因为成功属于坚持到最后的人！
——陈波

图 6.6　更改 AP 元素的大小

调整文字的字号和字体，结果如图 6.7 所示。注意与图 6.1 的不同之处。

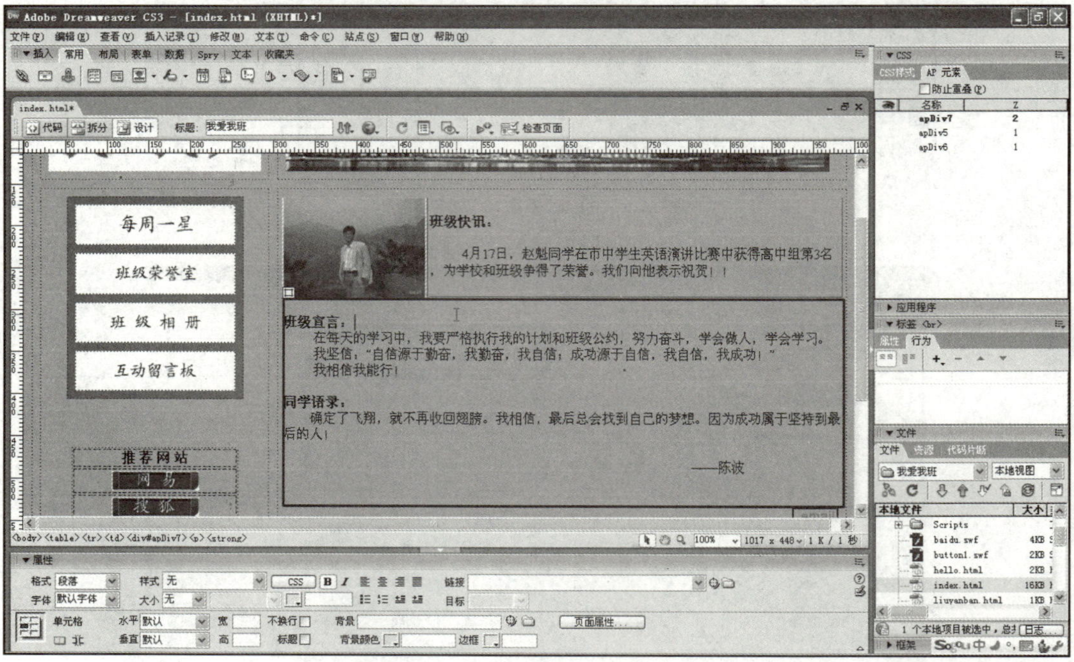
Adobe Dreamweaver CS3 - [index.html (XHTML)*]
每周一星
班级荣誉室
班 级 相 册
互动留言板
推荐网站
网 易
搜 狐
班级快讯：
4月17日，赵魁同学在市中学生英语演讲比赛中获得高中组第3名，为学校和班级争得了荣誉。我们向他表示祝贺！！
班级宣言：
在每天的学习中，我要严格执行我的计划和班级公约，努力奋斗，学会做人，学会学习。
我坚信，"自信源于勤奋，我勤奋，我自信；成功源于自信，我自信，我成功！"
我相信我能行！
同学语录：
确定了飞翔，就不再收回翅膀。我相信，最后总会找到自己的梦想。因为成功属于坚持到最后的人！
——陈波

图 6.7　调整文字的字号和字体

选择菜单栏中的"文件"→"保存"命令，将网页文件保存，如图 6.8 所示。

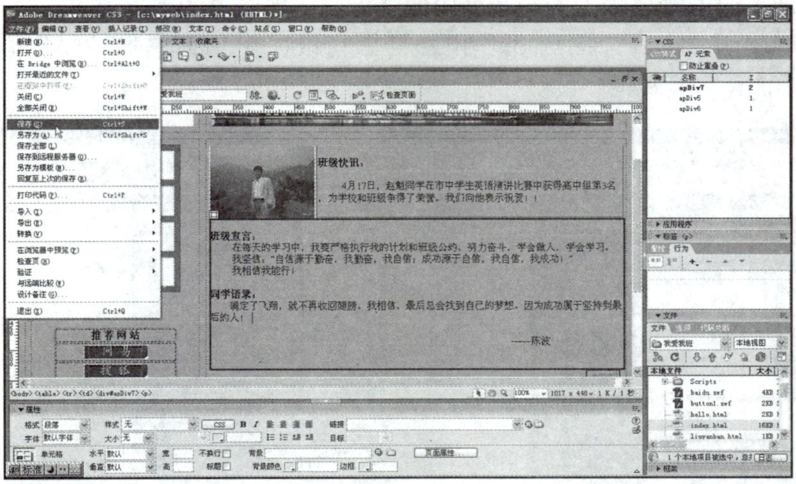

图 6.8　保存网页文件

在浏览器中将网页打开，可以看到图文混排的效果，如图 6.9 所示。

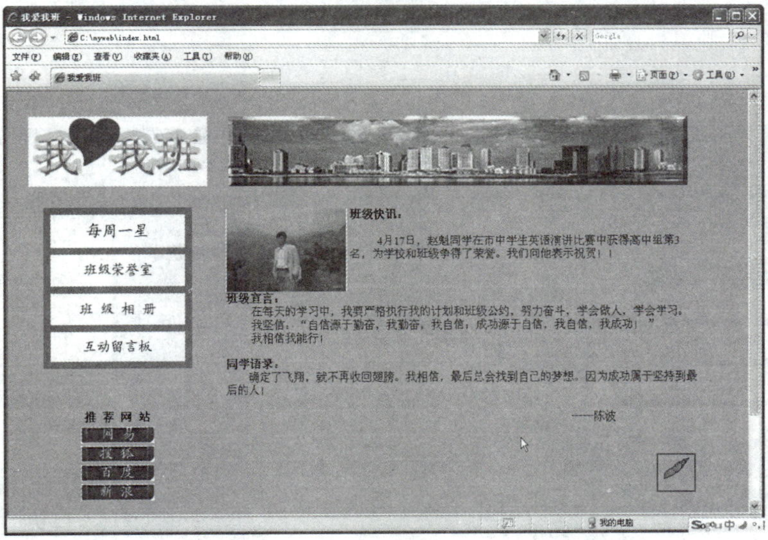
我爱我班 - Windows Internet Explorer
我♥我班
每周一星
班级荣誉室
班 级 相 册
互动留言板
班级快讯：
4月17日，赵魁同学在市中学生英语演讲比赛中获得高中组第3名，为学校和班级争得了荣誉。我们向他表示祝贺！！
班级宣言：
在每天的学习中，我要严格执行我的计划和班级公约，努力奋斗，学会做人，学会学习。
我坚信：“自信源于勤奋，我勤奋，我自信；成功源于自信，我自信，我成功！”
我相信我能行！
同学语录：
确定了飞翔，就不再收回翅膀。我相信，最后总会找到自己的梦想。因为成功属于坚持到最后的人！
——陈波
推 荐 网 站

图 6.9　预览图文混排的网页效果

6.2　AP 元素与时间轴配合使用的动态效果

利用时间轴，通过改变 AP 元素的位置、大小、可见性和重叠顺序等，可以在页面中创建出各种类型的动态效果。所以对于制作动态网页，灵活使用时间轴和 AP 元素非常重要。

6.2.1　时间轴

时间轴在网页制作过程中主要用于动态效果的实现，它在网页中所体现出来的动态效果是利用 DHTM 留言板语言来实现的。DHTM 留言板语言也就是动态的 HTM 留言板，是一种能够使用脚本语言来改变网页样式或位置的语言。通过 DHTM 留言板来改变 AP 元素的属性，或是通过时间轴各帧上的一系列图像就可以实现网页的动态效果。

选择菜单栏中的“窗口”→“时间轴”命令，可以打开“时间轴”控制面板，如图 6.10 和图 6.11 所示。

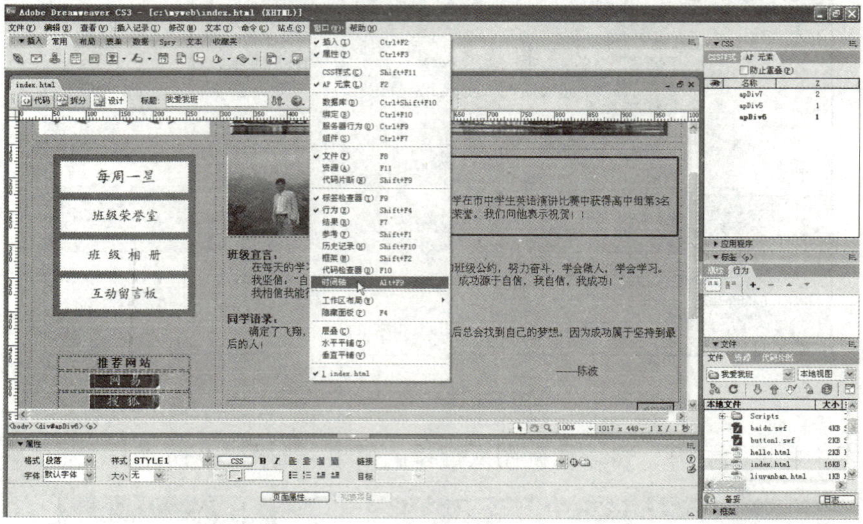

图 6.10 “窗口”菜单

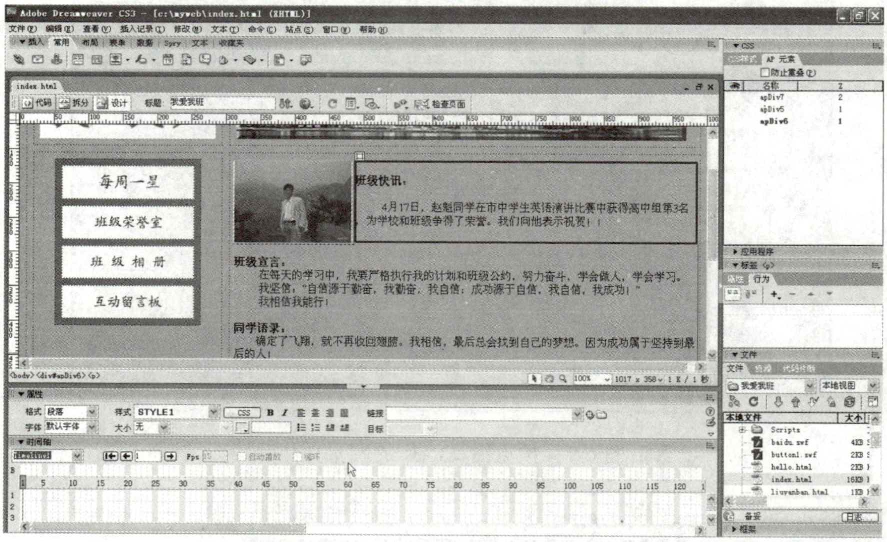

图 6.11 “时间轴”控制面板被打开

6.2.2 实现文字跑马灯效果

文字跑马灯效果又称为滚动文本，是网页中比较常见的一种形式，也是比较容易实现的一种动态效果。相对于静态文字，它更容易引起浏览者的注意，通常用于显示一些提示性的文字或问候语。

要实现滚动文字，有多种方法，下面主要来学习用 AP 元素与时间轴结合的方法。

在 Dreamweaver 中打开网页文件“index.html”，调整前面插入的 3 个 AP 元素的位置，在正文部分空出一个区域，选择菜单栏中的“插入记录”→“布局表格”→“AP Div”命令，此时在网页中出现一个蓝框，即插入一个新 AP 元素，如图 6.12 所示。

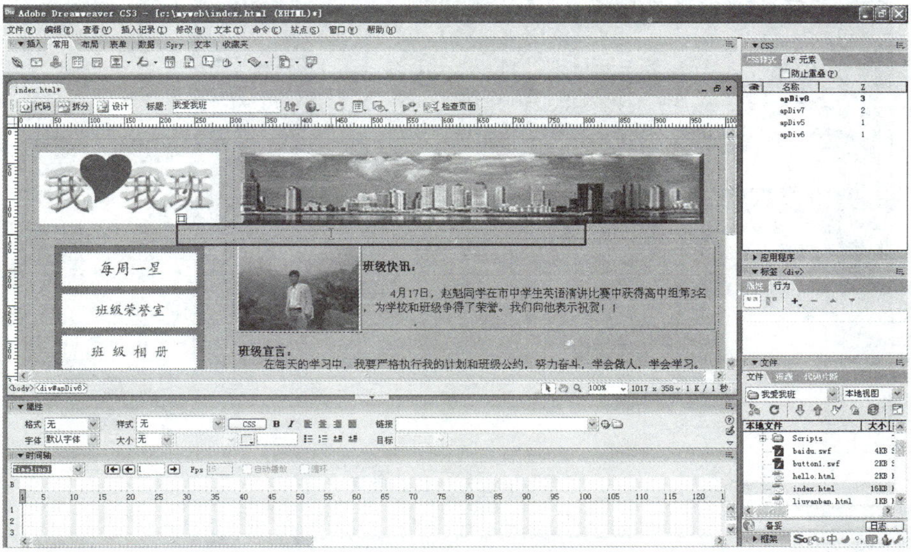

图 6.12　插入一个新 AP 元素

在该 AP 元素中单击鼠标，出现光标后输入要滚动的文字，如图 6.13 所示。

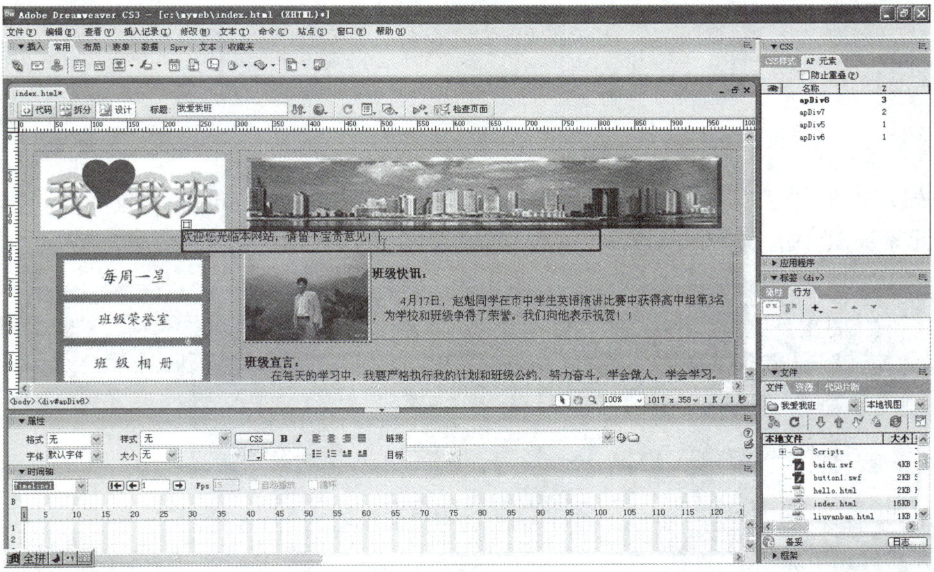

图 6.13　在新 AP 元素中输入文字

选中 AP 元素中的文字，在“属性”面板中设置字体颜色为红色，并加粗，如图 6.14 所示。

如果 Dreamweaver 窗口中没有“时间轴”面板，选择“窗口”→“时间轴”命令，将其打开。

选中有滚动文本的 AP 元素，拖动该 AP 元素到时间轴上第一行的最左端，松开鼠标，弹出一个对话框，单击“确定”按钮即可，如图 6.15 所示。

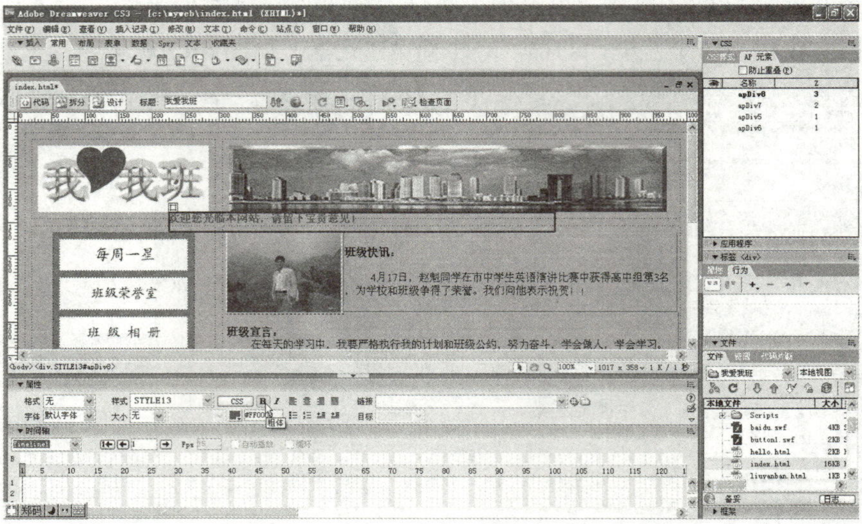
Adobe Dreamweaver CS3 - [c:\myweb\index.html (XHTML)*]

图 6.14　设置文字属性

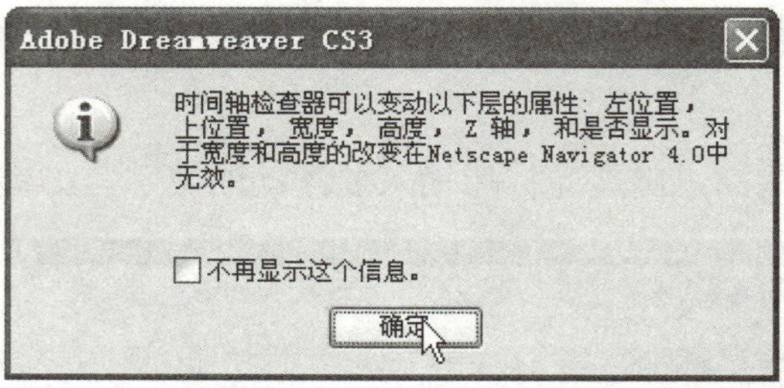
Adobe Dreamweaver CS3
时间轴检查器可以变动以下层的属性：左位置，上位置，宽度，高度，Z 轴，和是否显示。对于宽度和高度的改变在Netscape Navigator 4.0中无效。
不再显示这个信息。
确定

图 6.15　警告对话框

这时发现时间轴上第一行上出现一个紫色的长条，并写有“apDiv”的字样，表明这是一个 AP 元素。其中的每一个格称为一帧，如图 6.16 所示。

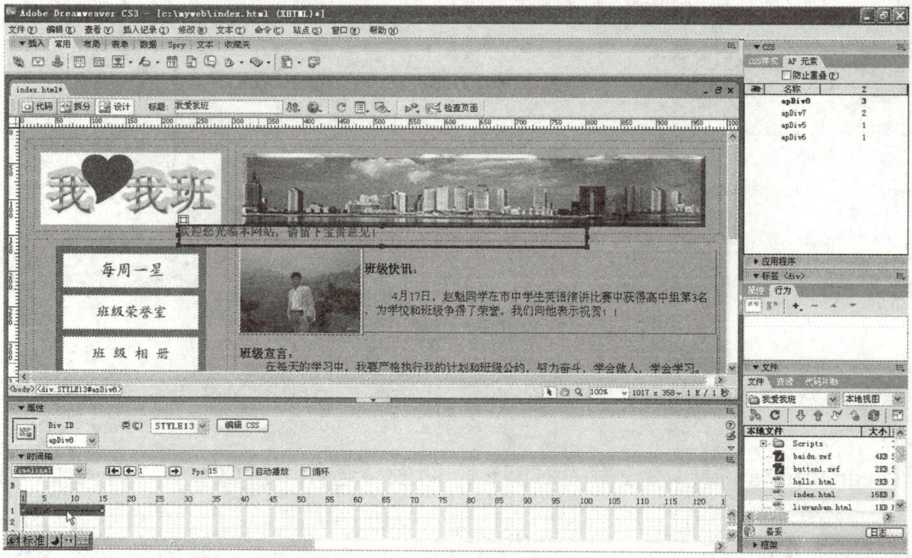
Adobe Dreamweaver CS3 - [c:\myweb\index.html (XHTML)*]

图 6.16　拖动 AP 元素到时间轴

动画是由一帧帧静止的图片组成的，其中重要的是关键帧，它决定了动画的走向。在本例中，第一帧画面和最后一帧画面是关键帧。一般情况下，动画由 15 帧画面组成，如果感觉动画的速度过快，可以拉大关键帧之间的距离，这样可以使动画变慢些。从图 6.16 中知道，“ap Div”的长度为 15 帧。

将鼠标指针移动到第 15 帧上，拖动鼠标，将第 15 帧（即最后一帧关键帧）拖动到“30”处。如此就将动画长度由 15 帧变成 30 帧，如图 6.17 所示，这样文字的滚动速度会变慢。

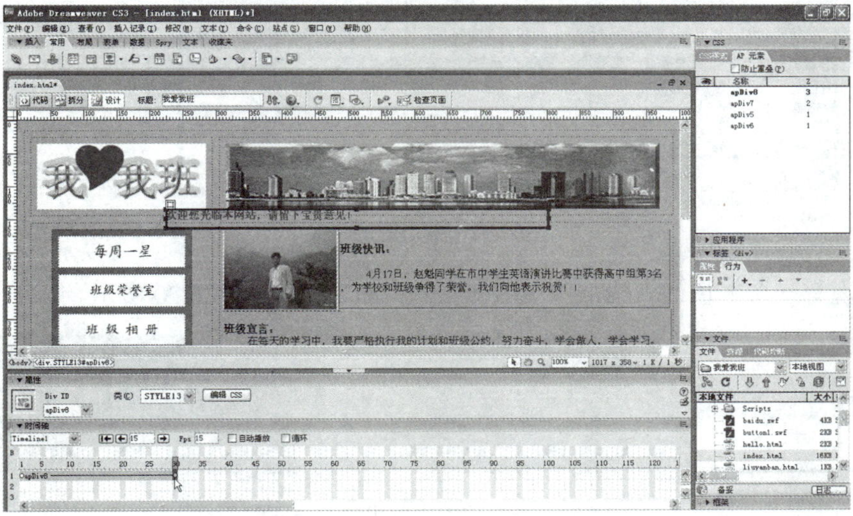

图 6.17　更改动画帧数

单击第 1 帧，使该帧变成红色。拖动有滚动文本的 AP 元素到网页的最右侧，即确定第一帧的位置，如图 6.18 所示。

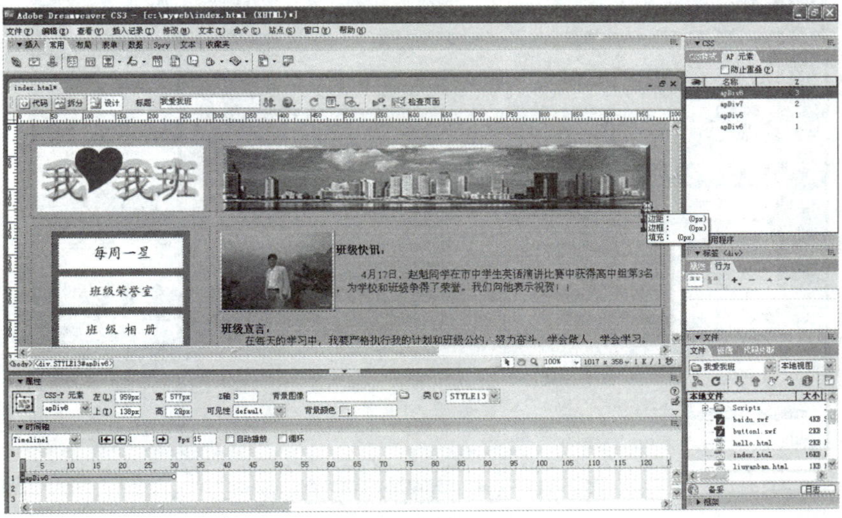

图 6.18　确定第 1 帧的位置

单击最后一帧，使该帧变成红色。拖动有滚动文本的 AP 元素到网页的最左侧，即确定最后一帧的位置，如图 6.19 所示。

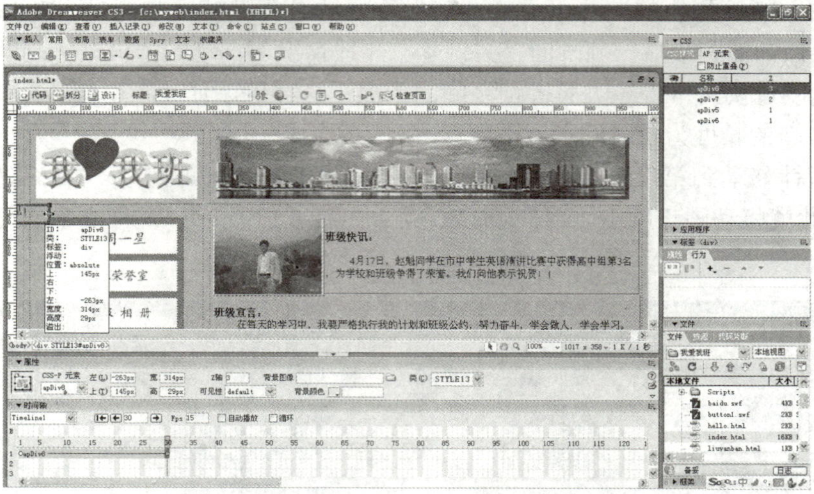

图 6.19　确定最后一帧的位置

可以发现有一条灰色的直线从网页右侧指到网页左侧，如图 6.20 所示。

图 6.20　两个位置之间出现一条灰线

在时间轴上选择两个关键帧之间的任意一帧，都可以看到该 AP 元素位置的变化，如图 6.21 所示。

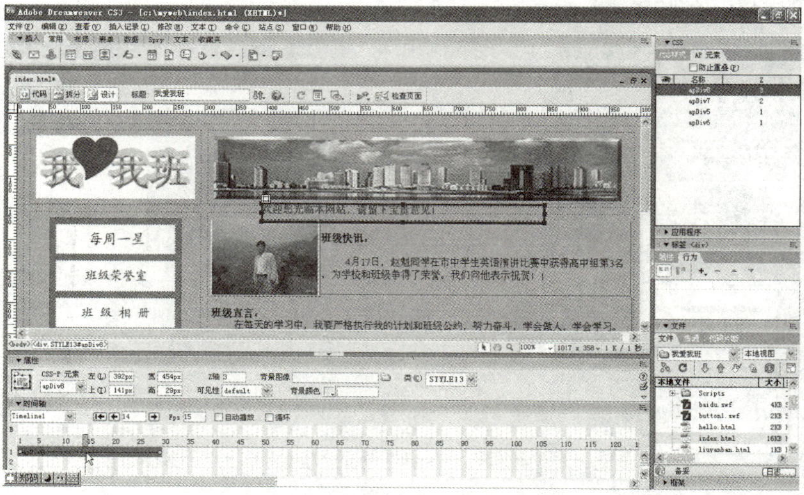

图 6.21　AP 元素的位置发生变化

在“时间轴”面板中选择“自动播放”和“循环”复选框，如图 6.22 所示。弹出如图 6.23 和图 6.24 所示的警告对话框，单击“确定”按钮。

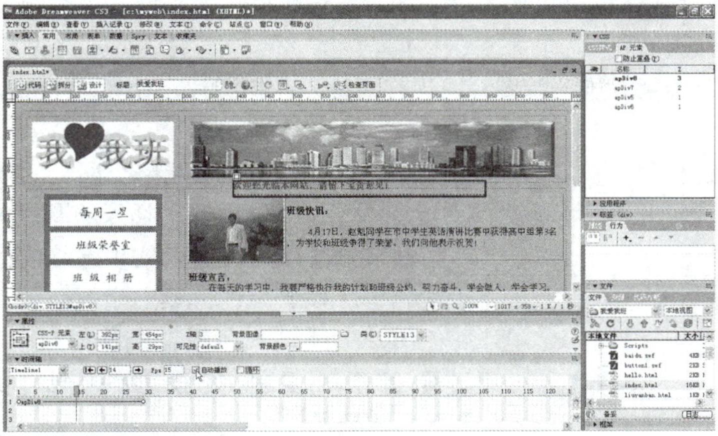

图 6.22　在“时间轴”上选择“自动播放”和“循环”复选框

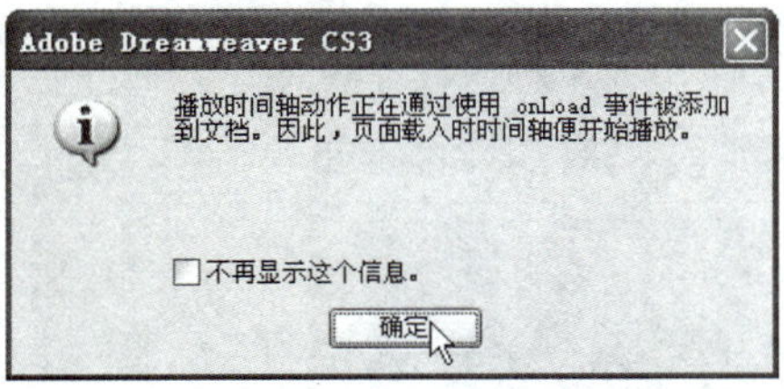
Adobe Dreamweaver CS3
播放时间轴动作正在通过使用 onLoad 事件被添加到文档。因此，页面载入时时间轴便开始播放。
不再显示这个信息。
确定

图 6.23　警告对话框 1

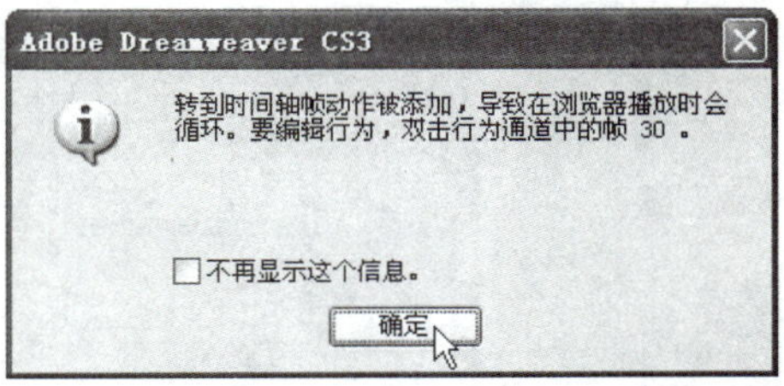
Adobe Dreamweaver CS3
转到时间轴帧动作被添加，导致在浏览器播放时会循环。要编辑行为，双击行为通道中的帧 30 。
不再显示这个信息。
确定

图 6.24　警告对话框 2

保存网页后，按“F12”键，预览该网页，得到如图 6.25 所示的效果。对于滚动字幕的位置及滚动的速度，可以返回 Dreamweaver 进行修改，直到满意为止。

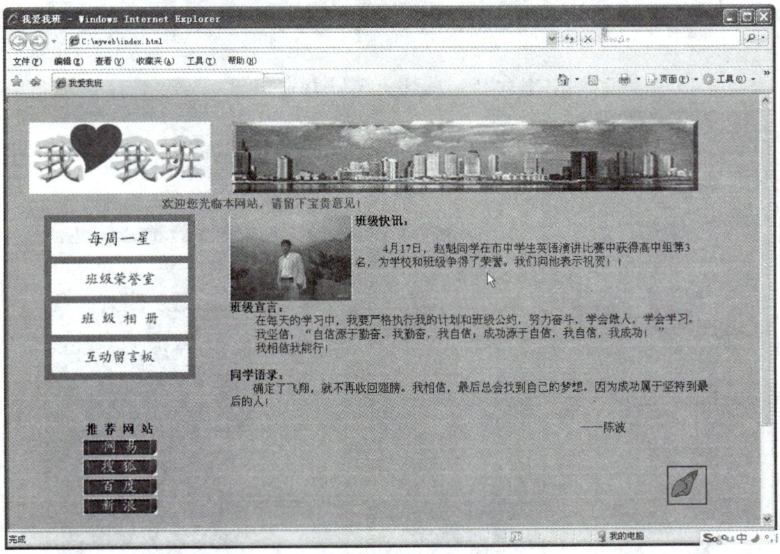

图 6.25　在浏览器中预览文字的滚动效果

6.2.3　实现幻灯片效果

在网页中实现幻灯片自动播放是非常常见的一种动态效果，有的软件和书籍中将其称为“横幅广告”。其实不仅可以插入广告图片，还可以插入和网站内容相关的其他图片，增加网站的可观赏性。

在主页上，已经插入了一幅图片，现在再插入两幅图片，让如图 6.26 所示的这 3 幅图片依次自动播放。

首先，必须保证插入的 3 幅图片大小一致，否则会影响整个网页的效果。制作幻灯片的思路：创建 3 个 AP 元素，3 个 AP 元素大小一致，并且与插入的图片大小相同，利用时间轴来隐藏 AP 元素，实现最终的播放效果。需要注意的是，3 个 AP 元素的坐标必须一致，这样可以避免图片的跳动。所以在制作时仅仅插入一个 AP 元素，然后用复制 AP 元素的方法，实现另外两个 AP 元素的插入。

图 6.26　3 幅大小相同的图片

在 Dreamweaver 中打开主页，选择菜单栏中的“插入记录”→“布局表格”→“AP Div”命令，如图 6.27 所示，插入一个新 AP 元素。

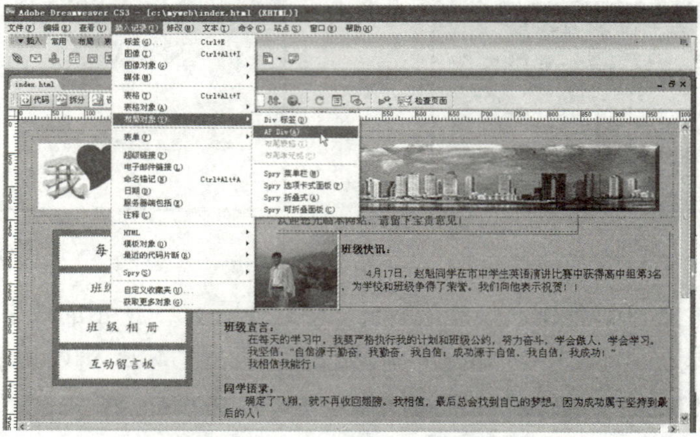

图 6.27　选择“AP Div”命令

调整 AP 元素的位置，将网页顶端的图片移动到 AP 元素中，并调整 AP 元素的大小恰好为图片的大小，如图 6.28 和图 6.29 所示。

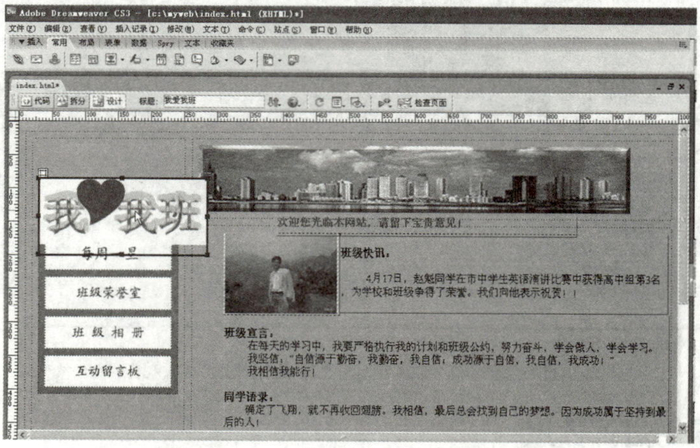

图 6.28　将图片移动到 AP 元素中

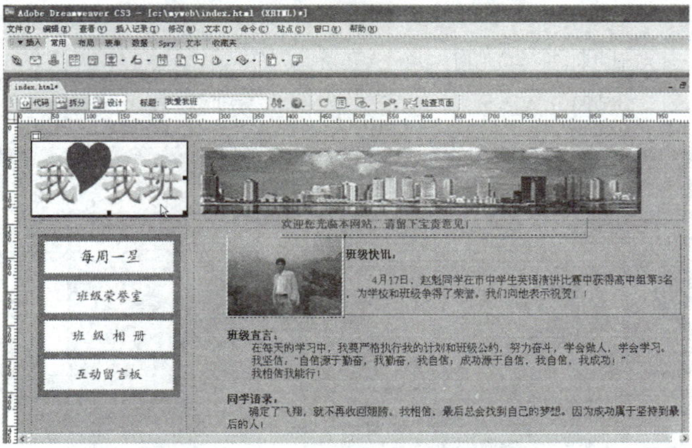

图 6.29　调整 AP 元素的大小和位置

将鼠标指针移动到 AP 元素标记上，单击鼠标右键，在弹出的快捷菜单中选择“拷贝”命令，如图 6.30 所示。

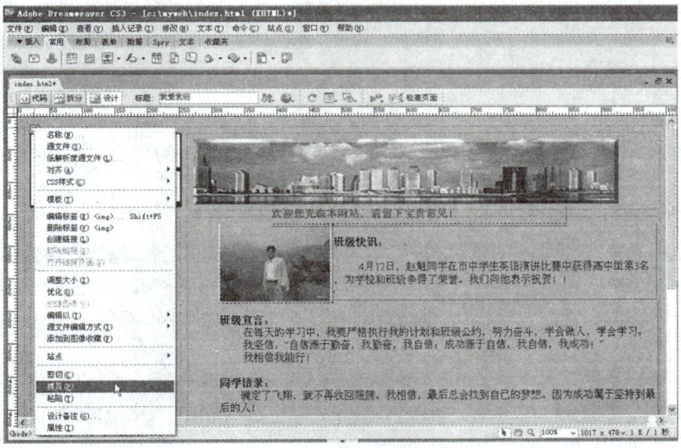

图 6.30　选择“拷贝”命令

选择菜单栏中的“编辑”→“粘贴”命令，复制一个相同大小的 AP 元素，如图 6.31 所示。

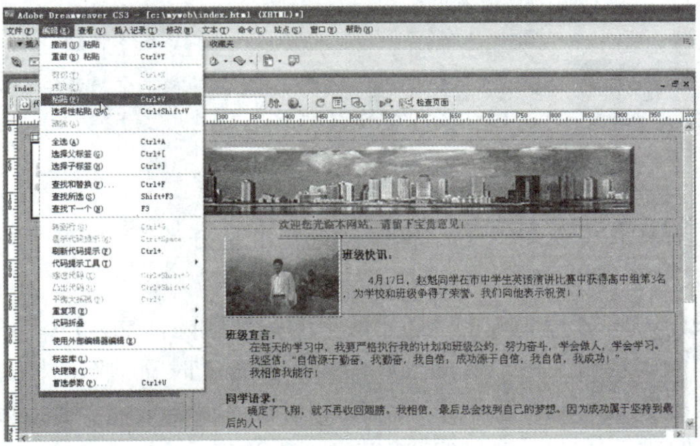

图 6.31　选择“粘贴”命令

重复上两步操作，再复制一个 AP 元素，使 3 个 AP 元素重叠在一起。在窗口右边的"AP 元素"选项卡中双击刚刚复制的两个 AP 元素的名称，将其默认的"Z"值改为"5"和"6"，如图 6.32 所示。此处的 AP 元素名和 Z 值根据实际情况可以进行修改。

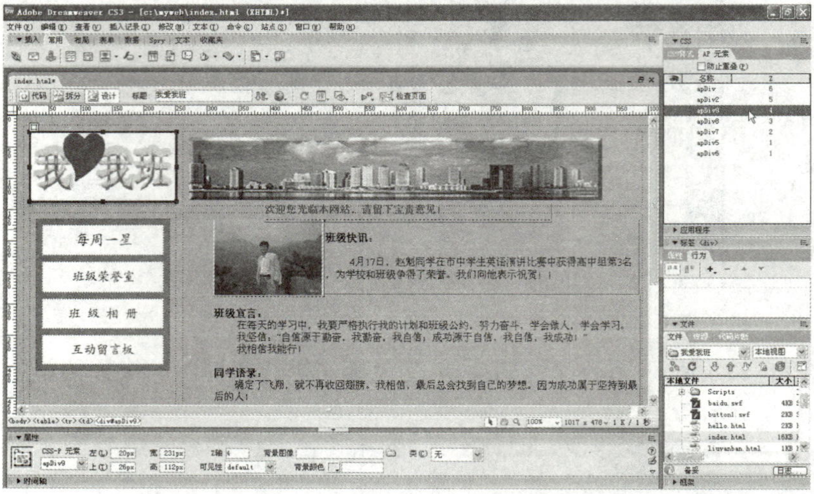

图 6.32　修改 Z 值

在"AP 元素"选项卡中选中 Z 值为 5 的 AP 元素，将 AP 元素中的图片删除，选择菜单栏中的"插入记录"→"图像"命令，如图 6.33 所示。

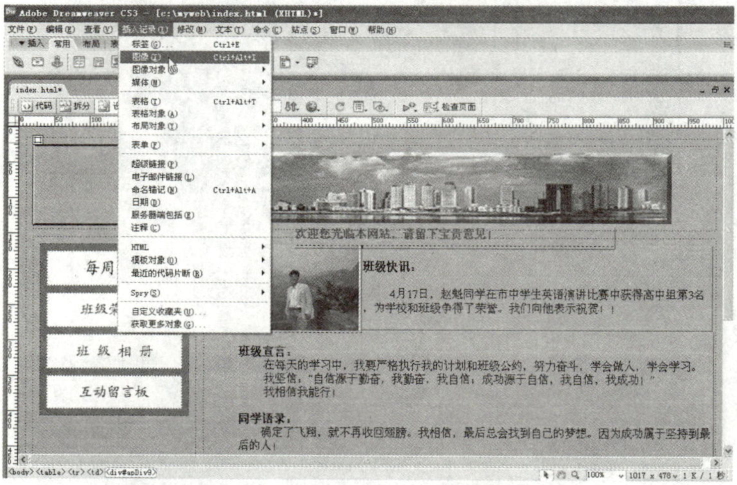

图 6.33　选择"图像"命令

在打开的"选择图像源文件"对话框中，选择准备好的第 2 幅图片，单击"确定"按钮，如图 6.34 所示。

重复上两步操作，将 Z 值为 6 的 AP 元素中的图像删除，插入准备好的第 3 幅图片。

选择菜单栏中的"窗口"→"时间轴"命令，打开"时间轴"面板，如图 6.35 所示。

将鼠标指针移动到 AP 元素标记上，分别将 3 个 AP 元素拖动到时间轴上，注意，3 个 AP 元素要拖动到不同行，而且要按照显示顺序依次首尾相连，如图 6.36 所示。

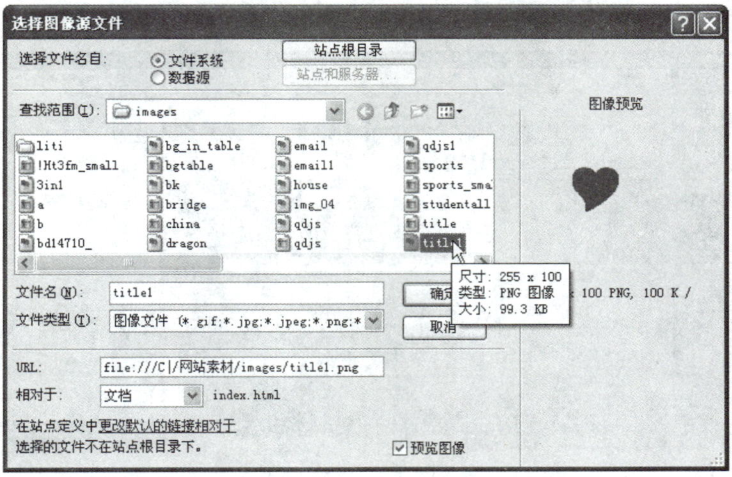

图 6.34　在“选择图像源文件”对话框中选择图片

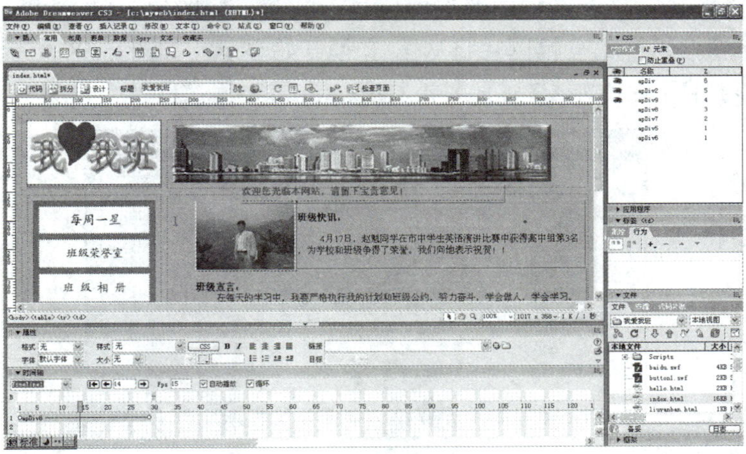

图 6.35　打开“时间轴”面板

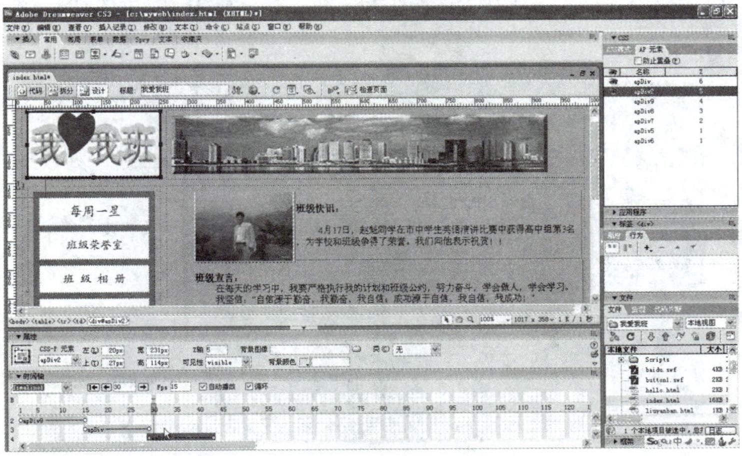

图 6.36　拖动 3 个 AP 元素到时间轴上

将鼠标指针移动到第一 1 帧的 B 轨道上，双击鼠标，该小单元格变成黑色。打开“行为”选项卡，单击上面的+按钮，在弹出的下拉菜单中选择“显示-隐藏元素”命令，如图

6.37 所示，打开“显示-隐藏元素”对话框。

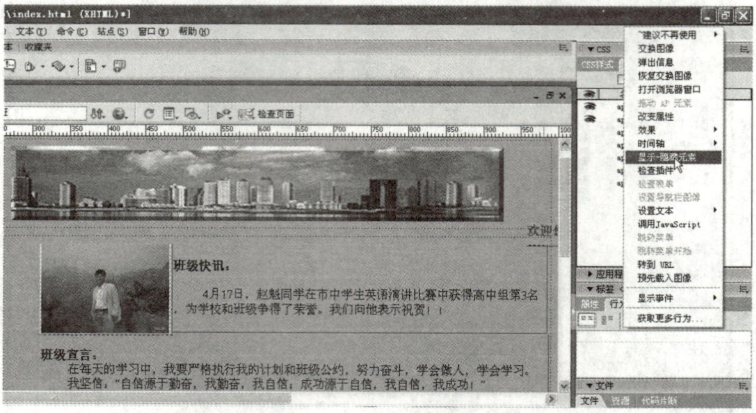

图 6.37　选择“显示-隐藏元素”命令

在“显示-隐藏元素”对话框中，选中要显示的第一幅图片，单击“显示”按钮，然后单击“确定”按钮，这样第一幅图片将从第 1 帧开始显示，如图 6.38 所示。注意，选取的 AP 元素名必须与时间轴上的 AP 元素名相对应。

图 6.38　设置第一幅图片的显示属性

将鼠标指针移动到第 15 帧的 B 轨道上，双击选中，打开“行为”选项卡，单击 + 按钮，在弹出的下拉菜单中选择“显示-隐藏元素”命令，如图 6.39 所示，打开“显示-隐藏元素”对话框。

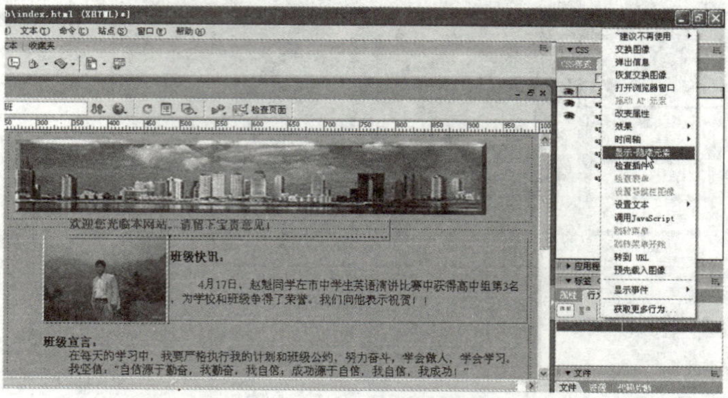

图 6.39　选择“显示-隐藏元素”命令

在“显示-隐藏元素”对话框中，选中第一幅图片所在的 AP 元素，单击“隐藏”按钮，然后单击“确定”按钮，这样第一幅图片将从第 15 帧开始停止显示，如图 6.40 所示。

图 6.40 设置“apDiv9”的隐藏属性

再次在“行为”选项卡中单击+按钮，在弹出的下拉菜单中选择“显示-隐藏元素”命令，打开“显示-隐藏元素”对话框。在“显示-隐藏元素”对话框中，选中第二幅图片所在的 AP 元素，单击“显示”按钮，然后单击“确定”按钮，这样第二幅图片将从第 15 帧开始显示，如图 6.41 所示。

图 6.41 设置“apDiv”的显示属性

重复上述操作步骤，在第 29 帧为第二幅图片所在的 AP 元素设置行为为 AP 元素“隐藏”，第三幅图片所在的 AP 元素设置行为为 AP 元素“显示”；在第 34 帧为第三幅图片所在的 AP 元素设置行为为 AP 元素“隐藏”。最后，选择时间轴上的“自动播放”和“循环”复选框，如图 6.42 所示。

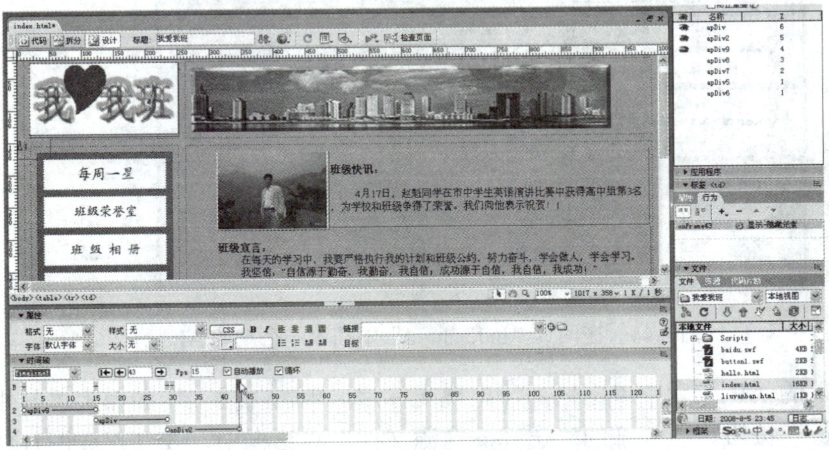

图 6.42 完成设置

保存文件后，按“F12”键，在浏览器中就可以看到幻灯片效果了，如图 6.43 所示。

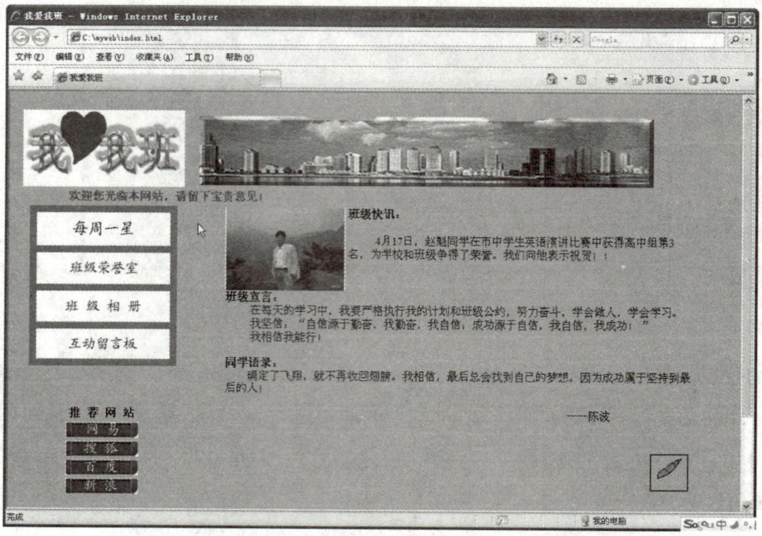

图 6.43　在浏览器中预览网页的幻灯片效果

6.2.4　创建页面浮动广告

在“网易”、“搜狐”等网站的主页上，经常可以发现在页面上有一些浮动的图像或动画，它们自动在网页上漂浮着，给网页增添一些活泼的气息。这一节就来学习在主页上创建页面浮动广告。

在 Dreamweaver 中打开网页文件“index.html”，插入一个新 AP 元素，如图 6.44 所示。

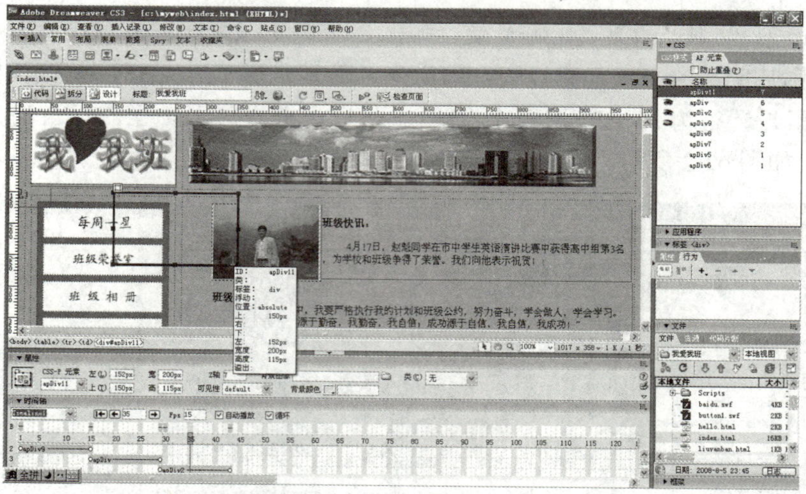

图 6.44　在网页“index.html”中插入一个新的 AP 元素

在新插入的 AP 元素中单击鼠标，出现光标后，单击“插入”面板上“常用”选项卡中的“插入图像”按钮。在打开的“选择图像源文件”对话框中，找到存放图片的文件夹，选中要插入的图像文件，单击“确定”按钮，如图 6.45 所示。最后将该图片保存到站点的“images”文件夹中。

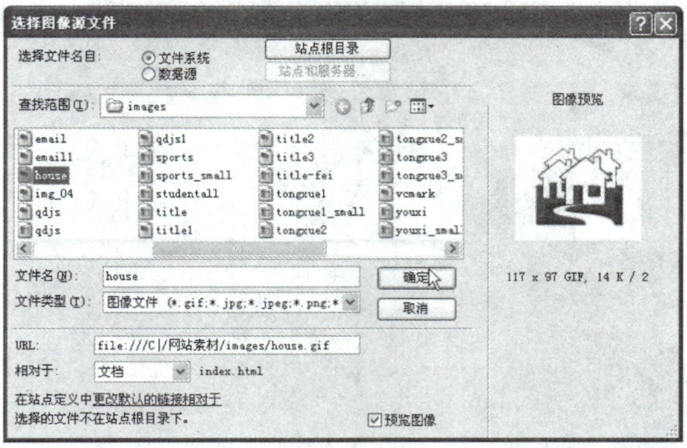

图 6.45　在“选择图像源文件”对话框中选择图片

拖动鼠标指针，更改 AP 元素的大小，使它与图像大小一致，如图 6.46 所示。

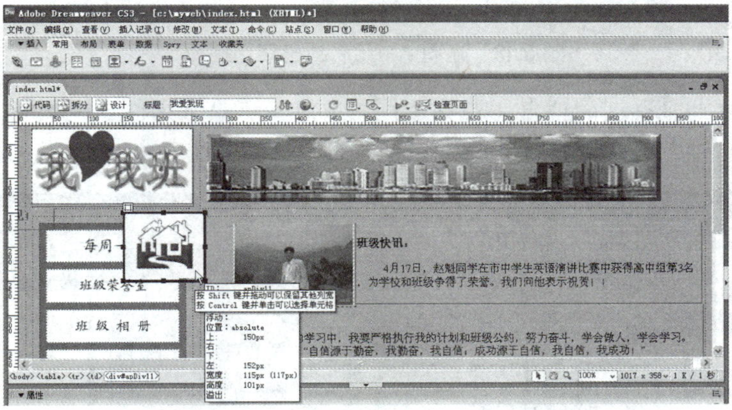

图 6.46　更改 AP 元素的大小为图像大小

选择菜单栏上的“窗口”→“时间轴”命令，打开“时间轴”面板。将 AP 元素添加到时间轴中，然后选中 AP 元素，选择菜单栏上的“修改”→“时间轴”→“记录 AP 元素路径”命令，如图 6.47 所示。

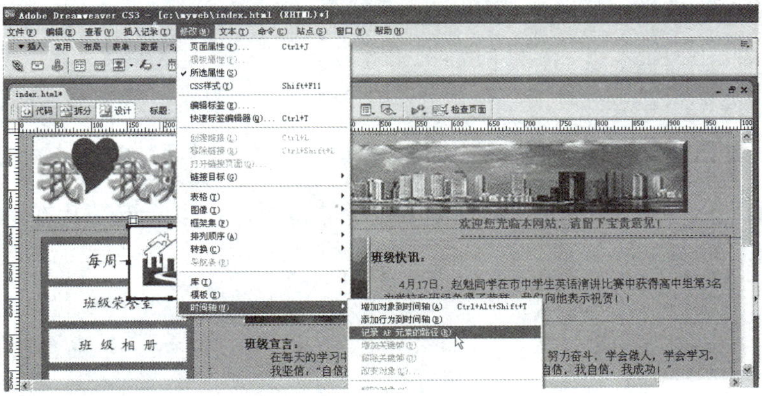

图 6.47　选择“记录 AP 元素路径”命令

选中 AP 元素，按照希望移动的路径拖动鼠标，可以看到一条粗灰线，如图 6.48 所示。

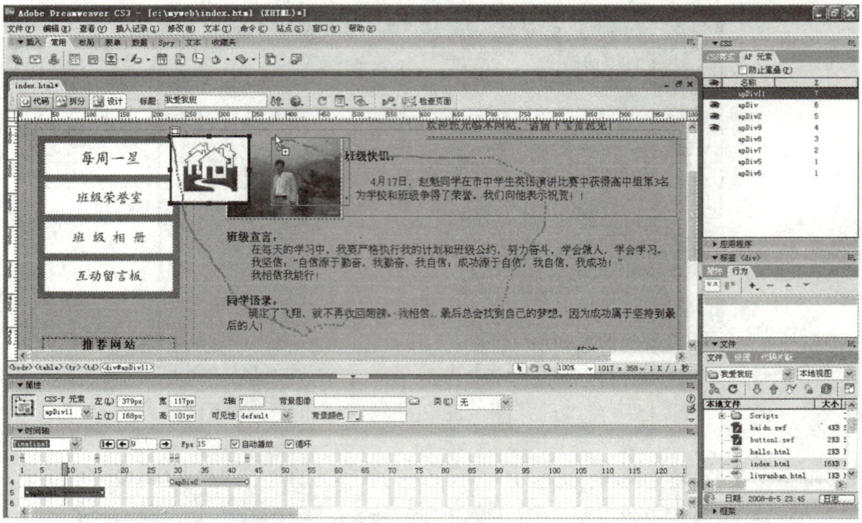

图 6.48 拖动 AP 元素画出移动路径

将 AP 元素拖动到合适的位置，松开鼠标，可以看见沿刚才拖动鼠标的路径出现一条细线。最后在“时间轴”面板上选择“自动播放”和“循环”复选框，如图 6.49 所示。

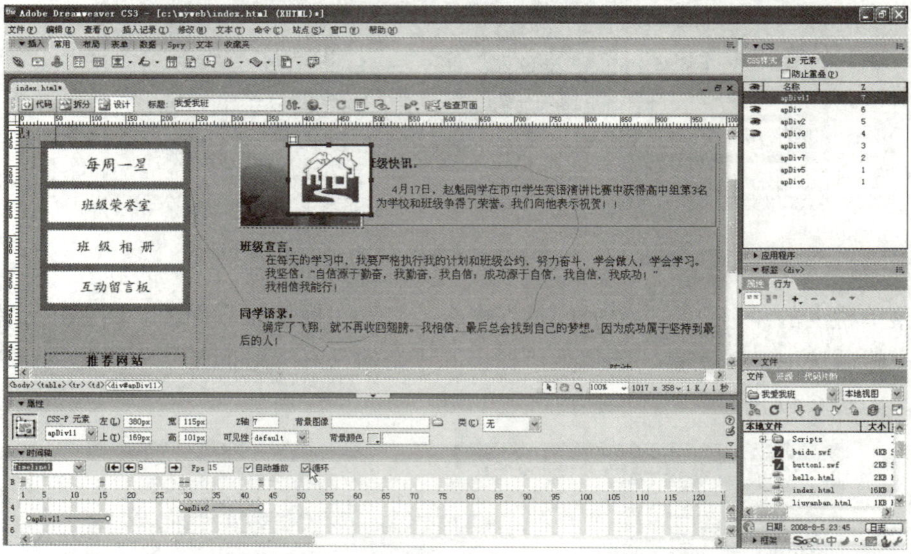

图 6.49 在“时间轴”上选择“自动播放”和“循环”复选框

保存网页后，按“F12”键，在浏览器中预览该网页，可以看到图片在网页上按照事先画出的路径移动，如图 6.50 所示。

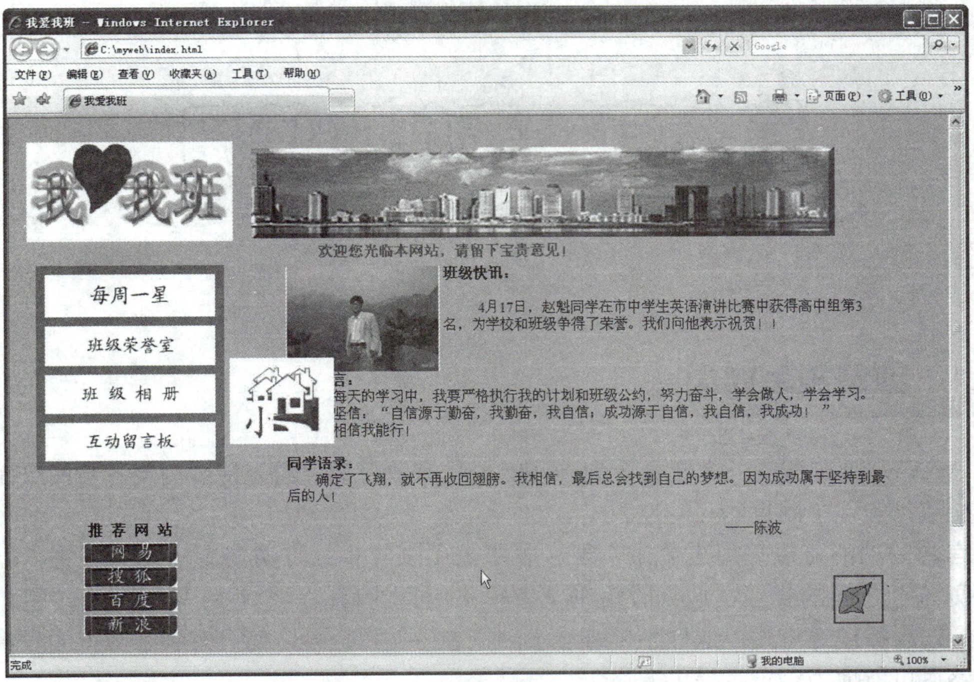
我爱我班 - Windows Internet Explorer
C:\myweb\index.html
文件(F) 编辑(E) 查看(V) 收藏夹(A) 工具(T) 帮助(H)
我爱我班
欢迎您光临本网站，请留下宝贵意见！
每周一星
班级荣誉室
班 级 相 册
互动留言板
班级快讯：
4月17日，赵魁同学在市中学生英语演讲比赛中获得高中组第3名，为学校和班级争得了荣誉。我们向他表示祝贺！！
每天的学习中，我要严格执行我的计划和班级公约，努力奋斗，学会做人，学会学习。
坚信："自信源于勤奋，我勤奋，我自信；成功源于自信，我自信，我成功！"
相信我能行！
同学语录：
确定了飞翔，就不再收回翅膀。我相信，最后总会找到自己的梦想。因为成功属于坚持到最后的人！
——陈波
推 荐 网 站
网 易
搜 狐
百 度
新 浪
完成
我的电脑
100%

图 6.50　在浏览器中预览网页的浮动广告效果

习题 6

1．简答题

（1）AP 元素有什么作用？

（2）怎样显示或隐藏时间轴？

（3）关键帧在动画中的作用是什么？

（4）在实现幻灯片效果时，为什么要复制 3 个一样大的 AP 元素？

2．操作题

（1）打开爱护牙齿的网站，按照事先规划，在需要的网页正文中插入图片或动画，然后设置成图文混排。

（2）在主页上添加滚动字幕，字幕中的文字自拟。

（3）在主页的合适位置上插入图片，通过设置实现幻灯片效果。

（4）在主页上创建浮动图片公益广告，内容为与“爱护牙齿”相关的动画。

第 7 章　表单的使用

7.1　创建表单网页

在 WWW 上浏览时，常常会看到一些网页具有留言簿，它方便了浏览者与网页制作者之间的交流，实现了网页的互动性。

留言簿等功能可以采用表单来实现。表单是用来收集站点访问者信息的域集，可实现网页与浏览者之间的交互，达到收集浏览者输入信息的目的。它往往采用单选按钮、复选框、下拉选项按钮等方式，这样不仅减少了浏览者的文本输入，而且有利于数据的收集和反馈，能够尽可能地为浏览者提供方便。

7.1.1　表单域

简单地说，表单就是用户可以在网页中填写信息的表格，它的作用是接收用户信息并将其提交给 Web 服务器上特定的程序进行处理。表单域，也称表单控件，是表单上的基本组成元素，用户通过表单中的表单域输入信息或选择项目。

在建立表单网页前，首先要建立一个表单域。Dreamweaver 提供了大量的表单标签，在“插入”面板上切换到“表单”选项卡，就能够看到各种表单标签，使用这些表单标签便可以制作一个简单的表单网页。

在 Dreamweaver 中打开网页“留言板 iuyanban.htm 留言板”，单击“插入”面板中的“表单”选项卡，将其打开，如图 7.1 所示。

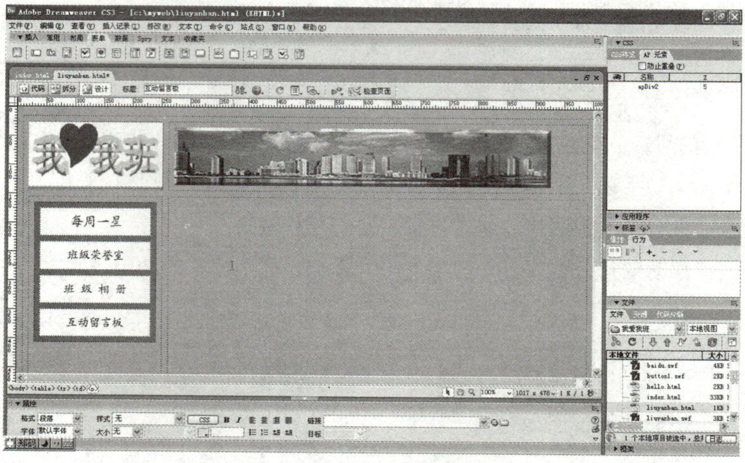

图 7.1　切换到“表单”选项卡

然后单击“插入”面板中的“表单”按钮，可以发现在网页中出现一个红色的虚线框，框中的区域称为表单域。此后所有的表单标签都要插入到这个虚线框中，这样所有的信息将一起得到处理，如图 7.2 所示。

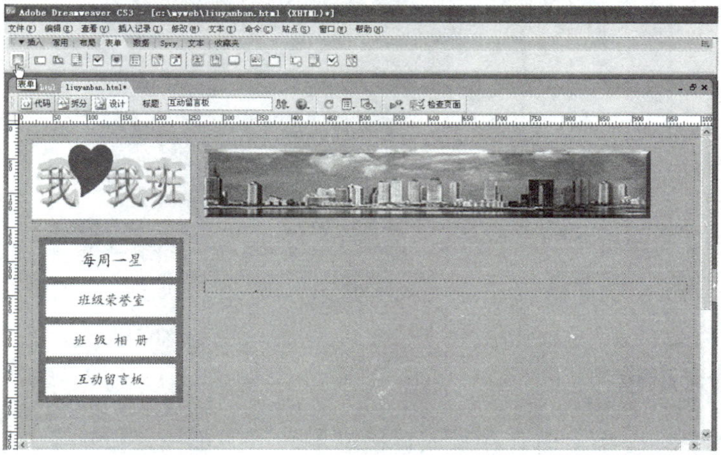

图 7.2　插入表单域

7.1.2　单行文本框

单行文本框只有一行栏位供浏览者填写，可以通过设置来决定栏位中最多可以输入的字数。

在上图的虚线框中输入“请输入您的网名：”，然后单击“插入”面板中的“文本字段”按钮，可以发现在文字后面出现一个文本框，如图 7.3 所示。如果同时弹出一个警告信息对话框，把它关闭即可。

图 7.3　插入文本字段框

选中插入的文本框，在“属性”面板中更改“字符宽度”为“20”，这样允许浏览者输入昵称的长度为 20 个字符，即 10 个汉字，如图 7.4 所示。

图 7.4　更改文本字段框属性

7.1.3　滚动文本框

有时需要输入多行文字，而且在输入栏的右侧和下方都出现滚动条。这需要将文本设置成多行文本框。在虚线框中另起一行，输入“留言内容:”，然后单击“插入”面板中的“文本区域”按钮，可以发现在文字后面出现一个文本框，如图 7.5 所示。

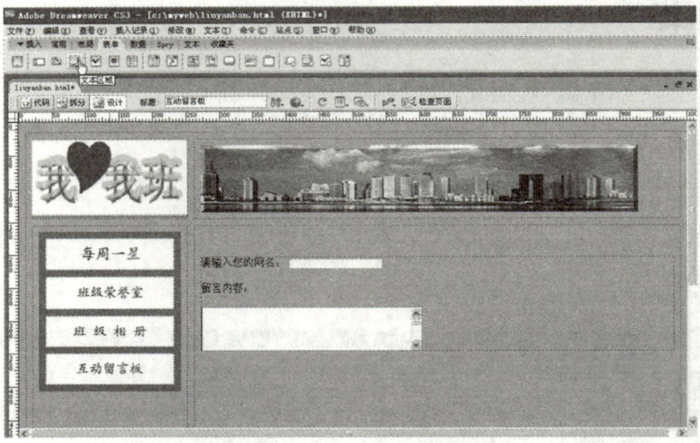

图 7.5　插入文本区域框

选中文本区域框，在“属性”面板中更改“字符宽度”为“50”,“行数”为“10”,“类型”为“多行”,“初始值”为“请在此留下您的话:”。将光标移动到文本区域框左侧，按“Enter”键，可以发现文本区域框变大，而且在其中出现“请在此留下您的话:”几个字，如图 7.6 所示。

7.1.4　单选按钮

单选按钮就像单选题，浏览者只能在各种选项中选择一种。单选按钮用处十分广泛，下面我们以建立“性别”栏为例，说明如何建立单选按钮。

首先，将光标移动到“留言内容:”左端，按“Enter”键，在表单域中空出一行。再将光标移到要插入单选按钮的位置，然后单击“插入”面板中的“单选按钮”按钮，可以发现光标所在位置处出现一个单选按钮。再插入一个单选按钮，并在适当的位置输入文字“性别:”、“男”、“女”，如图 7.7 所示。

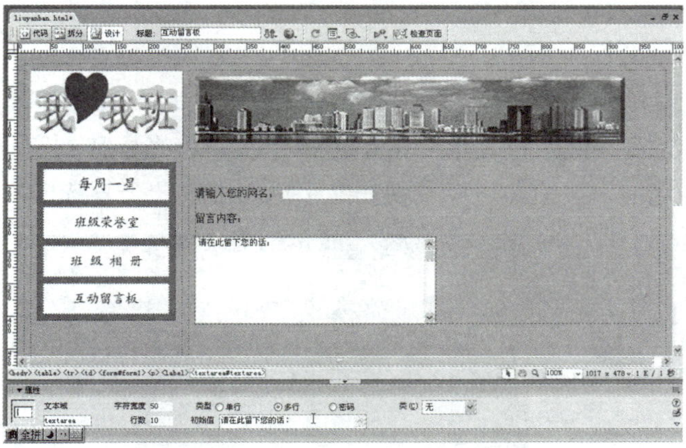

图 7.6　更改文本区域框属性

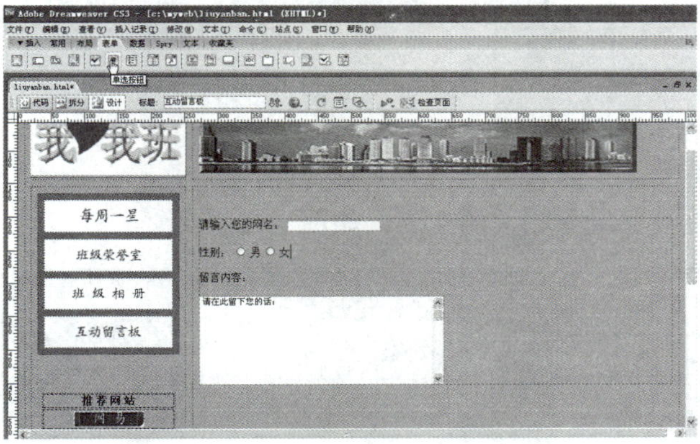

图 7.7　插入单选按钮并输入文字

单击“男”前面的按钮，在属性面板中将“初始状态”改为“已勾选”。这时可以发现“男”前面的按钮中出现一个黑点，如图 7.8 所示。

图 7.8　更改单选按钮属性

当然，也可以将“女”前面的按钮设置为“已勾选”。需要注意的是，在一个表单域中只允许一个单选按钮被选中。如果有多组单选按钮，需要插入多个表单域，每一个表单域中插入一组单选按钮。

7.1.5 复选框

复选框可供浏览者同时选取一至多个选项，设置方法与单选按钮类似。将光标称动到“留言内容:”前按“Enter”键，在表单域中空出一行。再将光标移到空出的位置，然后单击“插入”面板中的“复选框”按钮，可以发现在文字后面出现一个复选框，如图 7.9 所示。

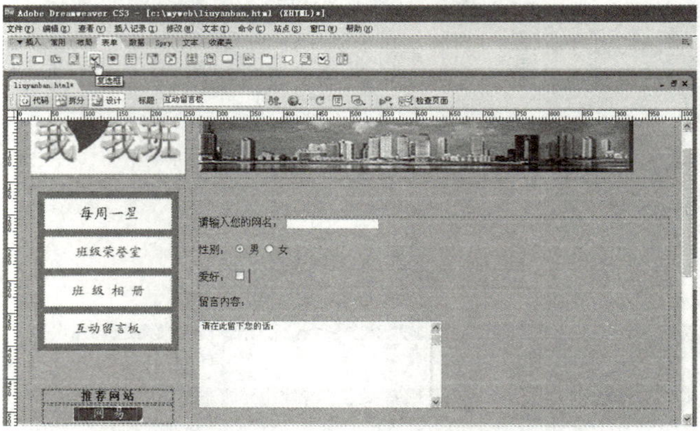

图 7.9　插入复选框

再插入几个复选框，并输入相关的文字，如图 7.10 所示。

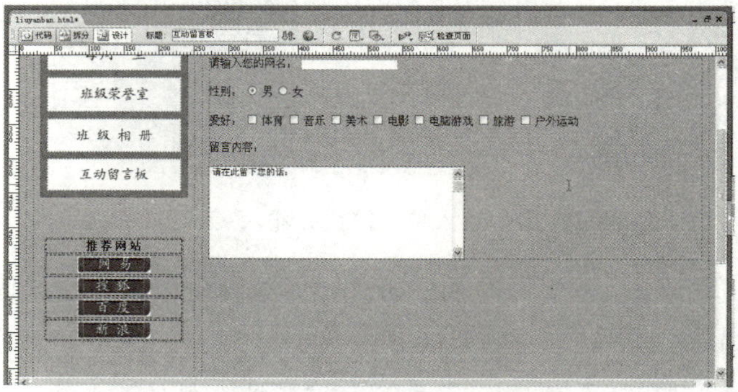

图 7.10　插入复选框并输入文字

7.1.6 列表/菜单

下拉列表可以显示选项列表，既为留言者提供方便，又便于管理员对留言内容进行管理。它在登记表上比较常用，例如询问国家、省份、受教育程度时常常见到下拉列表。

在“爱好:”下面另起一行，输入“来自:”，单击“插入”面板中的“列表/菜单”按钮，可以看到在文字后面出现一个列表框，如图 7.11 所示。

选中下拉列表框，在“属性”面板中选择“类型”为“列表”，单击“列表值”按钮，如图 7.12 所示。

在弹出的“列表值”对话框中输入“北京”，单击左上角的 + 按钮，如图 7.13 所示。

重复上一步，输入其他各个城市和省份，最后单击“确定”按钮，返回网页编辑窗口，如图 7.14 所示。

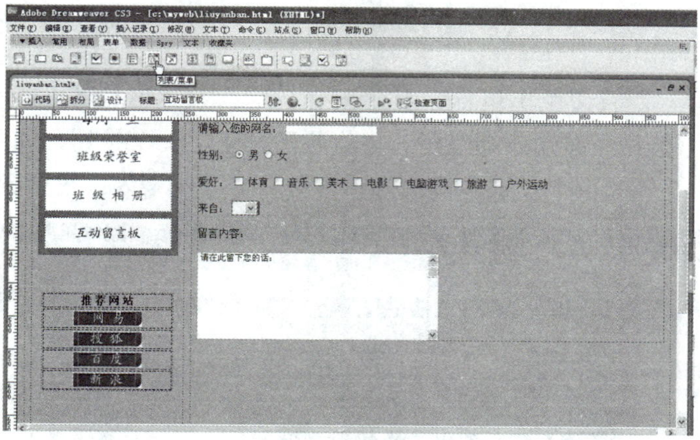

图 7.11　插入下拉列表框

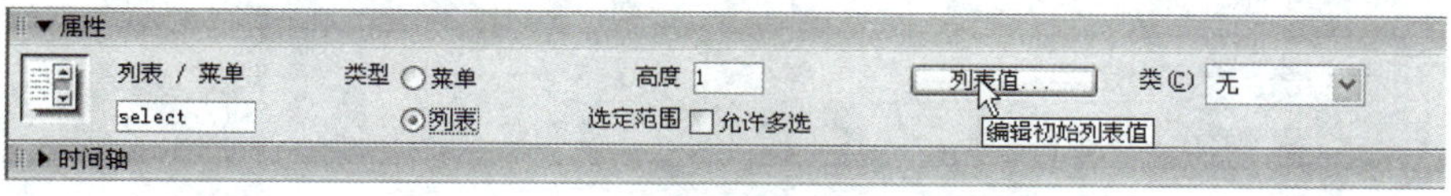

图 7.12　设置下拉列表框属性

图 7.13　输入列表值

图 7.14　输入其他列表值

选中下拉列表框，在“属性”面板的“初始化时选定”栏中选中“北京”，于是表单域里“来自：”右边的栏中出现“北京”，可以为北京的浏览者提供方便，如图 7.15 所示。

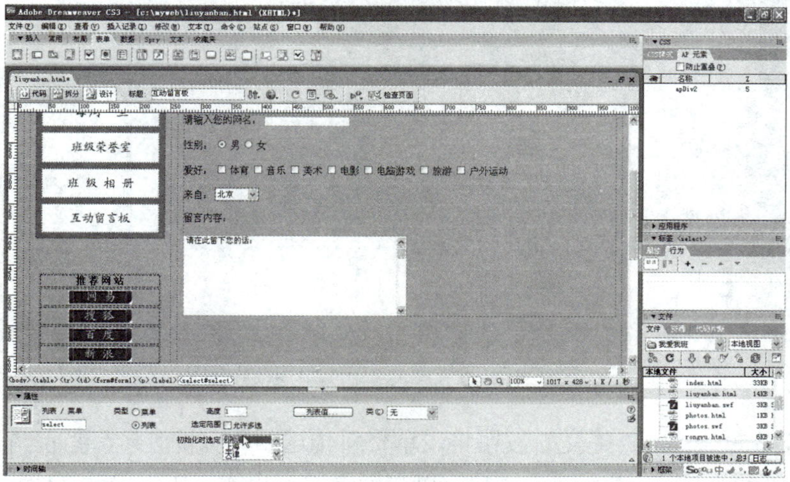

图 7.15　设置初始化时选定值

7.1.7 按钮

在“留言内容”栏右边单击鼠标，显示出光标后，按“Enter”键另起一行。然后单击“插入”面板中的“按钮”按钮，即在留言内容栏下插入了一个按钮，如图 7.16 所示。选中这个按钮，在“属性”面板中设置“值”为“提交”，“动作”为“提交表单”。

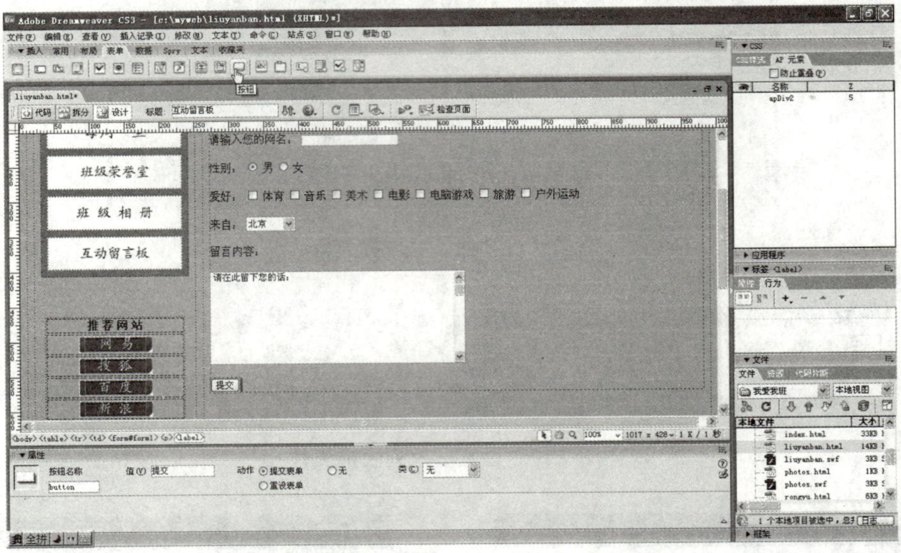

图 7.16　插入按钮

重复上面的操作，再插入一个按钮，选中第二个按钮，在“属性”面板中设置“值”为“重置”，“动作”为“重设表单”。这样当单击“提交”按钮时，表单内容被提交，单击“重置”按钮，则所有填写内容被清空，等待重新填写，如图 7.17 所示。

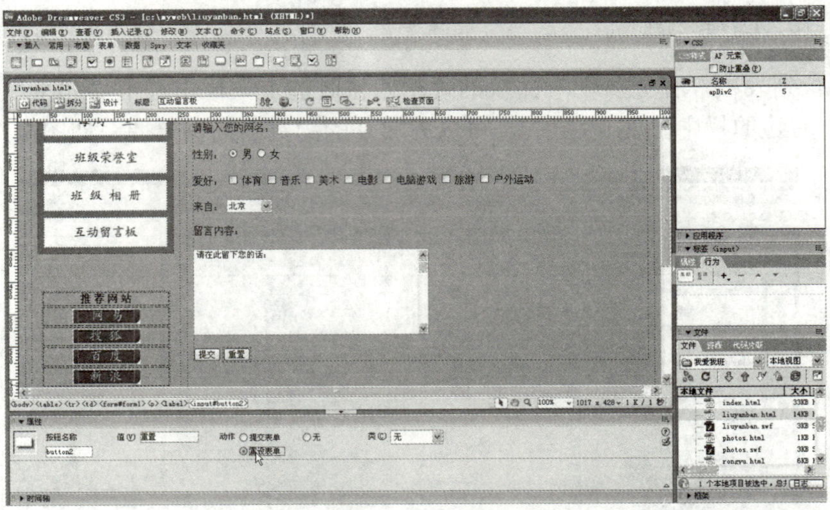

图 7.17　更改按钮动作类型

按钮共有 3 种类型：“提交”按钮将表单资料传送到相应位置；“重置”按钮将表单资料全部清除，等待重新输入；“普通”按钮可以与别的程序相连，作为启动其他程序的按钮。

7.2 设置 Web 服务器

表单属于动态网页的一种元素，为保证网页制作的结果符合我们设计的结果，需要在制作网页的计算机上安装设计 Web 服务器，来验证动态网页的效果。

7.2.1 Web 服务器概述

在制作网页的过程中，本来并不需要关注这些内容，因为有专门的网管负责。但是，网页中有一些特殊的效果只有在 Web 服务器的支持下才能很好地实现。换句话说，只有在 Web 服务器的帮助下，才能完成对网页调试的整个过程。所以学习安装、调试个人 Web 服务器，还是必要的。

Web 服务器的构件需要两个必不可少的基础平台，即网络硬件平台和网络软件平台。只有完成这两个平台的建设，才可以建设 Web 服务器。

（1）网络硬件平台的搭建。通常采用局域网互连技术，建设 Web 服务器所需的局域网，然后再将局域网与 Internet 相连，从而为实现 Web 服务器与 Internet 相连提供硬件基础。

（2）网络软件平台的搭建。由于网页信息均通过 HTM 留言板格式进行 Web 发布，所以要搭建的 Web 软件平台必须以 TCP/IP 协议为基础，并提供和支持 HTTP 传输协议。

一般来说，以微软公司的 Windows 2000 或 Windows XP 操作系统建立网络平台后，再在这个平台上使用 IIS 组件搭建 Web 服务器就比较容易了。但如果在 Windows 98 下进行操作，就只能使用个人 Web 服务器系统（Persona 留言板 Web Server，PWS），它是一个桌面 Web 服务器，用户可以使用它从自己的计算机建立服务器并发布个人主页。但 PWS 支持的最大连接数只有 10 个，也就是说，即使所有的用户都只用一个窗口来浏览我们的网站，那么也只能让 10 个用户同时访问，这显然是令人无法容忍的。

在下面的操作中，主要探讨在 Windows XP 中搭建 IIS 平台的过程。在 Windows 2000 中使用 IIS 和在 Windows XP 中使用 IIS 的方法大体相似。

7.2.2 安装与设置 IIS

IIS 即 Internet 信息服务，在 Windows XP 中集成的是 5.0 的版本。它包含 WWW 服务器、FTP 服务器和个人 Web 服务器等许多功能软件。因为在 Windows XP 专业版中，IIS 不是默认安装的，所以在使用前，必须先进行安装。

首先打开“控制面板”窗口，在“控制面板”窗口中双击“添加或删除程序”图标，如图 7.18 所示，打开“添加或删除程序”窗口。

在“添加或删除程序”窗口中，单击“添加/删除 Windows 组件”按钮，如图 7.19 所示。

弹出“Windows 组件向导”对话框，选择“Internet 信息服务（IIS）”复选框，单击“下一步”按钮，开始安装 IIS，如图 7.20 所示。注意：必须保证 Windows XP 安装光盘在光驱中。这时，界面中会显示成功完成了 Windows 组件向导的安装，如图 7.21 所示，单击“完成”按钮。

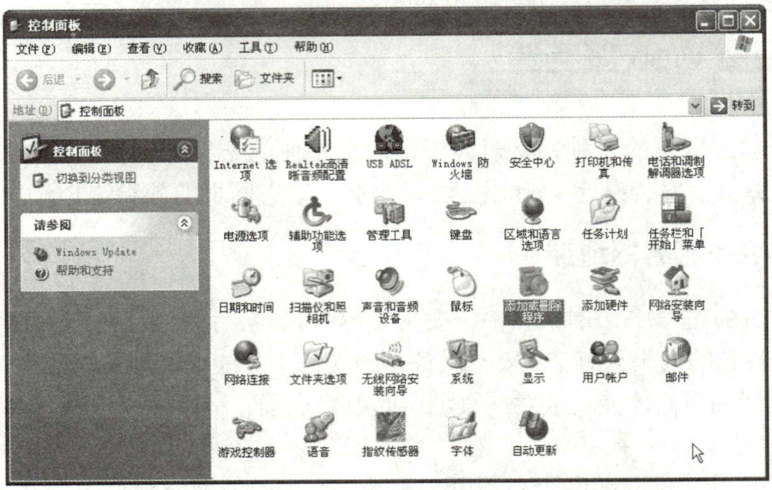

图 7.18 “控制面板”窗口

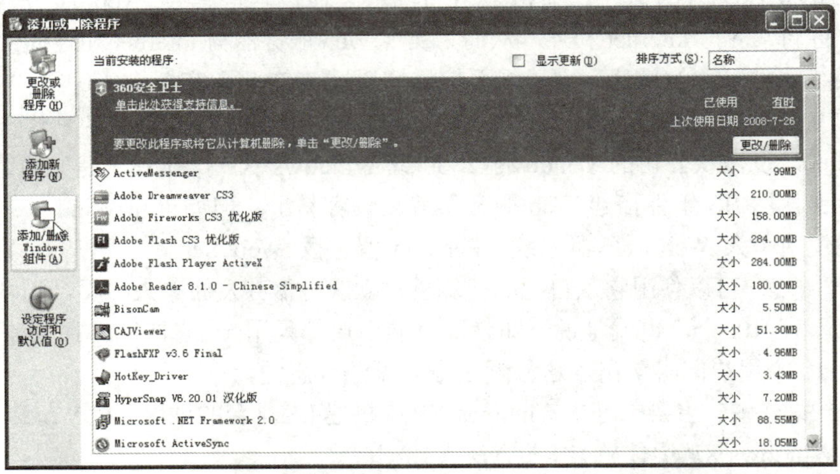

图 7.19 “添加或删除程序”窗口

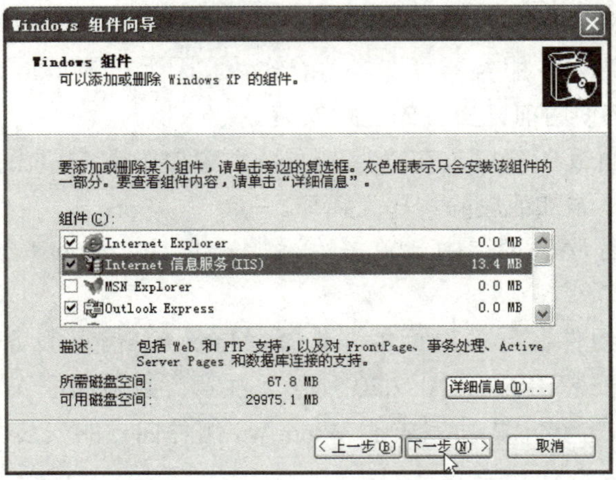

图 7.20 “Windows 组件向导”对话框

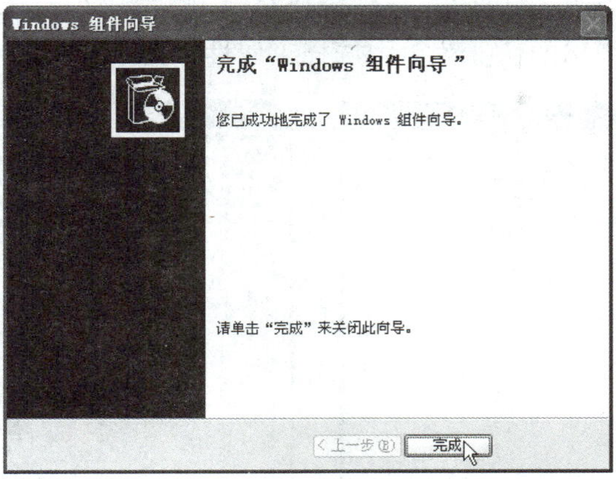

图 7.21　安装完成

安装完成以后，在“控制面板”窗口中，双击“管理工具”图标，如图 7.22 所示，打开“管理工具”窗口。

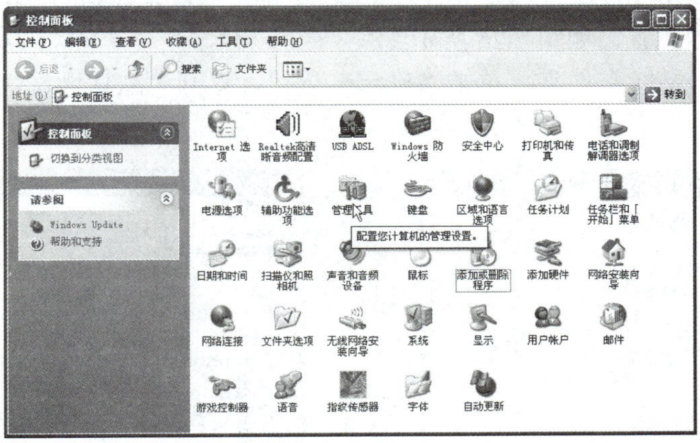

图 7.22　“控制面板”窗口

在“管理工具”窗口中，双击“Internet 信息服务”图标，如图 7.23 所示，打开“Internet 信息服务”窗口，如图 7.24 所示。

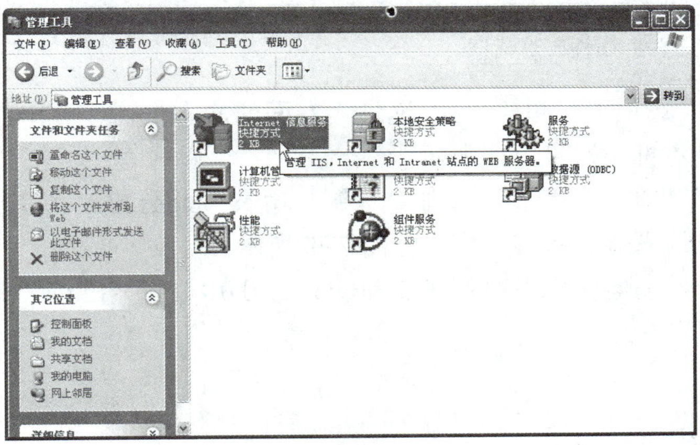

图 7.23　“管理工具”窗口

在“Internet 信息服务”窗口的左半部分选择“网站”，在右半边窗口中选择“默认网站”，单击鼠标右键，在弹出的快捷菜单中选择“属性”命令，如图 7.25 所示。

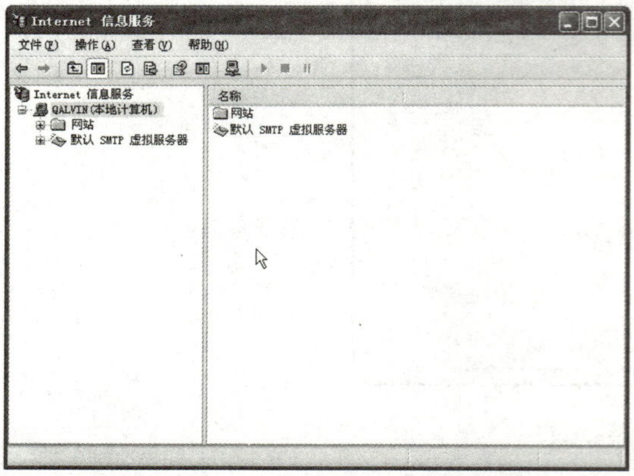

图 7.24　“Internet 信息服务”窗口

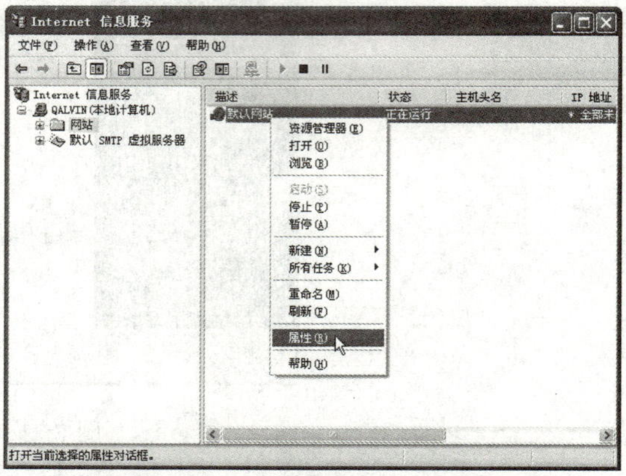

图 7.25　选择“属性”命令

在弹出的“默认网站 属性”对话框中，切换到“主目录”选项卡，单击“浏览”按钮，选择网站所在的位置，如图 7.26 所示。

选择 C 盘的 myweb 文件夹，单击“确定”按钮，返回“默认网站 属性”对话框，如图 7.27 所示。

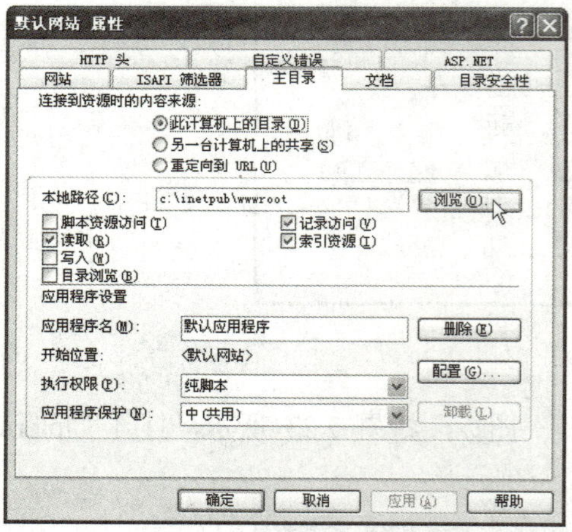

图 7.26　“默认网站 属性”对话框

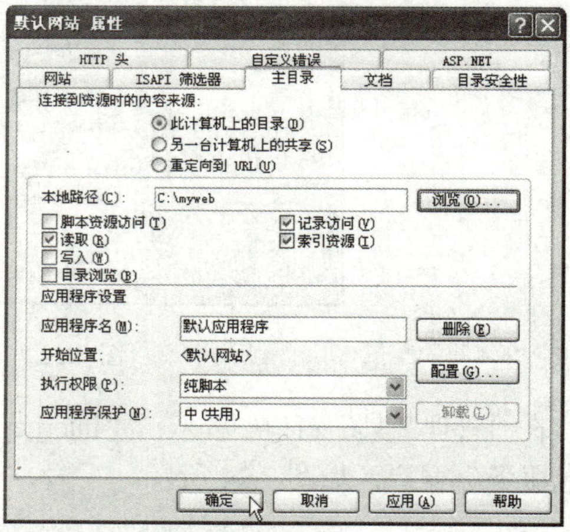

图 7.27　选择路径

切换到“网站”选项卡，单击“IP 地址”右面的文本框，在弹出的下拉列表中选择“127.0.0.1”，也就是本机，如图 7.28 所示。

切换到“文档”选项卡，单击“添加”按钮，输入“index.htm 留言板”作为网站的默认文档。单击“确定”按钮，完成设置，如图 7.29 所示。

打开 IE 浏览器，在地址栏中输入网址 http://127.0.0.1，按“Enter”键，网站首页被打开，如图 7.30 所示。

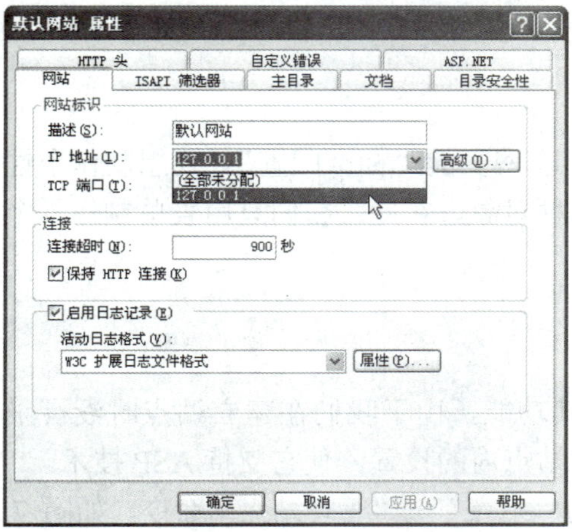

图 7.28　IP 地址选择“127.0.0.1”

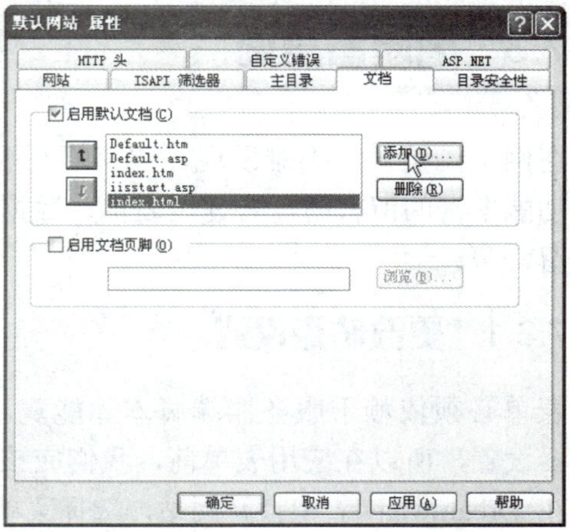

图 7.29　“文档”选项卡

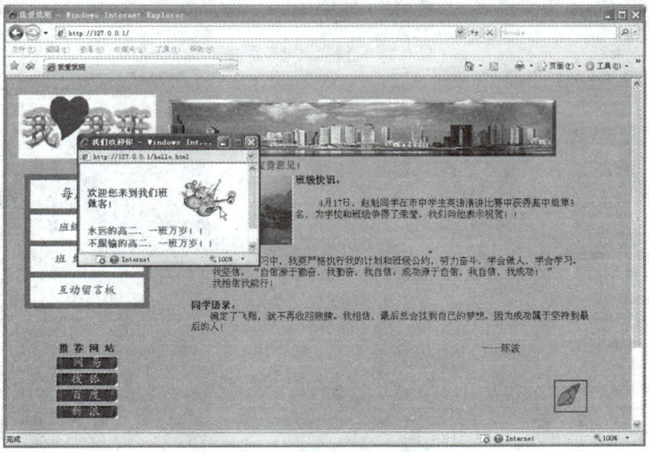

图 7.30　打开网站首页

在地址栏中输入网址 http://127.0.0.1/留言板 iuyanban.htm 留言板，按“Enter”键，网页“互动留言板”被打开，如图 7.31 所示。

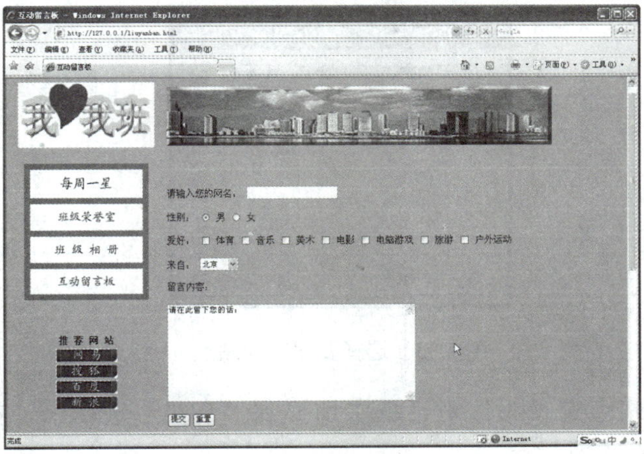

图 7.31　“互动留言板”被打开

7.3 创建留言簿

在网上浏览时，不难发现，留言簿几乎成了所有网页的“标准配置”。要想制作个性鲜明，功能丰富的留言簿需要使用表单、数据库等多种对象。在此，我们只用表单制作一个简单的留言簿。

7.3.1 更改站点设置

表单必须依赖于服务器端脚本才能真正发挥其功能，由于我们在建立站点时没有采用服务器设置，所以在应用表单前，我们应该先更改站点内的设置，使它支持 ASP 技术。

在 Dreamweaver 中打开网站，选择菜单栏上的“站点”→“管理站点”命令，如图 7.32 所示。

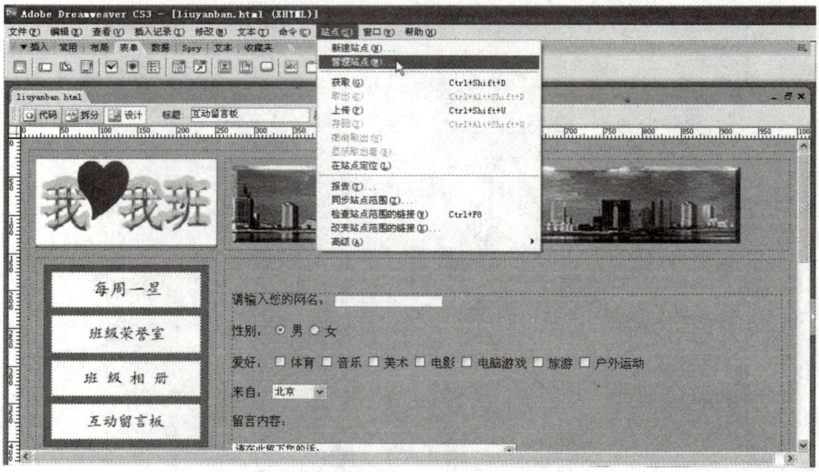

图 7.32 选择“管理站点”命令

在打开的“管理站点”对话框中选中要编辑的站点“我爱我班”，单击“编辑”按钮，如图 7.33 所示。

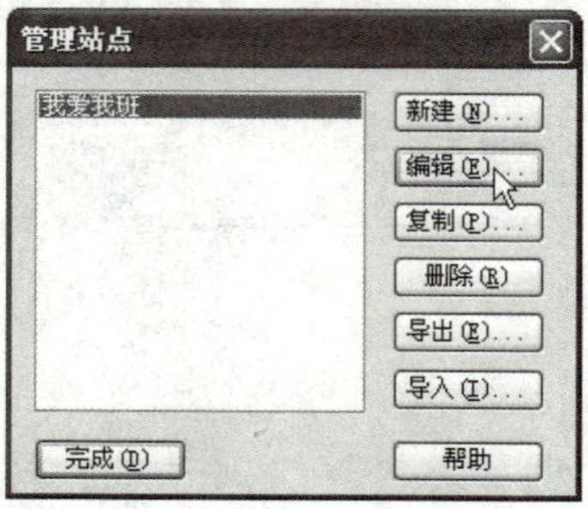

图 7.33 选择要编辑的站点

在“我爱我班的站点定义为”对话框中切换到“高级”选项卡，在对话框左侧选择“测试服务器”，如图 7.34 所示。

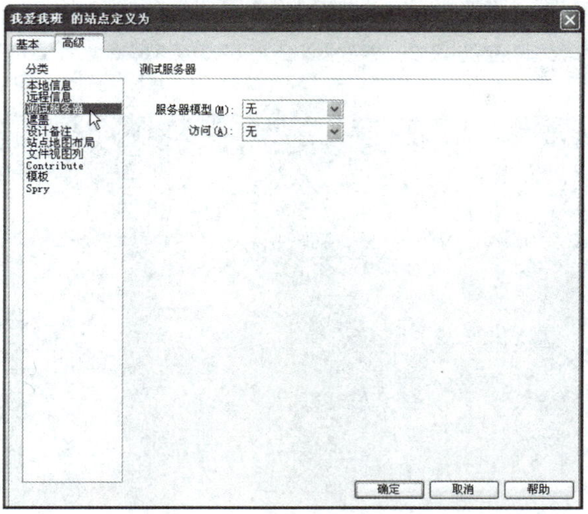

图 7.34　设置站点的高级选项

在“测试服务器”区域中单击“服务器模型”文本框右边的按钮，在下拉列表中选择“ASP JavaScript”；单击“访问”文本框右边的按钮，在下拉列表中选择“本地/网络”，最后单击“确定”按钮，关闭该对话框，如图 7.35 所示。

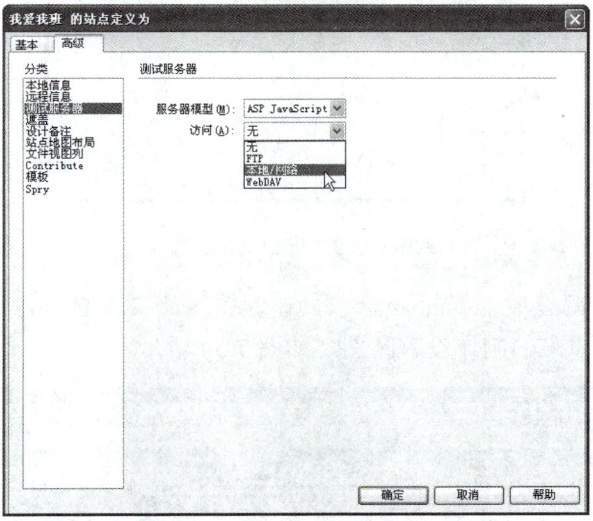

图 7.35　选择服务器模型

返回“管理站点”对话框，单击“完成”按钮，关闭该对话框，如图 7.36 所示。

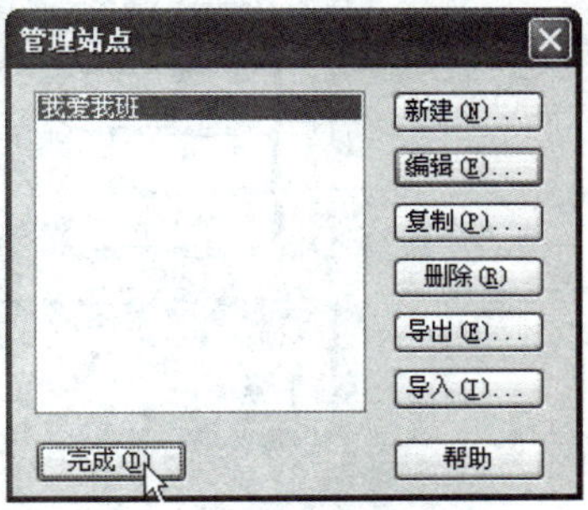

图 7.36　完成站点管理

在 Dreamweaver 右侧的浮动面板区域中打开“文件”选项卡，显示站点下的所有文件。选择其中的网页文件“留言板 iuyanban.html”，单击鼠标左键，将文件名更改为“留言板 iuyanban.asp”，如图 7.37 所示。

改名完成后，弹出“更新文件”对话框。这是系统提醒我们，由于网页文件改名后，与之相链接的网页文件都要更改。只要单击“更新”按钮即可，如图 7.38 所示。

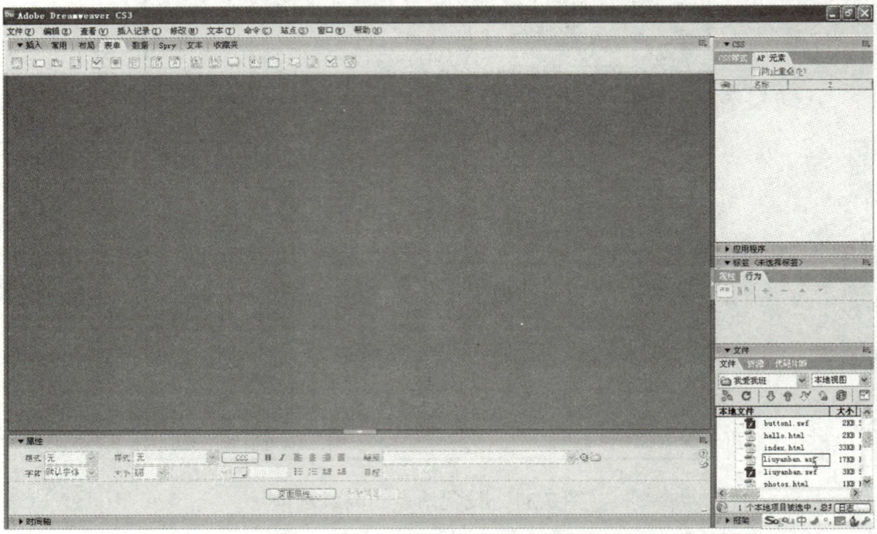

图 7.37 更改网页文件名

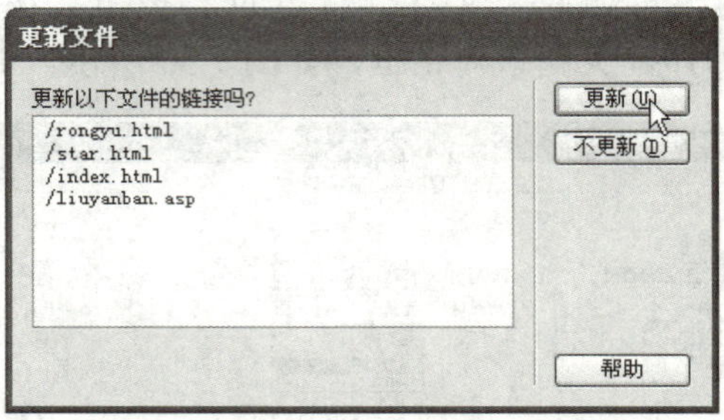

图 7.38 更新其他文件

双击网页文件“留言板 iuyanban.asp”，在编辑区将文件打开，可以发现虽然文件类型已经更改，但内容与原来的制作没有区别，如图 7.39 所示。

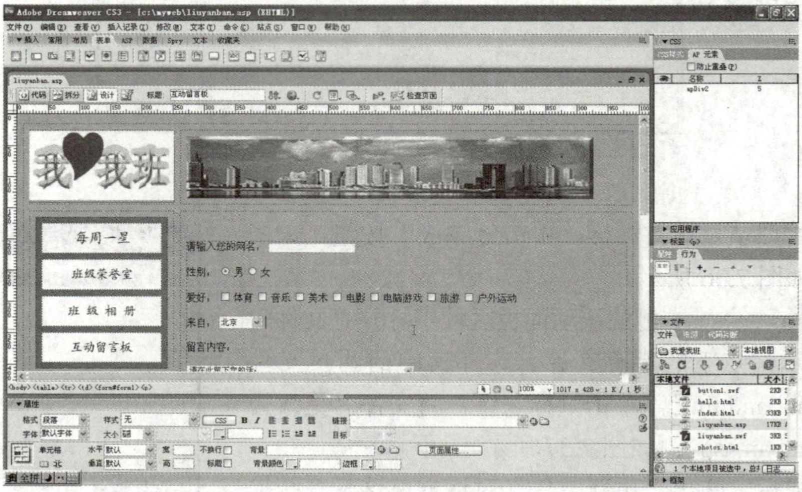

图 7.39 更改文件类型后的网页

7.3.2 完善留言簿表单栏目

作为留言簿，包含的内容应该有针对性，另外应该让浏览者输入电子邮件地址，以备以后与他们联系。

另起一行，输入“电子邮件地址：”几个字，然后插入一个文本框，在“属性”面板中更改“字符宽度”为“25”，如图 7.40 所示。

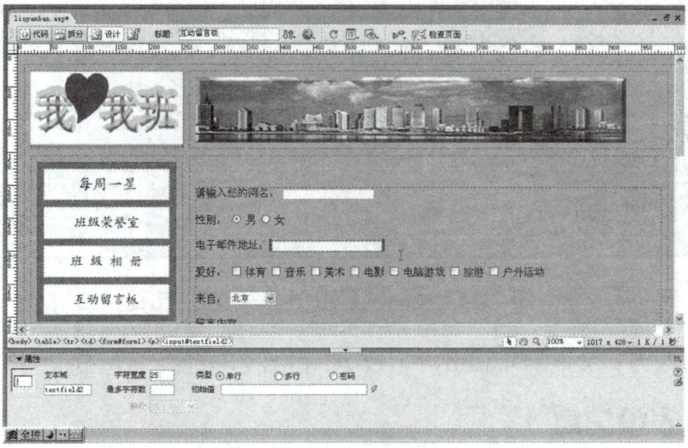

图 7.40　插入电子邮件地址栏

保存网页，按“F12”键，将网页在浏览器中打开，观察表单在浏览器中的样子，如图 7.41 所示。注意：IE 浏览器的地址栏显示的是 http://留言板 oca 留言板 host/留言板 iuyanban.asp，而不是 http:/127.0.0.1/留言板 iuyanban.asp，这是因为设置了站点服务器的结果，输入 http:/127.0.0.1/ 留言板 iuyanban.asp 同样可以打开该网页，如图 7.42 所示。

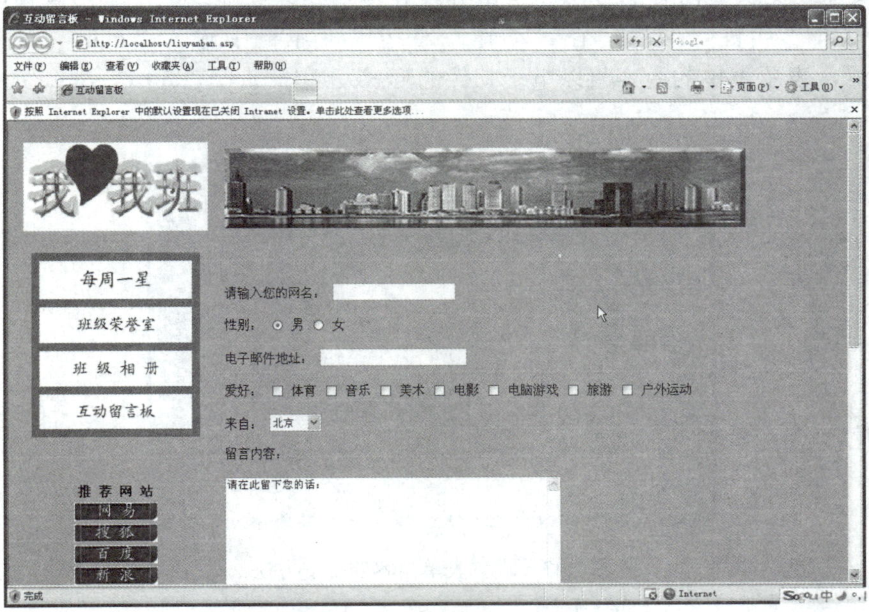

图 7.41　在浏览器中预览表单的显示

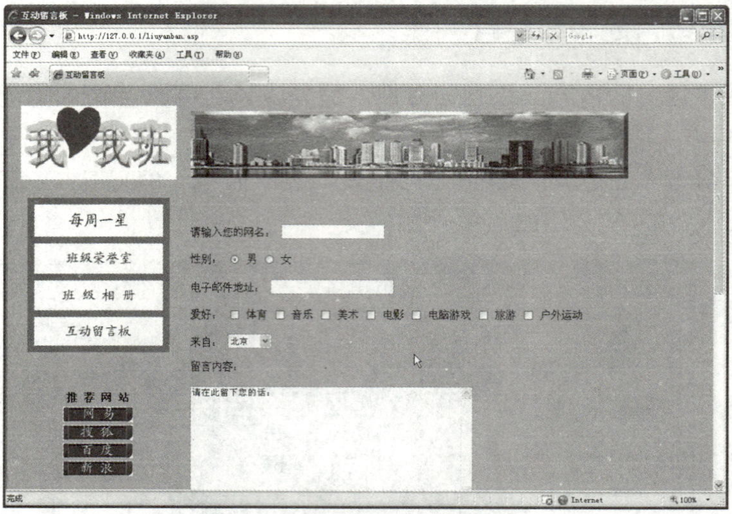

图 7.42　在浏览器中预览表单的显示

对于不满意的地方，返回 Drwamweaver 进行修改，直到满意为止。

7.3.3　提交表单信息

表单有两个重要的组成部分，一个是描述表单的 HTM 留言板源代码，另一个是用于处理用户在表单域中输入信息的服务器端应用程序或客户端脚本，如 ASP 等。网站访问者在页面上看到的表单元素，仅供输入信息而已。当访问者单击表单的“提交”按钮后，表单内容会上传到服务器上，并且由事先编辑好的 CGI 或 ASP 程序来接手处理，最后服务器再将处理结果发送到访问者的浏览器中，也就是访问者提交表单后出现的页面。

下面设置提交表单内容的方法。将鼠标指针移动到红色虚线上，单击鼠标，选中整个表单域，打开“属性”面板，在“动作”右边的文本框中输入“mai 留言板 to:gao1-2@163.com”，表示表单的内容将以电子邮件的形式发送给 gao1-2@163.com，如图 7.43 所示。

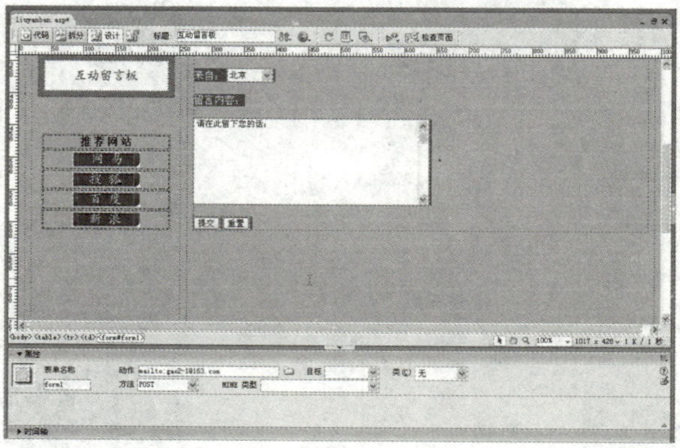

图 7.43　设置表单内容的提交方法

保存网页后，按“F12”键，在浏览器中预览网页，输入表单的内容，检查表单标签设置是否合适，如图 7.44 所示。

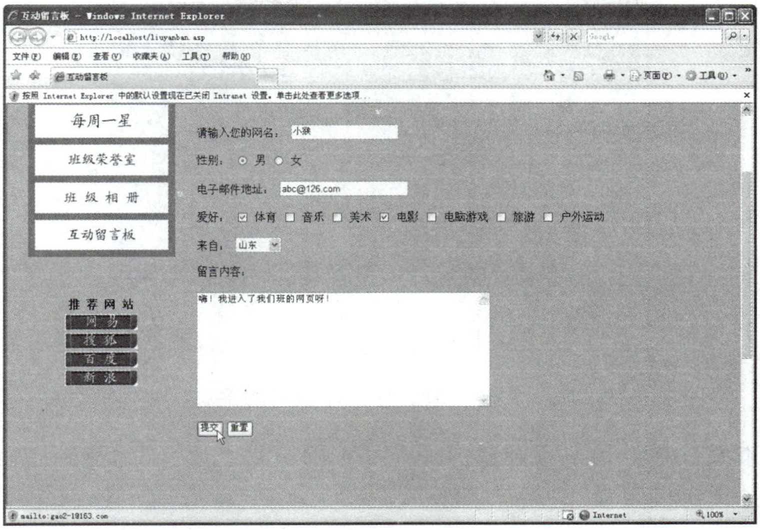

图 7.44　输入留言内容并提交

输入完毕，单击“提交”按钮，弹出警告信息对话框，如图 7.45 所示。单击“确定”按钮，表单内容被发送给 gao1-2@163.com。注意，如果在单机上测试，可能会发送失败，将站点连接到服务器上就可以解决这个问题。

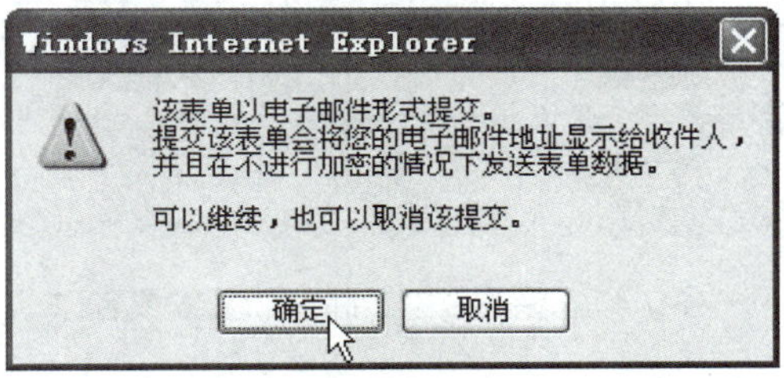

图 7.45　警告信息对话框

在实际的网站中，留言簿的内容通常并不是通过电子邮件来传递的，而是通过后台数据库的支持，存放到相应的数据库文件中。作为基础教程，本书没有相关内容，大家可以学习数据库的相关知识，阅读 ASP 相关书籍，完成相应的设置。

7.4　验证表单内容

留言簿是浏览者与网页所有者之间的桥梁，通过它可以大大缩短两者之间的距离，但在得到浏览者提供信息的同时，也要防止无效信息和错误信息的输入。“验证表单”可以在一定程度上防止空信息和错误信息的发生。

首先，确定有哪些表单对象需要验证。在我们制作的留言簿上，“网名”、“电子邮件地址”和“留言内容”需要验证。其中，“电子邮件地址”需要验证输入的格式是否为合法格式，其余两者需要验证是否为空。然后确定每一个需验证表单对象的名字，以免发生混淆。

选中需要输入“网名”的文本框，在“属性”面板中更改“文本域”下面的名称为“name”，将它与其他的文本框区分出来，如图 7.46 所示。

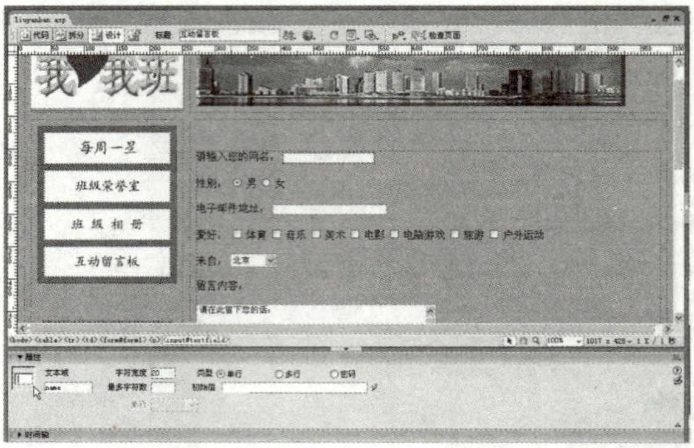

图 7.46 更改“网名”文本域名称

重复上述步骤，选中“电子邮件地址”文本框，将“属性”面板中“文本域”下面的名称改为“emai 留言板”，如图 7.47 所示。

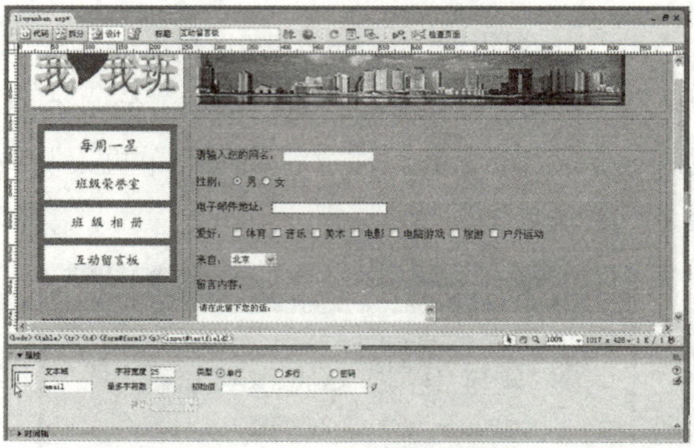

图 7.47 更改“电子邮件”文本域名称

重复上述步骤，选中“留言内容”多行文本框，将“属性”面板中“文本域”下面的名称改为“留言板 iuyan”，如图 7.48 所示。

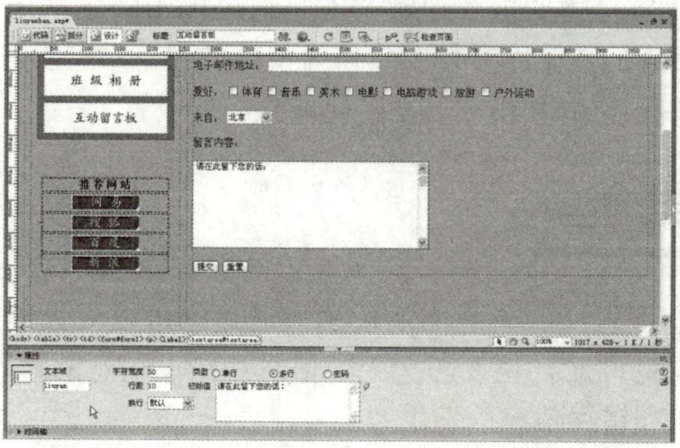

图 7.48 更改“留言内容”文本域名称

接下来我们就为以上的表单栏目设置检查表单。选中任意一个表单对象，单击“标签”浮动面板下“行为”选项卡中的按钮**+**，在弹出的菜单中选择“检查表单”命令，如图 7.49 所示。

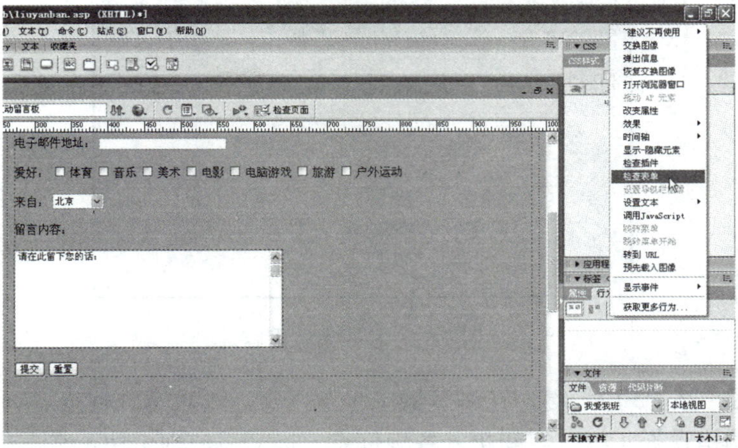

图 7.49 选择“检查表单”命令

在打开的“检查表单”对话框中，选中“input“name”(R)”，选中“值”为“必需的”，“可接受”为“任何东西”，如图 7.50 所示。

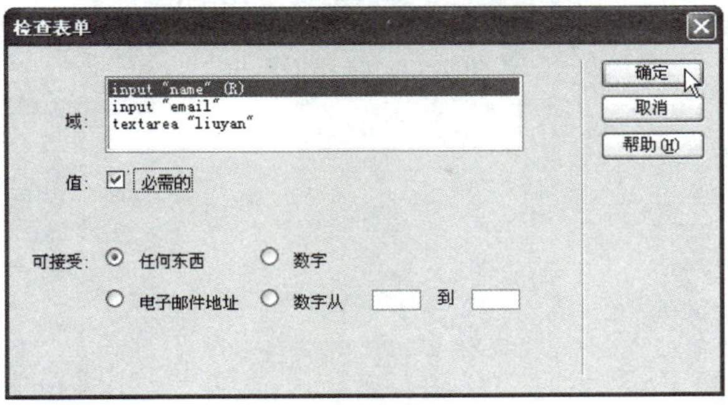

图 7.50 检查网名

在“检查表单”对话框中，选中“input“emai 留言板”(RisEmai 留言板)”，选中“值”为“必需的”，“可接受”为“电子邮件地址”，如图 7.51 所示。

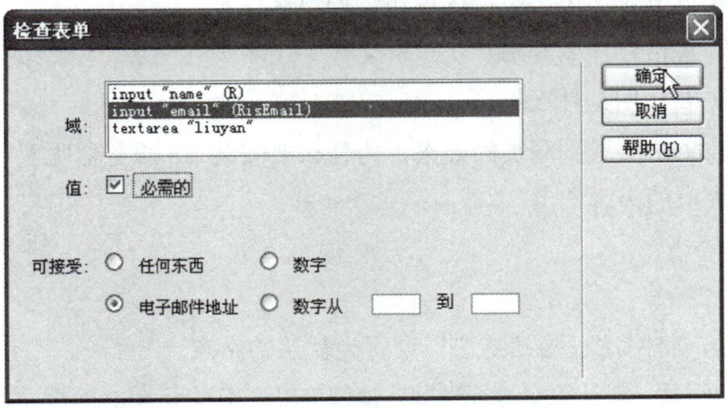

图 7.51 检查电子邮件地址

在“检查表单”对话框中，选中“textarea“留言板 iuyan””，选中“值”为“必需的”，“可接受”为“任何东西”，单击“确定”按钮，如图 7.52 所示。

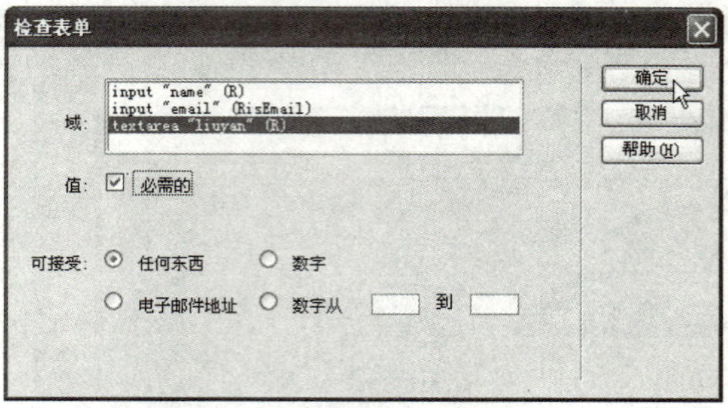

图 7.52　检查留言内容

保存网页后，按“F12”键，在浏览器中预览网页。不填写任何内容，提交表单后得到如图 7.53 所示的错误提示框，重新填入各项信息，提交后，则一切正常。

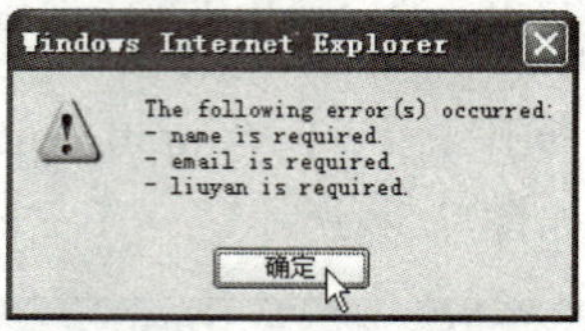

图 7.53　错误提示框

习题 7

1. 简答题

（1）创建留言簿为什么要先更改网站设置？

（2）当网页使用表单时，扩展名应该是什么？

（3）常见的表单元素有哪些？

（4）如果在一个表单域中要使用两组单选按钮，如何操作？

（5）按钮有哪 3 种？各自有什么作用？

（6）Web 服务器的主要作用是什么？

（7）我们用预览功能也能够看到网页的效果，为什么要安装 IIS 服务器呢？

（8）为什么要验证表单的内容？

2. 操作题

（1）安装 IIS 服务器，将网站“网站练习”设置为默认的站点。

（2）打开爱护牙齿的网站，对计算机进行设置，使其可以正确显示 ASP 网页文件（根据实际情况选做）。

（3）对网站的站点设置进行修改，使其支持 ASP 网页文件。

（4）在网页“交流园地”中插入表单，将该网页制作成一个留言簿。

（5）将表单的提交方式设置为电子邮件方式，电子邮件地址为 ya@163.net。

（6）对表单提交信息进行验证，要求各项目不能为空，而且电子邮件地址必须符合相应格式。

第 8 章 图像和动画的制作与优化

8.1 图像的制作与优化

对于网页来说，要想吸引浏览者的注意，图片与动画是否精美漂亮是关键所在。Adobe 公司除了提供 Dreamweaver 这个制作网页的超强工具以外，还提供了图片制作与优化工具 Fireworks 和动画制作工具 Flash。

Fireworks 是集创建、编辑和优化网页图形为一体的应用软件，它不仅可以创建和编辑位图与矢量图，而且还可以通过修剪和优化图形图像来减小文件的大小。在不影响图形图像质量的情况下，文件越小，网页的下载速度就越快，这也是 Fireworks 受欢迎的原因之一。

8.1.1 Fireworks 简介

Fireworks 拥有与 Dreamweaver 相似的操作界面，它同样由编辑区域、“属性”面板和浮动面板等组成。单击“开始”→“所有程序”→“Adobe Fireworks CS3”→“Adobe Fireworks CS3”命令，就可以打开 Fireworks，其操作窗口如图 8.1 所示。

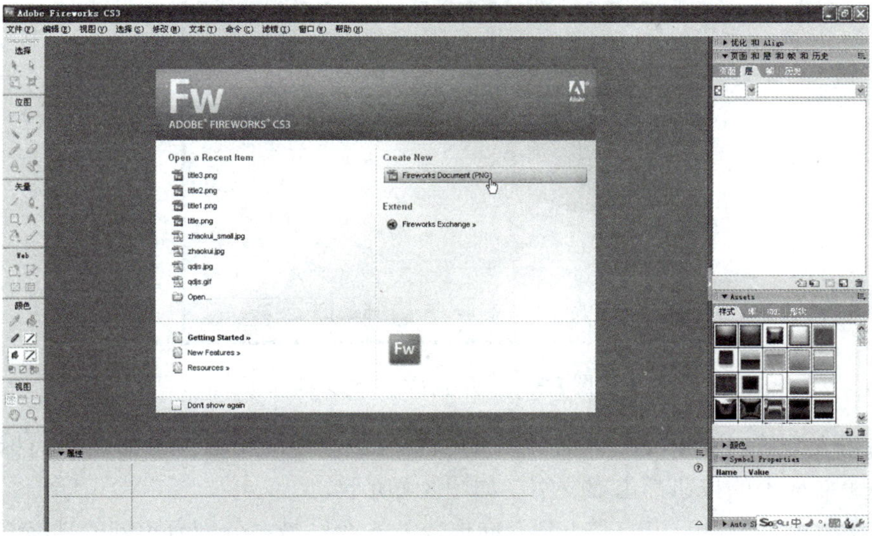

图 8.1 Fireworks 的操作窗口

从图 8.1 中可以看出，Fireworks 操作窗口的布局与 Dreamweaver 的窗口布局是一致的，右边为各种操作面板，下面是“属性”面板，只是左边多了一个“工具”面板。由于目前没有建立文件，所以各个面板上的按钮都是灰色的，而且窗口中间的编辑区域也是灰色的。

下面的操作是建立一个空白的文件，然后各个面板的按钮就变成黑色可操作的了，我们将依次对各个面板进行讲解。

和 Dreamweaver 一样可以将欢迎屏幕关闭，也可以在欢迎屏幕上直接进行操作。如图 8.2 所示，选择菜单栏上的“文件”→“新建”命令，打开“新建文档”对话框。

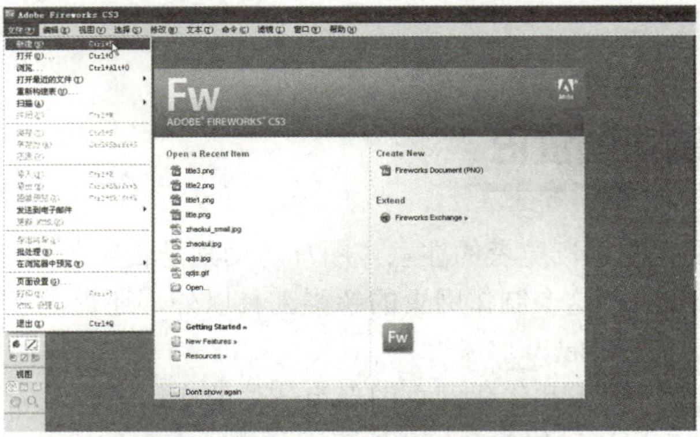

图 8.2　选择“新建”命令

在“新建文档”对话框中，可以通过更改“宽度”和“高度”的值来更改画布的大小，还可以对分辨率和画布颜色进行修改。按如图 8.3 所示进行修改，完毕后单击“确定”按钮。

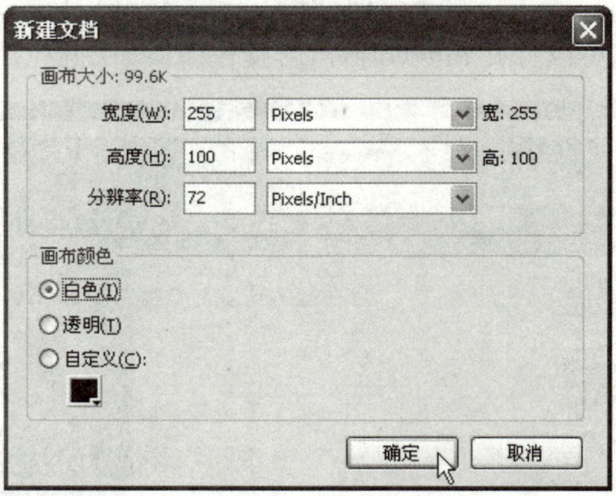

图 8.3　“新建文档”对话框

这时可以发现在 Fireworks 操作窗口的编辑区域出现一个以“未命名”为标题栏的窗口，同时各个面板上的按钮都由虚变实，如图 8.4 所示。

如图 8.5 所示，窗口左边的“工具”面板分为 6 个区域，分别有不同的功能。在该面板上集成了编辑图像所需的各种工具，只需要在面板上选择相应的工具就可以对矢量图和位图进行操作，这样就省去了在位图和矢量图之间的切换操作。

和 Dreamweaver 的“属性”面板一样，Fireworks 的“属性”面板也是一个包含各种选项的动态面板。随着操作对象的变化，“属性”面板上的内容也会发生相应的变化。如图 8.6

所示是选中画布时“属性”面板的内容显示。

图 8.4　画布被打开、按钮被激活

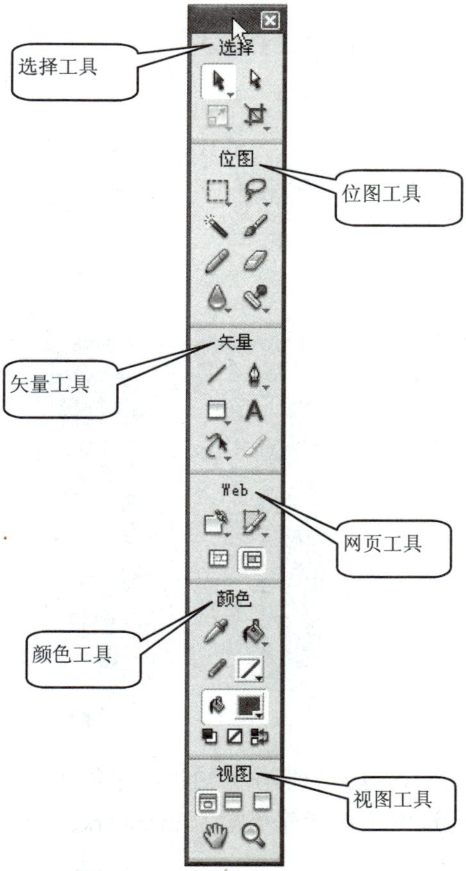

图 8.5　“工具”面板

图 8.6　选中画布时的“属性”面板

在默认情况下，Eireworks 的面板组停放在工作区的右侧。我们可以进行取消面板组、叠放面板、排列面板顺序等操作，同时还可以完成许多高性能操作。如图 8.7 所示，该面板组中有“优化和 Align”、“页面和层和帧和历史”、“Assets”、“颜色”及“Symbol Properties”等面板，其中“页面和层和帧和历史”面板的“层”选项卡是打开的。

在操作窗口中间的是画布，它是对图像进行绘制、修改和编辑的地方。从图 8.8 中可以看到，画布共提供了 4 种预览模式：“原始”、“预览”、“2 幅”和“4 幅”。具体的使用方法会在下面的实例中进行说明。

图 8.7　面板组

图 8.8　画布

由于篇幅所限，仅仅就 Fireworks 的操作窗口进行了简单的介绍，若感兴趣，可以查阅相关的书籍进行学习。下面通过两个例子简单学习 Fireworks 的操作方法。

8.1.2　Fireworks 中图片的制作

图 8.9　网站徽标

使用 Fireworks 可以直接制作图片。在我们建立的网站中有一个徽标，用来标识整个网站，如图 8.9 所示。从图中可以发现这个徽标非常简单，通过 Fireworks 的工具就可以轻松地制作出来。

由于前面新建的图片文件大小与网站徽标的大小不一致，所以要对画布的大小进行修改。选择菜单栏上的“修改”→“画布”→“画布大小”命令，如图 8.10 所示。

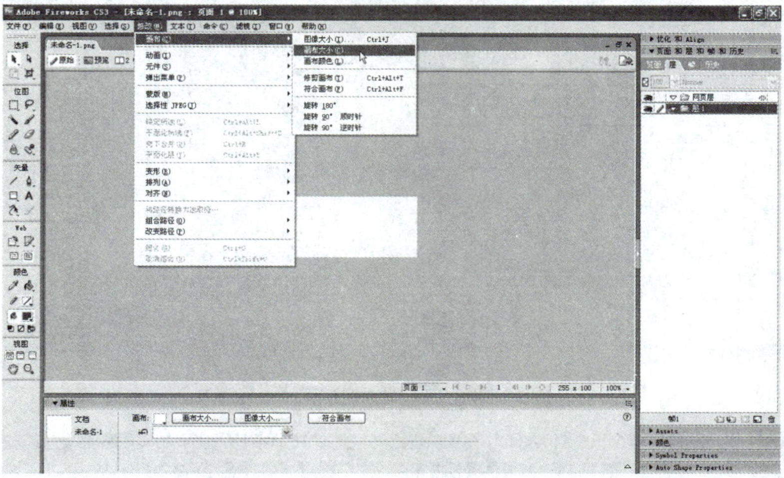

图 8.10　选择“画布大小”命令

在打开的“画布大小”对话框中输入宽和高的值，单击“确定”按钮，如图 8.11 所示。

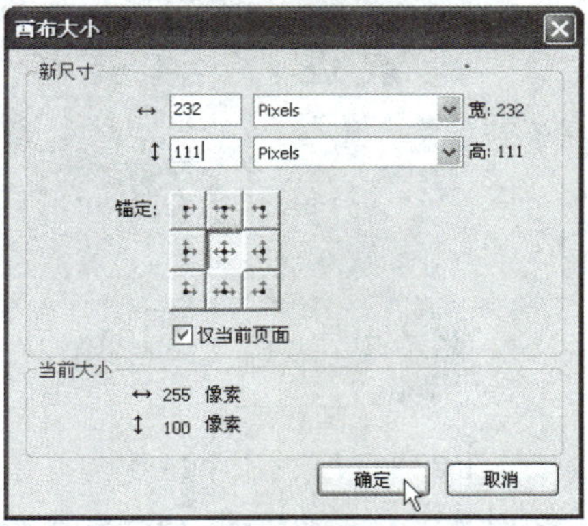

图 8.11　输入画布宽和高的值

在“工具”面板的“矢量”区中单击“文本”工具，然后在编辑区中单击鼠标，出现一个有光标闪动的文本框。在文本框中输入“我　我班”几个字，注意，在“我”和“我班”之间要有空格，为将来的“心形”留出位置，如图 8.12 所示。

在“属性”面板中单击字体栏右侧的下拉按钮，在下拉列表中选择“华文新魏”字体，然后单击字号栏右边的下拉按钮，拖动滑块，设置字号为“64”。在编辑区域中单击鼠标，文字变成设置的效果，如图 8.13 所示。

在“工具”面板的“选择”区中单击“选取”工具，然后在编辑区域中拖动文本框到合适的位置，使文字看起来更美观，如图 8.14 所示。

选中文本框，打开“Assets”面板的“样式”选项卡，在“样式”选项卡中选择一种样式，如图 8.15 所示。

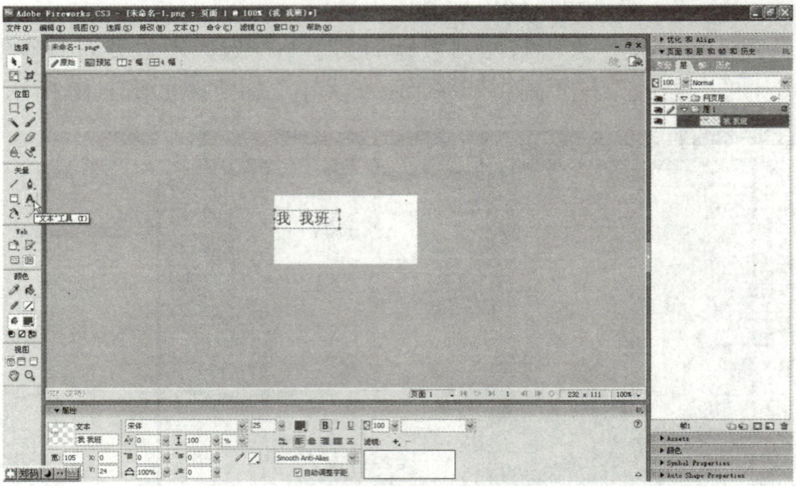

图 8.12　输入文字

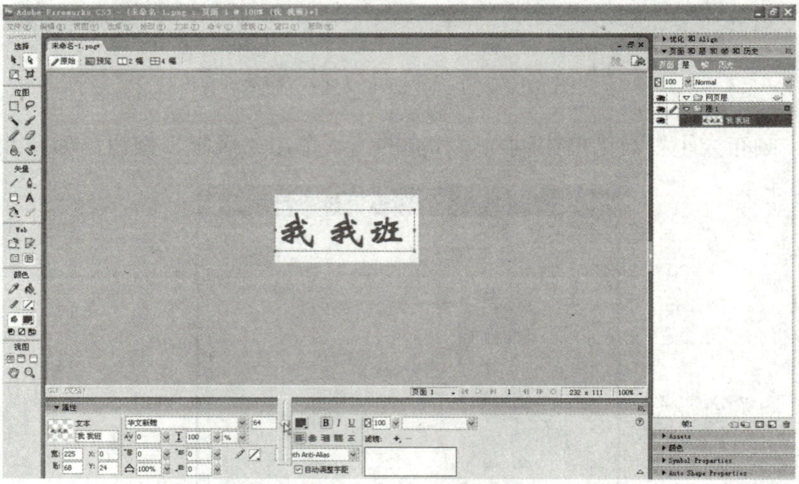

图 8.13　更改字体和字号

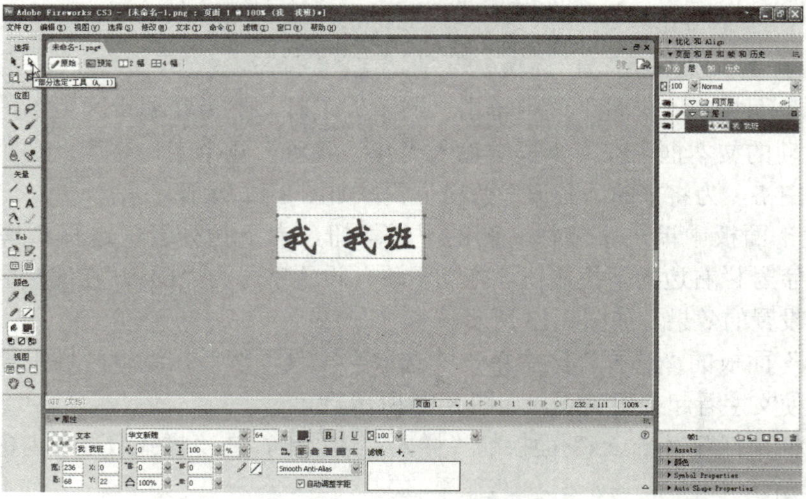

图 8.14　调整文本的位置

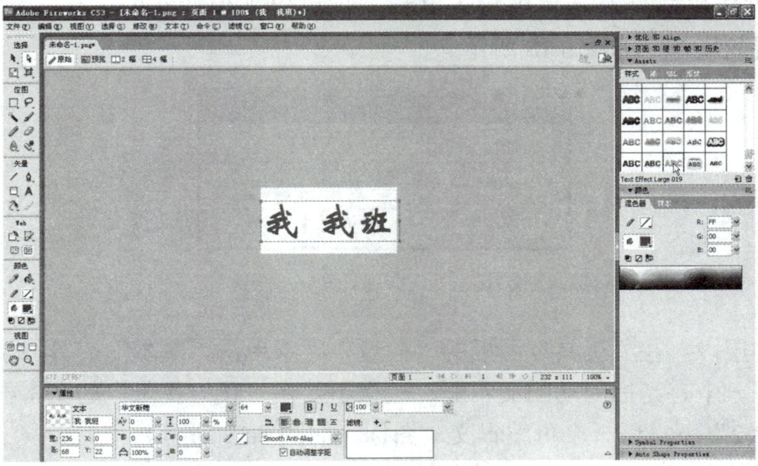

图 8.15　选择一种样式

改变了样式后，结果如图 8.16 所示。

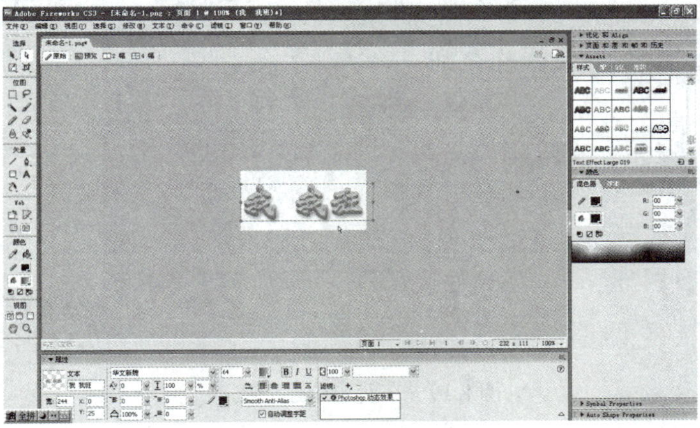

图 8.16　选择一种样式

在“页面和层和帧和历史”面板的“层”选项卡中单击“选项”按钮，在弹出的菜单中选择“新建层”命令，如图 8.17 所示。

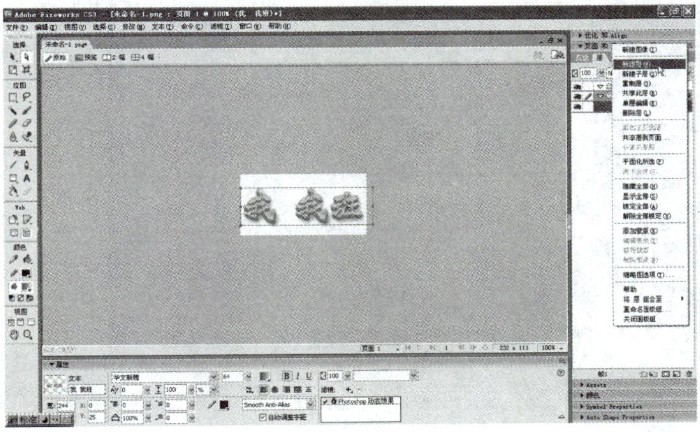

图 8.17　新建层

在弹出的“新建层”对话框中输入名称，也可以采用默认的名字，单击“确定”按钮，完成新建层的操作，如图 8.18 所示。

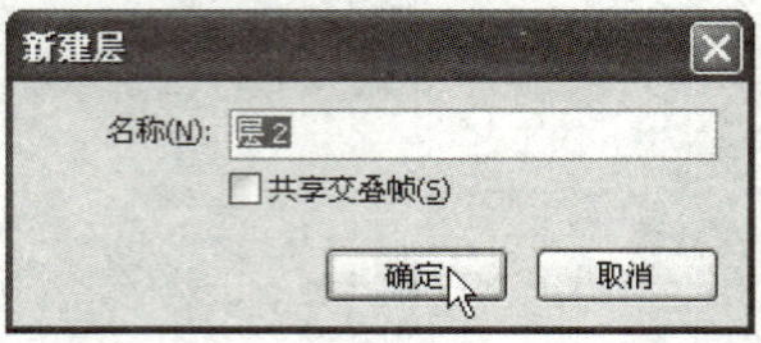

图 8.18　“新建层”对话框

选中新建的层 2，在“工具”面板的“矢量”区中单击“文本”工具，然后在编辑区中单击鼠标，出现一个有光标闪动的文本框，注意不要在“我　我班”的文本框中单击，这时可以发现在“层 2”下出现一个可编辑文本图标，如图 8.19 所示。

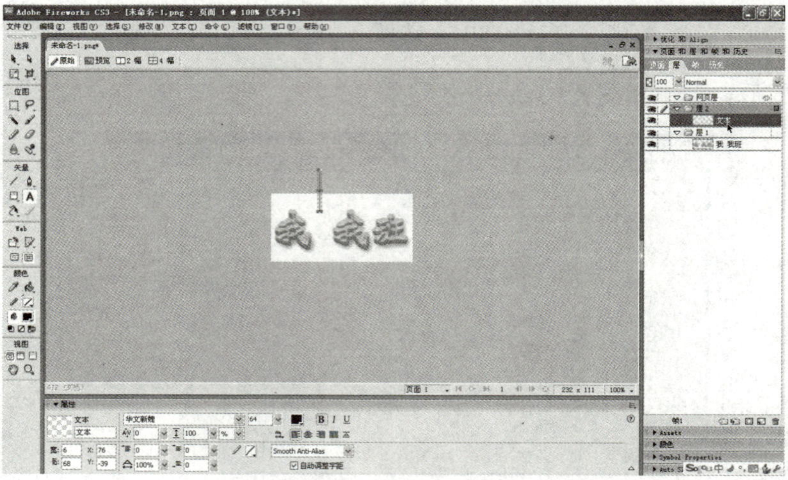

图 8.19　在新层中建立文本

选择字体为“Webdings”，输入一个大写的字母“Y”，这时可以发现在编辑区域出现一个心形图标♥，如图 8.20 所示。

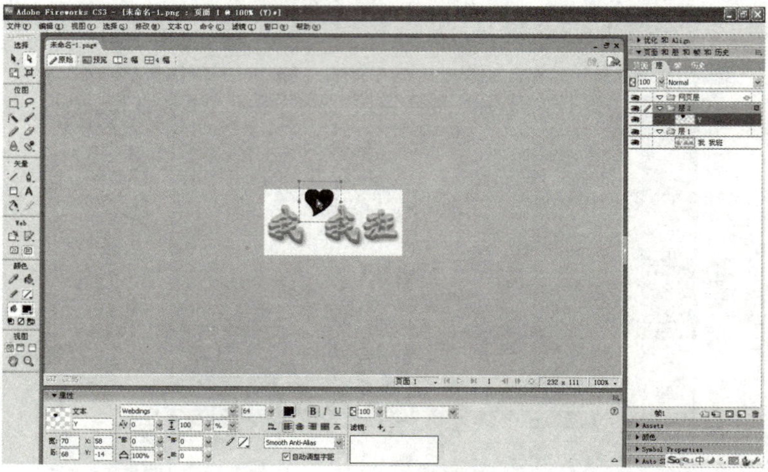

图 8.20　输入心形图标

选择字体的颜色为红色，调整该文本框的位置，完成图片的制作，如图 8.21 所示。

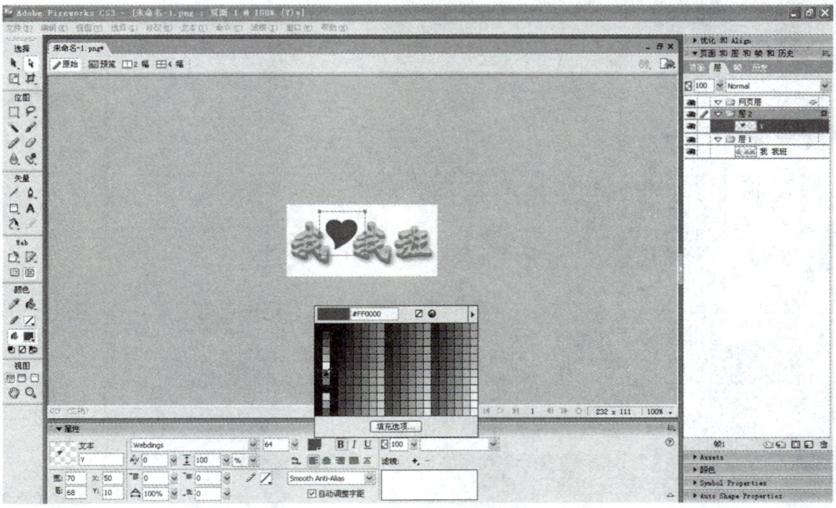

图 8.21　完成图片

选择菜单栏上的“文件”→“保存”命令，对文件进行保存，注意保存的文件名类型为“png”，如图 8.22 所示。

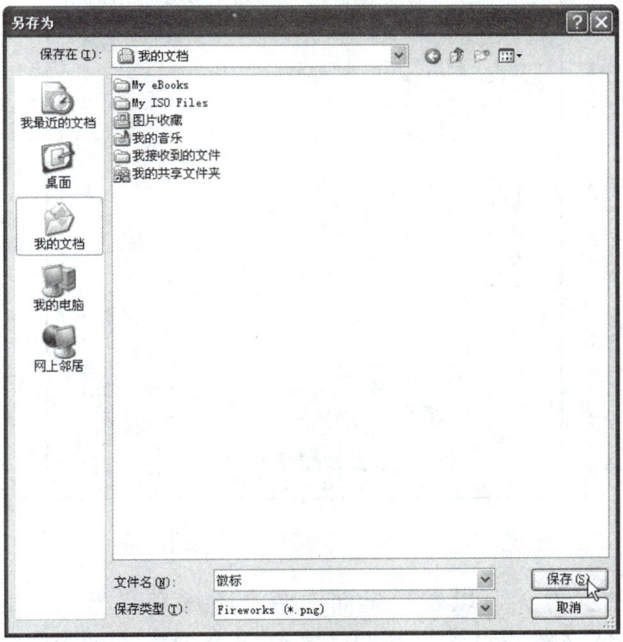

图 8.22　“另存为”对话框

PNG 格式的图片可以直接插入到网页中，也可以更改格式为 GIF 文件。选择菜单栏上的“文件”→“另存为”命令，如图 8.23 所示。

在如图 8.24 所示的“另存为”对话框中，选择“另存为类型”为“动画 GIF（*.gif）”，输入英文文件名“title”，单击“保存”按钮。

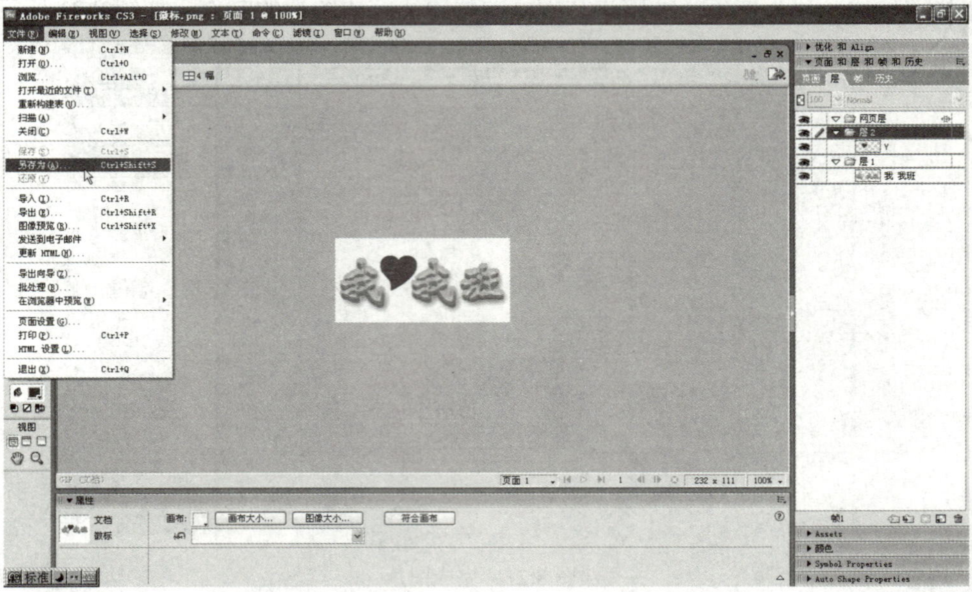

图 8.23　选择“另存为”命令

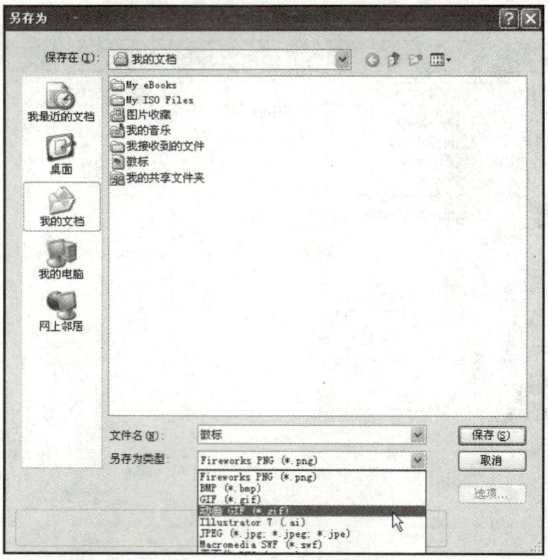

图 8.24　“另存为”对话框

打开保存文件的文件夹可以发现里面的两个图片文件，一个是 GIF 文件，大小为 21KB；另一个是 PNG 文件，大小为 96KB，如图 8.25 所示。两个图片看起来一模一样，但大小却相差很大，所以使用图片时要注意图片的格式。

8.1.3　Fireworks 中图片的优化

除了可以直接制作图片以外，Fireworks 还可以对已有的图片进行优化，使图片在不影响视觉效果的情况下容易更小，更有利于网络传输。

在制作的网站主页上方有一幅风景图片，下面将对该图片进行优化，观察图片优化后的实际效果。

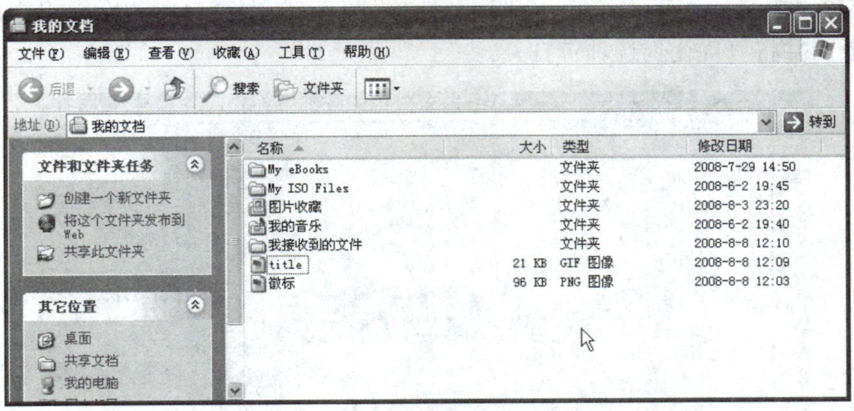

图 8.25　文件的 GIF 格式和 PNG 格式对比

首先将图片打开。选择菜单栏上的“文件”→“打开”命令，如图 8.26 所示。

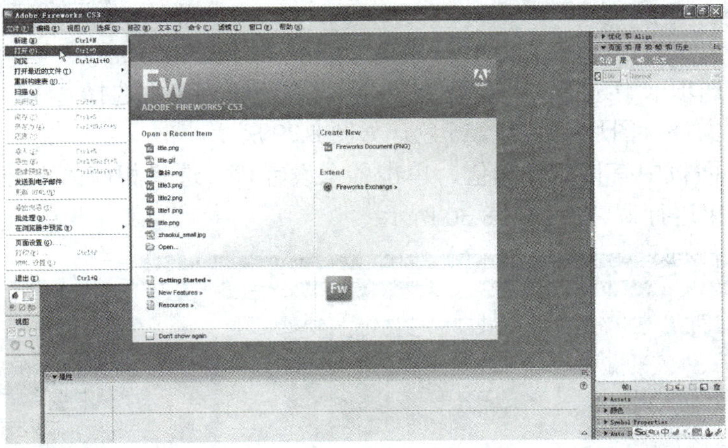

图 8.26　选择“打开”命令

在“打开”对话框中，单击“查找范围”栏，在下拉列表中找到存放图片文件的文件夹，然后选中要优化的文件，单击“打开”按钮。可以从图 8.27 中发现该图片大小为 43.3KB。

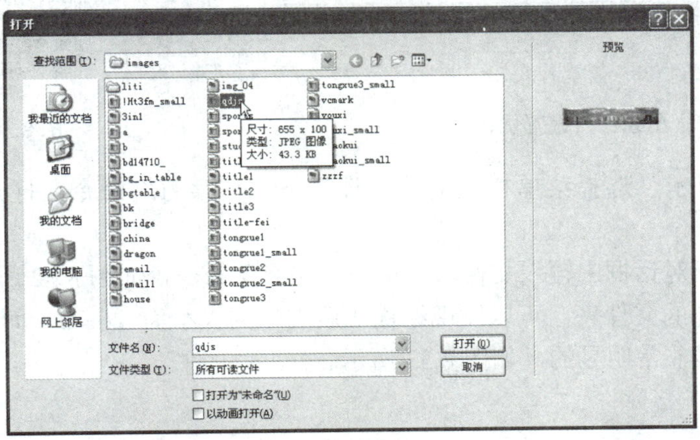

图 8.27　在“打开”对话框中选择图片

如图 8.28 所示，在工作窗口中图片文件被打开。单击窗口右边面板组中的“优化和 Align”面板，并将“优化”选项卡打开。

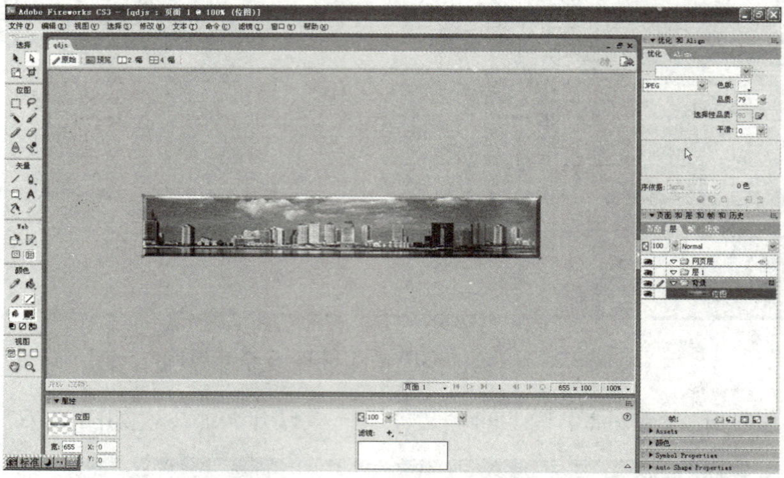

图 8.28 打开“优化”选项卡

在“优化”选项卡中选择文件类型为 GIF，并在下拉列表中选择“GIF 最合适 256”，将图片优化成 GIF 文件，图片颜色为 256 色，如图 8.29 所示。

在“优化”面板中有许多设置值，单击各个设置栏，选择相应的下拉列表项目，可以对设置的优化效果进行调整，如图 8.30 所示。

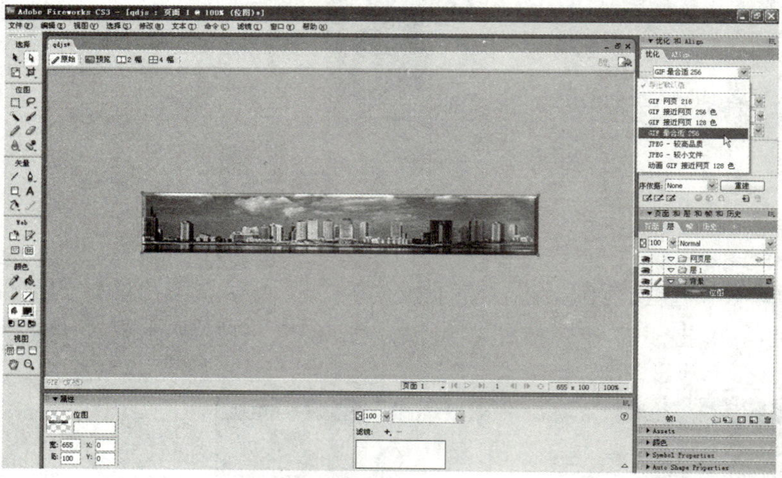

图 8.29 设置优化效果

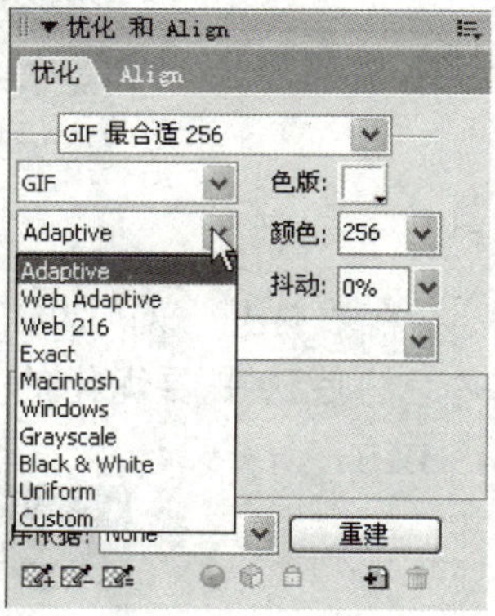

图 8.30 调整优化效果

如图 8.31 所示，选择菜单栏上的“文件”→“另存为”命令，打开“另存为”对话框。

在“另存为”对话框中输入文件名，单击“保存”命令，如图 8.32 所示。

打开保存文件的文件夹，可以发现经优化后文件的大小为 26KB，而优化前为 44KB，可见优化的效果是非常明显的，如图 8.33 所示。

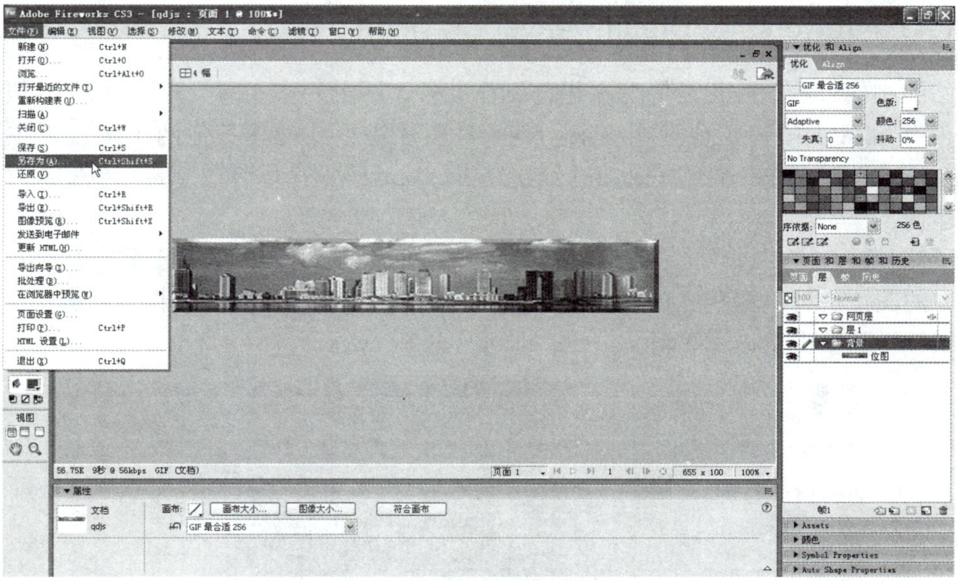

图 8.31　选择“另存为”命令

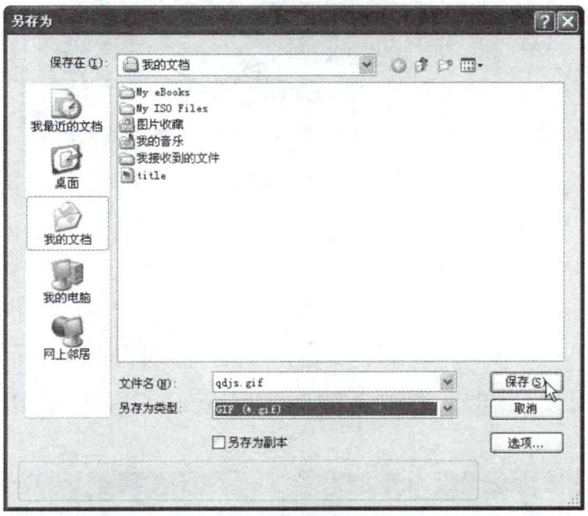

图 8.32　保存优化后的文件

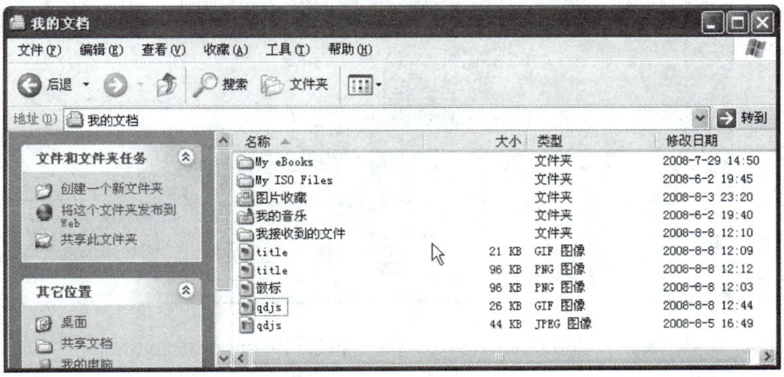

图 8.33　优化后的文件大小

8.1.4 Fireworks 与 Dreamweaver 整合应用

网站的制作过程一般可分为网页组件制作准备、网页制作和网页管理 3 个阶段。在网页组件制作准备阶段，主要使用 Fireworks 对图片进行处理，其他两个阶段则主要采用 Dreamweaver 进行操作。通过 Fireworks 与 Dreamweaver 两个软件的整合可以完成网站的绝大部分建设工作。

除了这种整合应用以外，在 Dreamweaver 制作网页的过程中可以随时打开 Fireworks，对网页中的图片进行编辑和优化。在如图 8.34 所示的 Dreamweaver 窗口中，选中图片，然后在“属性”面板中单击“编辑”按钮，即可打开 Fireworks。

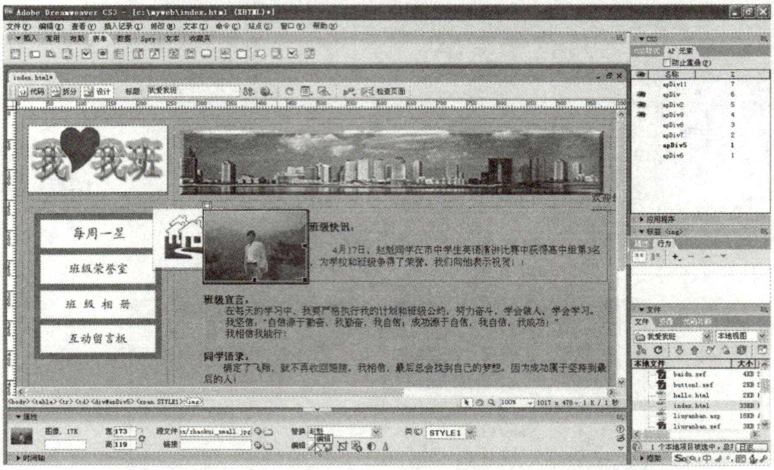

图 8.34　在 Dreamweaver 中打开 Fireworks

在如图 8.35 所示的 Fireworks 窗口中可以发现，图形文件被打开，在标题栏中有“在站点‘我爱我班’中”的字样，表明该图片来自网站中。对图片进行编辑或优化后，单击“完成”按钮，Fireworks 编辑窗口自动关闭，同时 Fireworks 程序窗口最小化。Dreamweaver 窗口中的图片显示编辑后的样子。

图 8.35　在 Dreamweaver 中打开的 Fireworks 编辑窗口

8.2 动画的制作与优化

关于 Flash，我们已经在 Dreamweaver 中领略了它在按钮制作方面的风采。其实，那只是冰山一角。现在的网络可以说是 Flash 时代，越来越多的人喜欢 Flash 动画，越来越多的网站使用 Flash 制作动画。不知 Flash 为何物，会直接被人认为是网络盲，甚至是电脑盲。

Flash 功能强大，不仅仅可以制作动画，甚至有人直接用它来制作网页。特别值得一提的是，它与 Dreamweaver、Fireworks 等软件的整合使用效果天衣无缝。

本节主要介绍 Flash 的简单使用，以及它与 Dreamweaver 的整合使用。

8.2.1 Flash 简介

作为同一个公司的产品，Flash 拥有与 Dreamweaver 和 Fireworks 相似的界面，这为我们熟悉和使用它提供了巨大的帮助。单击“开始”→“所有程序”→“Adobe Flash CS3”→“Adobe Flash CS3”命令便将 Flash 打开，其操作界面如图 8.36 所示。

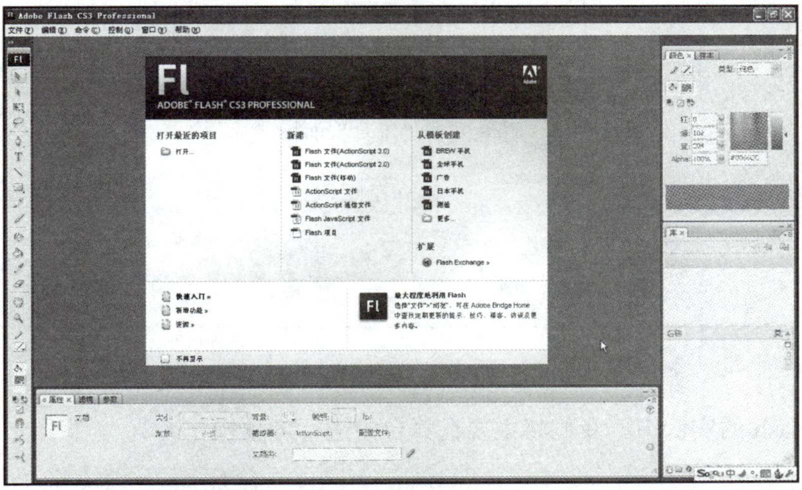

图 8.36　Flash 的操作界面

Flash 操作界面由菜单栏、工具栏、“工具”面板、时间轴、舞台、面板组、“属性”面板及“动作-帧”面板组成。其中菜单栏和工具栏与其他软件大体相同，另外的几个项目，下面一一进行说明。

如图 8.37 所示是“工具”面板，它提供了一些常用的绘图工具，使用这些工具可以很容易地绘制出各种图形。通过这些工具，可以用来创建或改变图像和文本、调整编辑的舞台、选择填充的颜色或线条的颜色，而下面的“选项”部分则随着选取工具的不同，出现相应的修改工具。

Flash 的“属性”面板和 Dreamweaver、Fireworks 的“属性”面板一样，其内容会根据所选对象的不同而发生变化。如图 8.38 所示是新建一个文件时“属性”面板的内容显示。

如图 8.39 所示，位于窗口中间的编辑区域，我们称其为舞台。它主要用于进行绘制或导入图片、添加文本或声音及添加附加行为作为导航按钮等操作。在没有特殊效果的情况下，Flash 动画都可以直接在舞台上播放，而不必转换成可播放的动画文件。

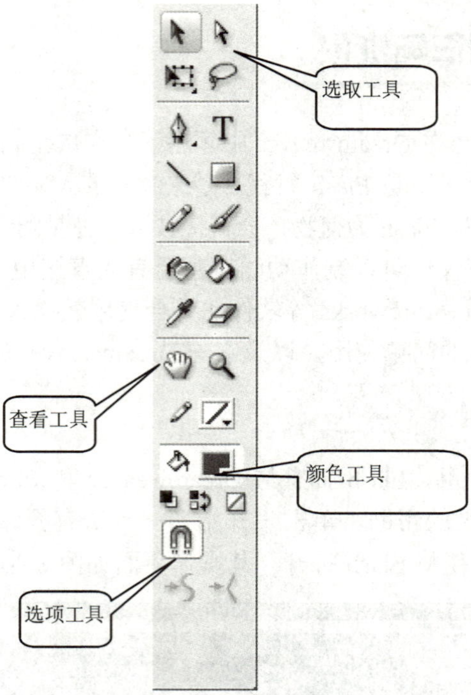

图 8.37 “工具”面板

图 8.38 新建文件时的“属性”面板

在使用 Flash 的实例中，我们将主要在舞台中进行各项操作。

图 8.39 舞台

和 Dreamweaver 的时间轴不同，Flash 的时间轴在 Flash 启动时就自动打开，而且被放在非常醒目的位置，这也说明了时间轴在 Flash 中的重要性。它主要用来组织和控制动画在一定时间内播放的层数和帧数。我们知道，一帧一帧静止的图片连续起来就形成了动画，所以最简单的动画制作方法就是画出一帧一帧的图片，然后通过时间轴来控制它们的播放速度，从而实现动画效果。

如图 8.40 所示，时间轴由图层、帧和播放头组成。

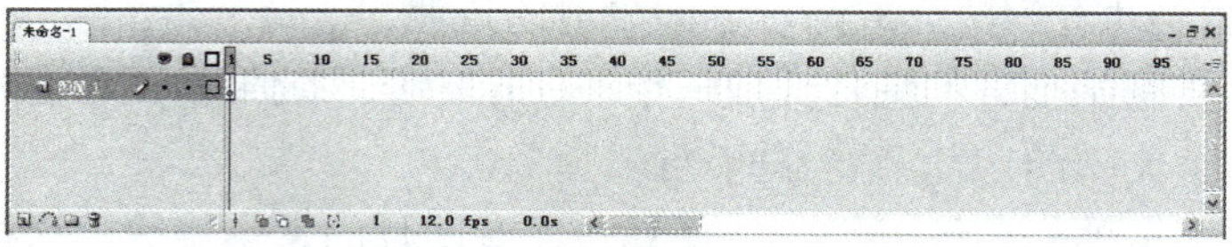

图 8.40　时间轴

和 Dreamweaver、Fireworks 一样，Flash 也把窗口的右边区域留给了浮动面板组。在默认的情况下，面板组包含“库”等多个面板。通过菜单栏上的“窗口”菜单可以添加面板，当然也可以隐藏面板。面板组功能强大，具体的功能和操作方法，大家可以查阅相关书籍。面板组界面如图 8.41 所示。

8.2.2　使用 Flash 制作补间动画

Flash 动画包括补间动画和逐帧动画。制作补间动画是创建随时间移动或更改的动画的一种有效方法，并且最大程度地减小了所生成的文件。在补间动画中，Flash 能够自动地在两个关键帧之间插入帧的值或形状来创建动画，使动画变得生动。

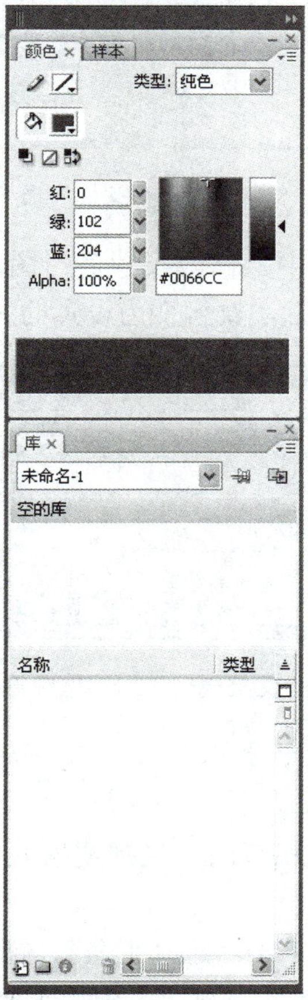

图 8.41　面板组

补间动画又分为运动渐变与形状渐变两种。运动渐变是指在一个时间点定义一个实例或文字块的位置、大小等属性，在另一个时间点改变这些属性，Flash 自动插入动画帧，形成两者之间平滑的过渡。形状渐变是指在一个时间点绘制一个形状，在另一个时间点更改该形状，Flash 自动插入动画帧，形成两者之间平滑的过渡。

下面的操作是将网站上方的图片改成一个 Flash 动画，效果是“欢迎光临”从两个方向进入图片。这是一个典型的运动渐变补间动画。

首先要修改 Flash 的舞台场景大小，使其与原有图片的大小相等，这样当动画在以图片为背景的舞台上播放时，不会有舞台背景露出来。选择菜单栏上的“修改”→“文档”命令，如图 8.42 所示。

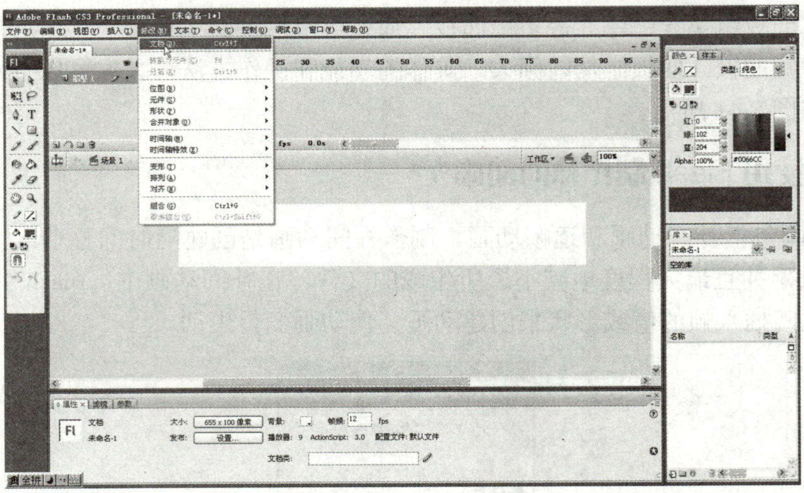

图 8.42　选择“文档”命令

在打开的“文档属性”对话框中，修改尺寸值为图片的大小，注意默认单位为像素，如图 8.43 所示。单击“确定”按钮后，舞台变为设置的大小。

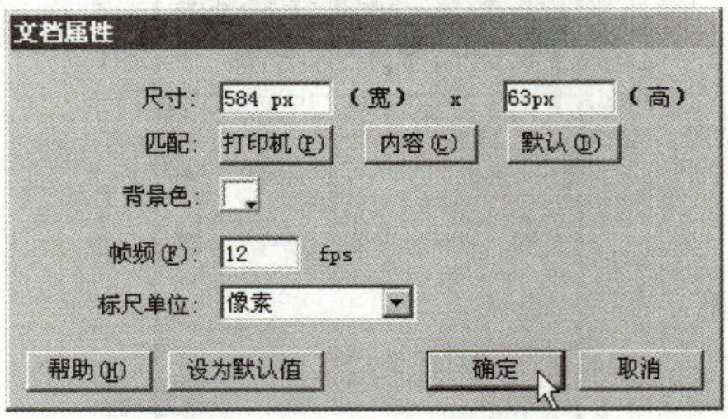

图 8.43　在“文档属性”对话框中设置舞台大小

接下来要将图片导入到舞台中，作为背景。选择菜单栏上的“文件”→“导入”→“导入到舞台”命令，如图 8.44 所示。

在“导入”对话框中，选择查找范围，找到要导入的图片文件，单击“打开”按钮，如图 8.45 所示。

图片文件在舞台中被打开后，单击“选择工具”，拖动图片，使它完全遮盖住白色的舞台背景。于是，第一帧动画的背景就设置好了，但由于要使用该图片作为动画背景，所以要设置动画中所有的帧都使用该图片。用鼠标单击时间轴上的第 30 帧，然后选择菜单栏上的“插入”→“时间轴”→“帧”命令，如图 8.46 所示。这样，从第 1 帧到第 30 帧都使用了该图片作为背景，同时也设定了整个动画为 30 帧。

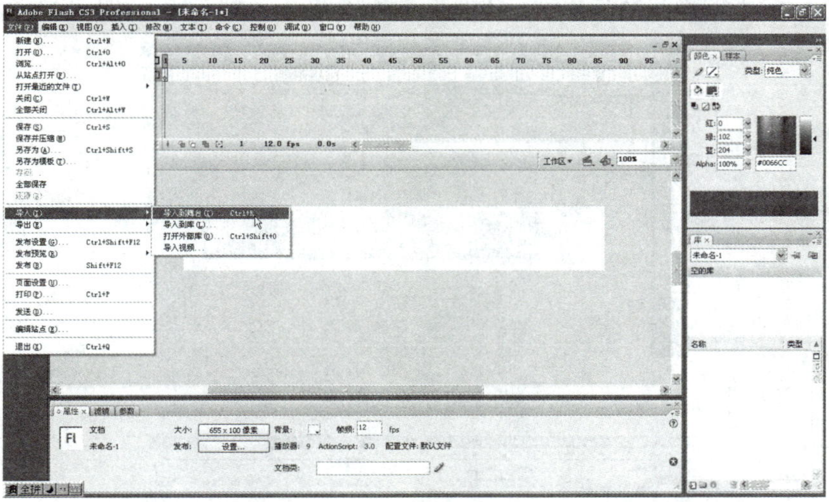

图 8.44　选择“导入”命令

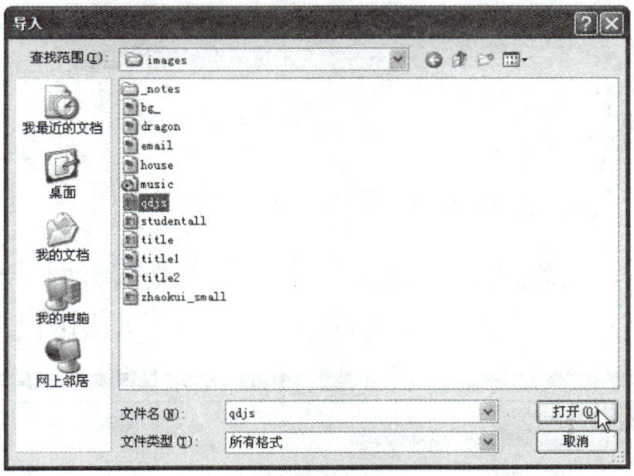

图 8.45　在“导入”对话框中打开图片文件

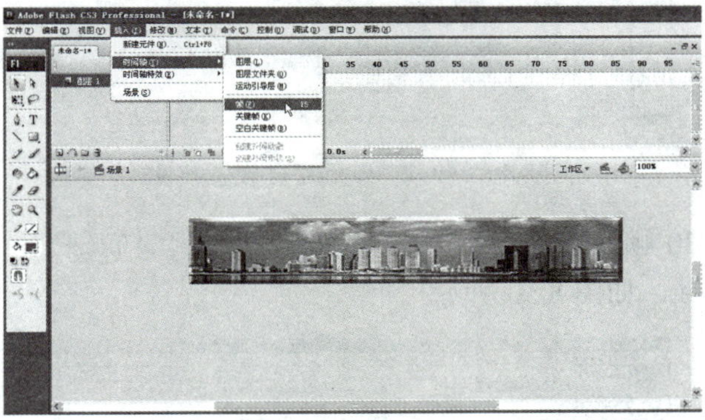

图 8.46　插入帧

如图 8.47 所示，在“时间轴”面板中单击“插入图层”按钮，在图层 1 上插入一个新的图层。将来的动画效果在新建的图层上设置，这样不论怎样设置与修改，都不会对背景层产生影响。

选中图层 2 上的第 1 帧，选择菜单栏上的“插入”→“时间轴”→“关键帧”命令，在第 1 帧插入一个关键帧，然后单击“工具”面板中的“文本工具”，如图 8.48 所示。

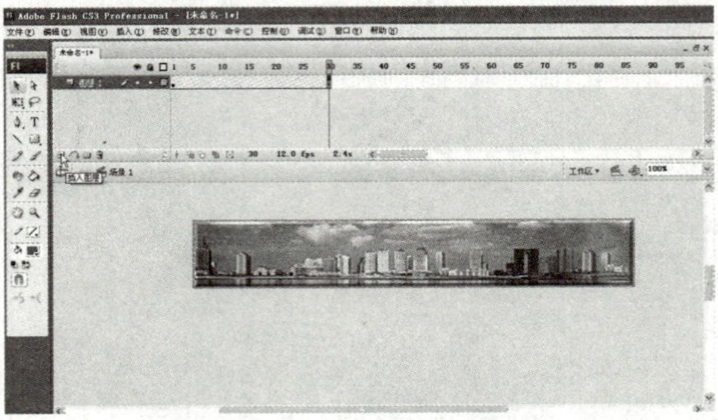

图 8.47　插入图层

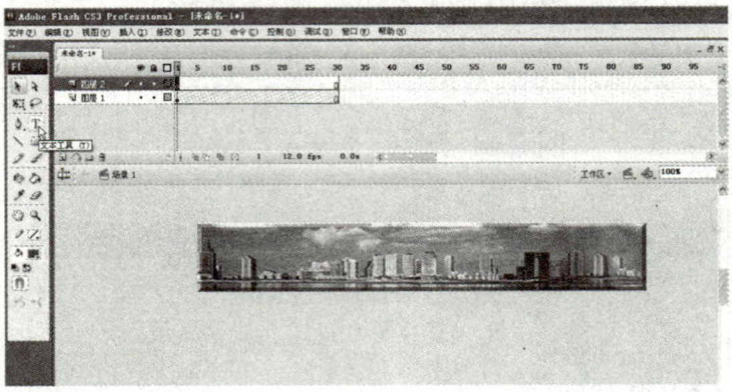

图 8.48　单击“文本工具”

在图片上方单击鼠标，出现文本框，输入一个字“欢”，然后选中这个字，在“属性”面板中更改合适的字体和字号，并设置字体颜色为“蓝色”，如图 8.49 所示。

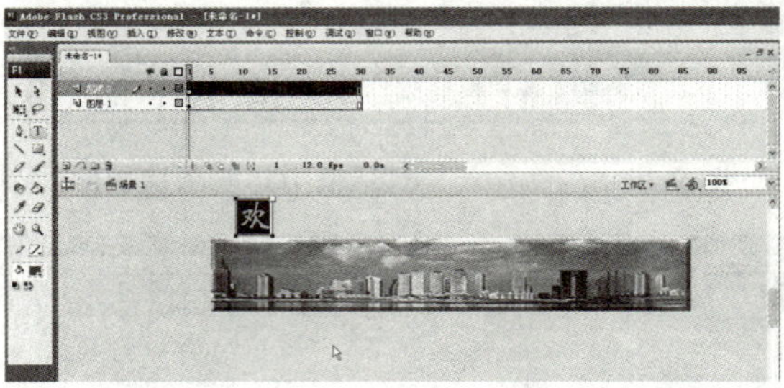

图 8.49　输入“欢”字并设置属性

选中图层 2 的第 30 帧，选择菜单栏上的“插入”→“时间轴”→“关键帧”命令，在第 30 帧插入一个关键帧，如图 8.50 所示。

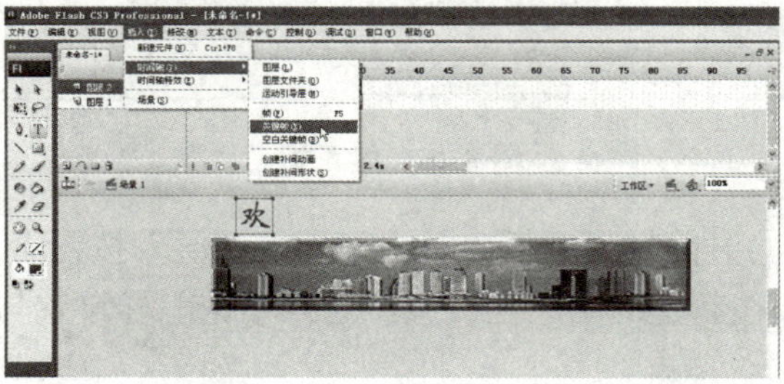

图 8.50　插入一个关键帧

单击“工具”面板中的“选取工具”，拖动文字块“欢”到图片中合适的位置，如图 8.51 所示。

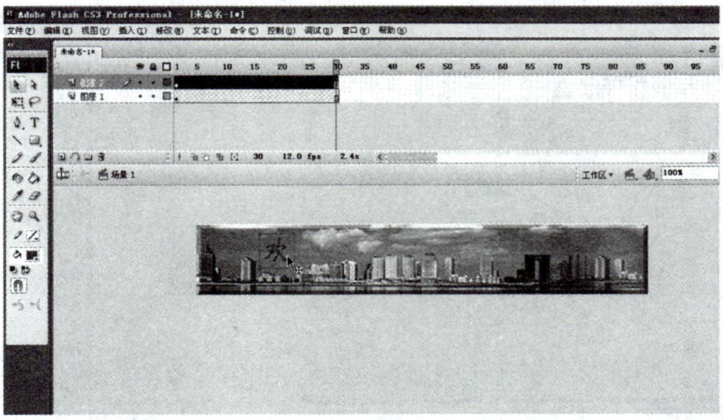

图 8.51　拖动文字块到图片中

选中图层 2 上的第 1 帧，在“属性”面板中，单击“补间”右边的下拉按钮，在下拉列表中选择“动作”，为第 1 帧到第 30 帧之间设置好补间动画。从图 8.52 中可以看到，这两帧之间有一条黑色的箭头线。

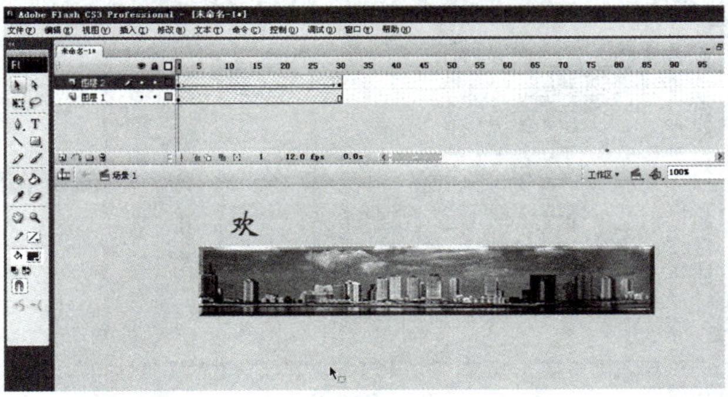

图 8.52　设置补间动画

重复上述步骤，插入图层 3，并插入一个关键帧。在图片下面插入一个文本框，输入一个字“迎”，并设置字的字体、字号、颜色与“欢”相同，在图层 3 的第 30 帧插入一个关键帧，将“迎”拖入图片合适位置，并设置补间动画，如图 8.53 所示。

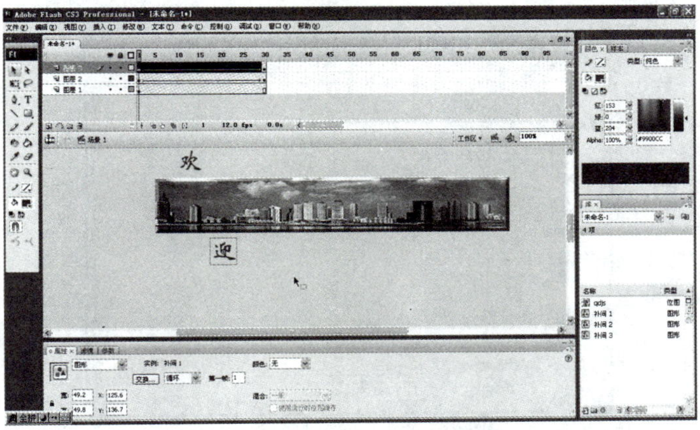

图 8.53　在图层 3 上设置动画

继续重复前面的操作，在图片上面插入“光”，下面插入“临”，并设置好动画。选择菜单栏上的“控制”→“播放”命令，如图 8.54 所示。

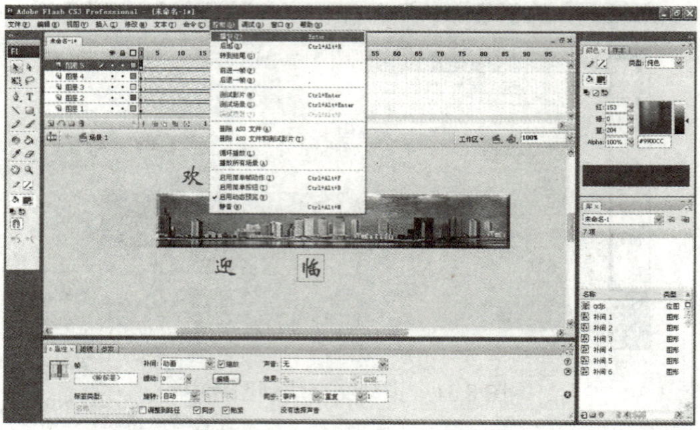

图 8.54 选择“播放”命令

如图 8.55 所示，可以看到 4 个字分别进入图片上的动画效果。

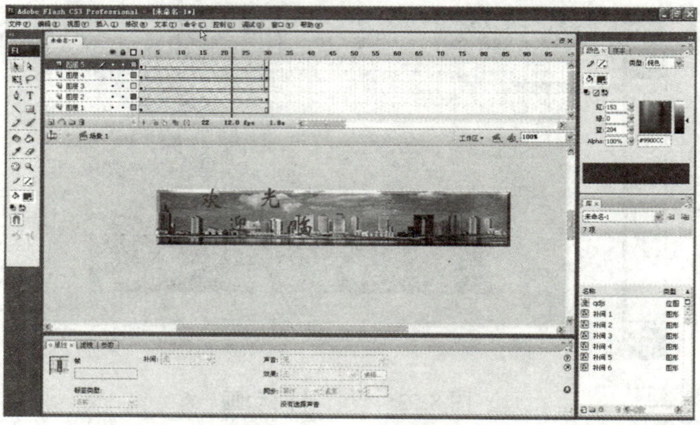

图 8.55 观看动画效果

选择菜单栏上的“文件”→“保存”命令，在如图 8.56 所示的“另存为”对话框中输入文件名，单击“保存”按钮，将文件保存，这样以后可以对动画进行编辑。

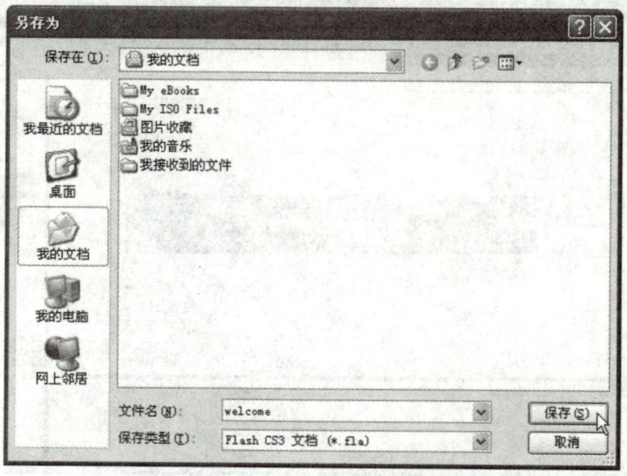

图 8.56 保存动画文件

下面将 Flash 动画导出成影片，以备将来插入到网页中。如图 8.57 所示，选择菜栏上的“文件”→“导出”→“导出影片”命令。

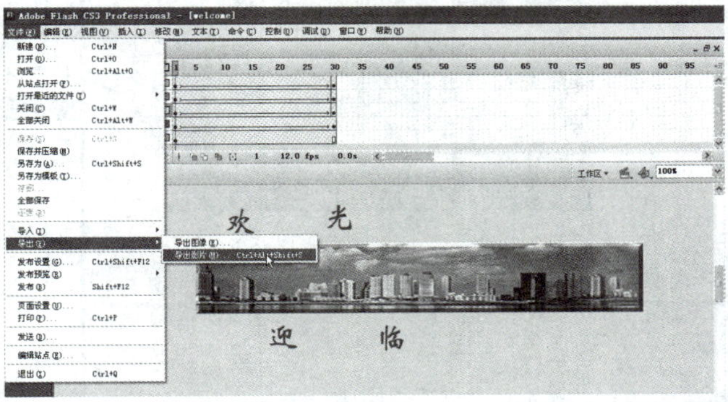

图 8.57　选择“导出影片”命令

如图 8.58 所示，在打开的“导出影片”对话框中输入文件名，单击“保存”按钮，将影片保存，将来可以随时插入到网页中。另外，也可以更改保存类型为 GIF 文件，生成 GIF 动画。

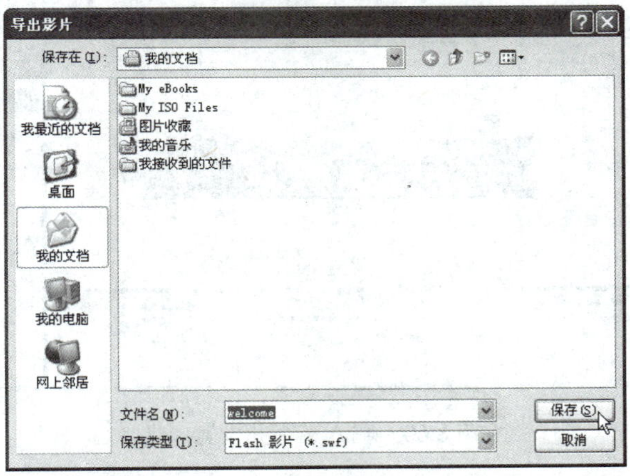

图 8.58　保存影片文件

8.2.3　使用 Flash 制作逐帧动画

逐帧动画是指更改每一帧中的内容，以此来实现动画效果。它最适合于每一帧中的图像都在改变而不是仅仅简单地在舞台上移动的复杂动画。逐帧动画增加文件大小的速度比补间动画快得多。在逐帧动画中，Flash 会保存每个完整帧的值。

下面的操作是将上例中的图片设置成另一种动画效果，即图片上的文字依次显示在图片上。首先在 Flash 中建立一个新的文件，修改文档大小为图片大小，然后导入图片到图层 1 中，并拖动该图片到合适的位置。选中图层 1 中的第 30 帧，选择菜单栏上的“插入”→“时间轴”→“帧”命令，设置前 30 帧为相同的背景，如图 8.59 所示。

在“时间轴”面板中单击“插入图层”按钮，在图层 1 上插入一个新的图层 2。选中图层 2 的第 1 帧，然后单击“工具”面板的“文字工具”，在图片上输入“欢迎光临”四个字。使用“选取工具”，调整文字在图片中的位置，并设置字体、字号和文字颜色等，如图 8.60 所示。

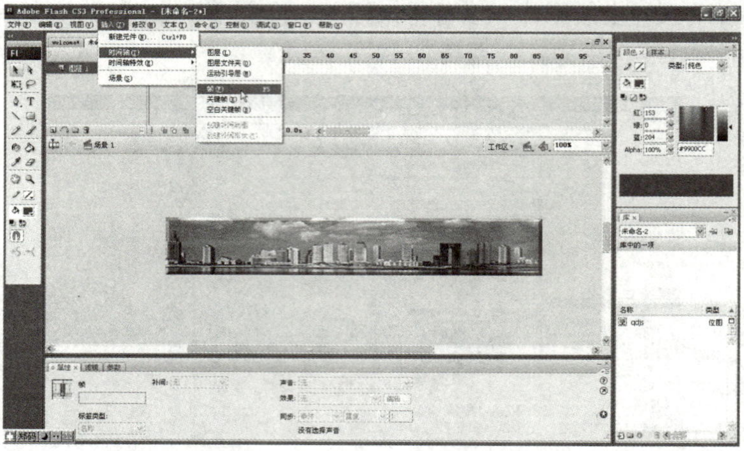

图 8.59　插入帧

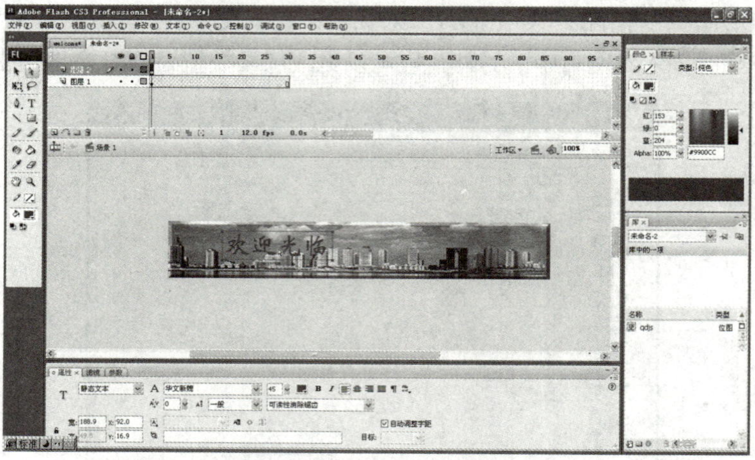

图 8.60　输入文字并设置属性

拖动鼠标，选中图层 2 中的第 1 帧到第 30 帧。保持选取状态，单击鼠标右键，在弹出的快捷菜单中选择“插入关键帧”命令，如图 8.61 所示。

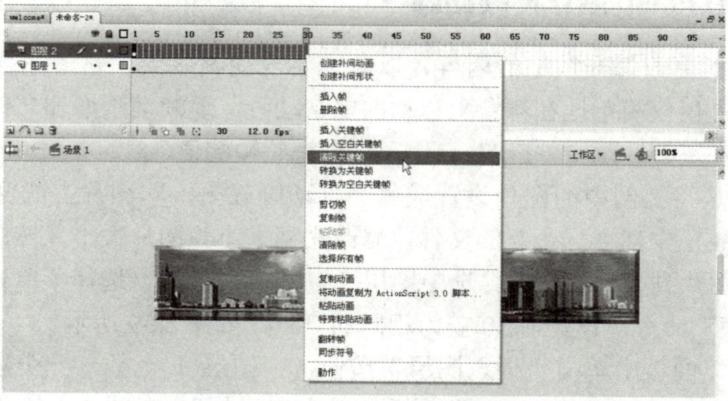

图 8.61　选择“转换为关键帧”命令

选中第 5 帧，将文字框中的“迎光临”几个字删除，如图 8.62 所示。

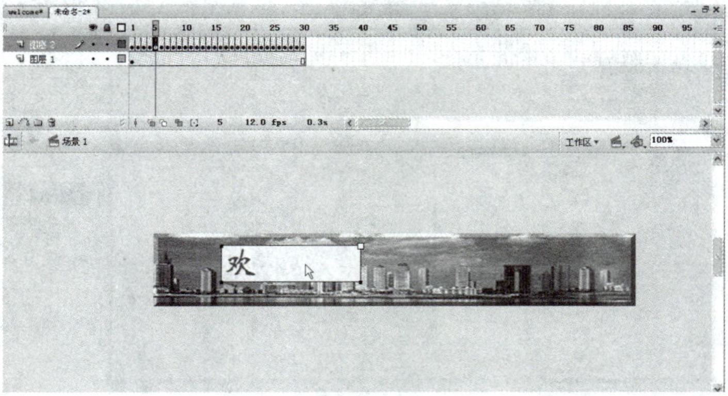

图 8.62　删除文字“迎光临”

选中第 10 帧，将文字框中的“光临”两个字删除，如图 8.63 所示。

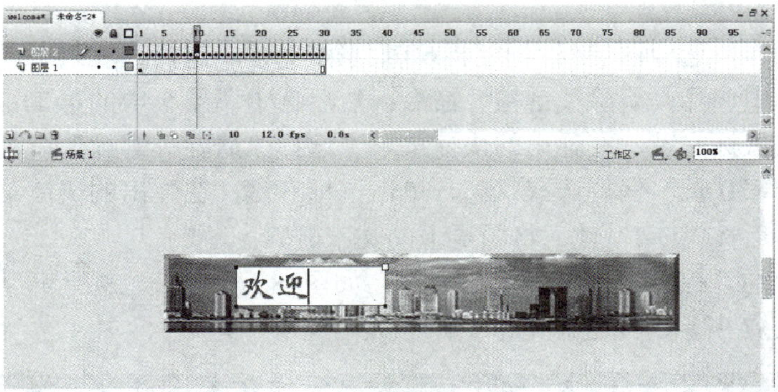

图 8.63　删除文字“光临”

选中第 15 帧，将文字框中的“临”字删除，如图 8.64 所示。

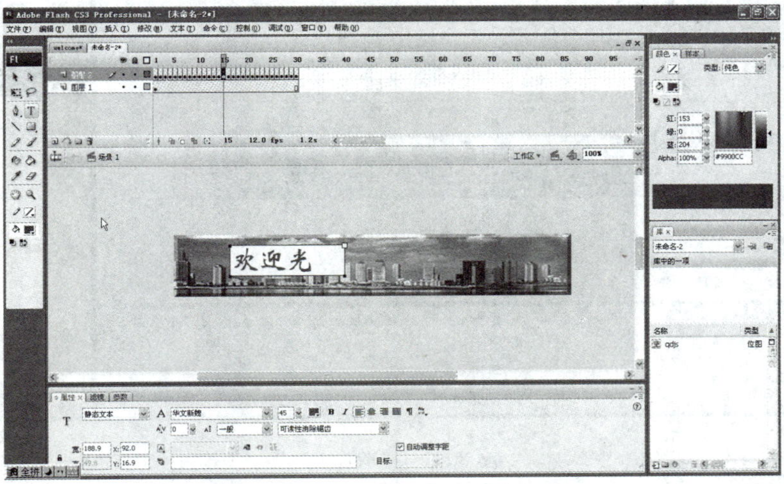

图 8.64　删除文字“临”

拖动鼠标，选中图层 2 中的第 1 帧到第 4 帧。保持选取状态，单击鼠标右键，在弹出的快捷菜单中选择“清除关键帧”命令，如图 8.65 所示。

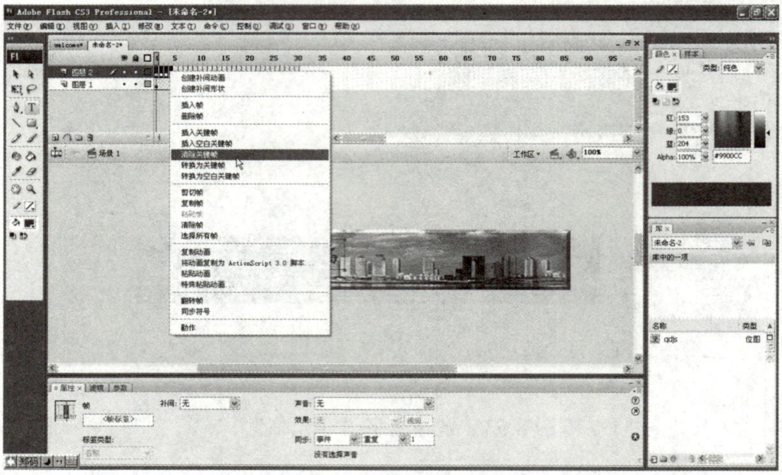

图 8.65　选择“清除关键帧”命令

重复以上的操作，选中图层 2 中的第 6 帧到第 9 帧。保持选取状态，单击鼠标右键，在弹出的快捷菜单中选择“清除关键帧”命令；然后选中图层 2 中的第 11 帧到第 14 帧。保持选取状态，单击鼠标右键，在弹出的快捷菜单中选择“清除关键帧”命令；最后选中图层 2 中的第 26 帧到第 30 帧。保持选取状态，单击鼠标右键，在弹出的快捷菜单中选择“清除关键帧”命令，然后按“Del”键，将图层上的文字删除。

选择菜单栏上的“控制”→“播放”命令，如图 8.66 所示。这时可以看到文字依次出现的效果，如图 8.67 所示。

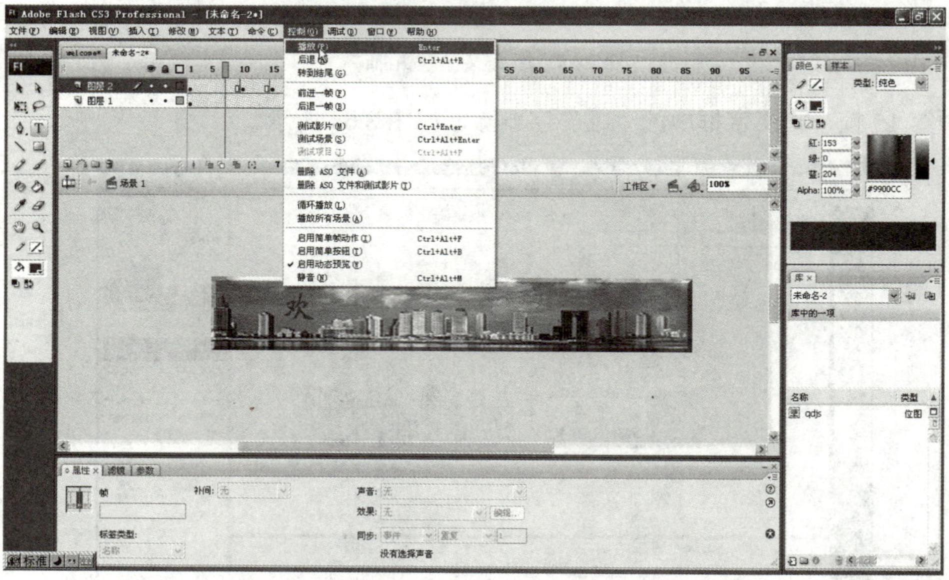

图 8.66　播放命令

与补间动画一样，保存文件后选择“文件”→“导出影片”命令，将 Flash 影片导出，可以随时插入到 Dreamweaver 中。

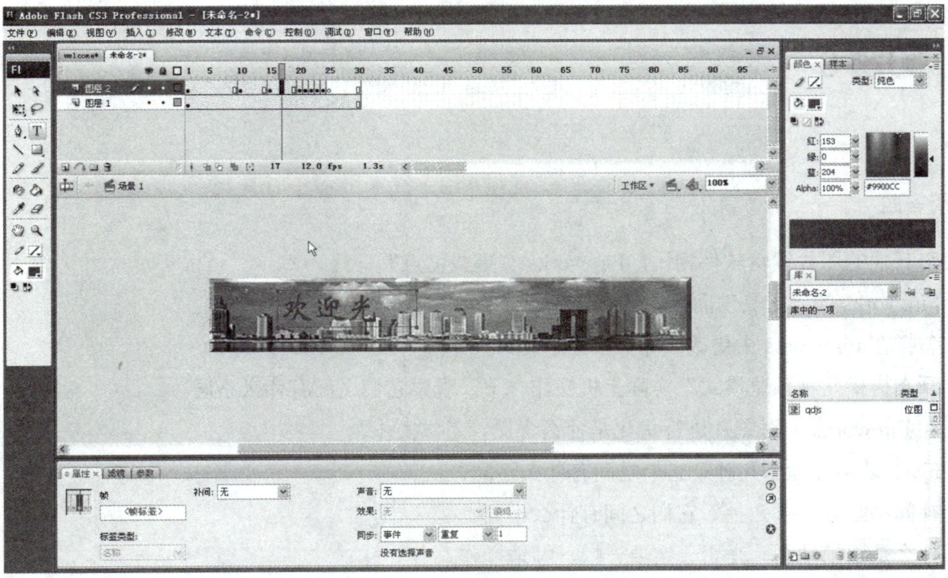

图 8.67　播放动画

8.2.4　Flash 与 Dreamweaver 整合应用

不仅仅 Fireworks 能够与 Dreamweaver 整合使用，Flash 也能够与 Dreamweaver 整合使用。在网页制作过程中，插入 Flash 文本与 Flash 按钮就是整合使用的典型例子。

在 Dreamweaver 中，还可以直接调用 Flash 对网页中已插入的图片或动画进行编辑。在如图 8.68 所示的 Dreamweaver 窗口中，选中图片，然后在“属性”面板中单击“编辑”按钮，即可打开 Flash。

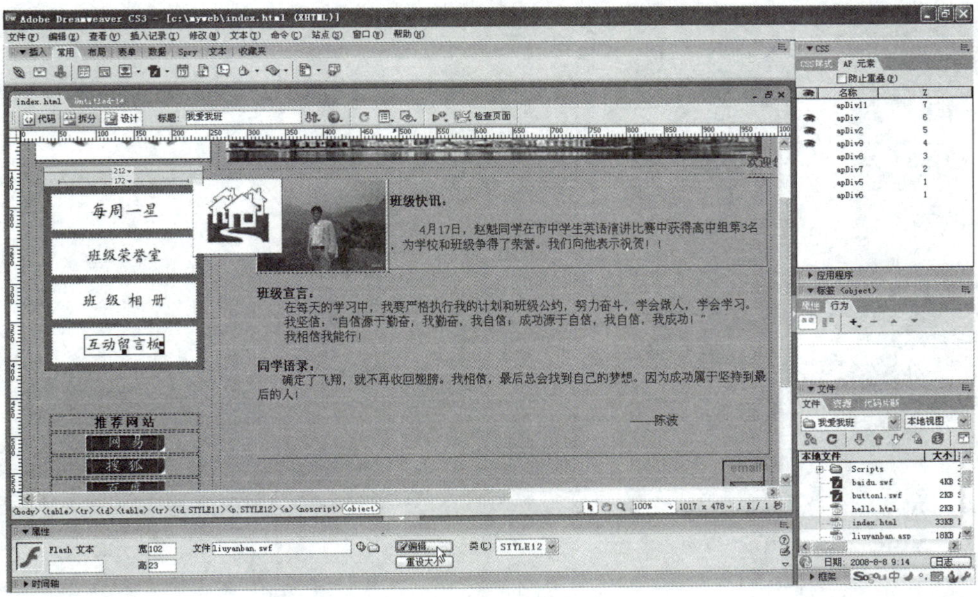

图 8.68　单击“编辑”按钮打开图片的编辑状态

习题 8

1．简答题

（1）与其他的图片编辑软件相比，Fireworks 有哪些优点？

（2）Fireworks 的“工具”面板由哪几部分组成？

（3）怎样在 Fireworks 中更改画布大小？

（4）画布提供几种预览模式？实际上机操作一下，观察它们之间有什么不同。

（5）在 Fireworks 中对图片进行优化是什么含义？怎样操作？

（6）Flash 动画分为哪几种？它们之间有什么不同？

（7）补间动画分为哪几种？它们之间有什么不同？

（8）什么是逐帧动画？是否一定要一帧一帧地操作？

（9）怎样导出 Flash 影片？

2．操作题

（1）打开上一章习题编辑过的网站，使用 Fireworks 对网页中的大图片进行优化，并将其重新插入到网页中。

（2）使用 Flash 制作逐帧动画或补间动画，并将其应用到网页中。

第 9 章　网页的管理

9.1　网站中文件的管理

在网站的制作过程中，每建立一个网页，或者导入一个文件到网站中，都要涉及网页管理的内容。例如，将图片文件保存到“images”文件夹中，将视频、声音等相关文件保存到相应的文件夹中，这些操作在网站的制作过程中虽然只是举手之劳，但却可以避免使网站根目录上的文件出现凌乱，从而保证网页的可读性和可维护性。

不过，即使在网站的建设过程中没有注意到网页管理方面的工作也不要紧，我们可以通过管理网站中的文件达到相同的目的。

9.1.1　网站中文件的整理

网站制作完毕，难免有多余的文件，或需要改变文件的位置，这需要对文件进行整理。

在 Dreamweaver 中打开站点，不要打开网页，也就是保证它们都不在编辑状态下。在窗口右边的“文件”选项卡中可以完成对文件的改名、复制、移动和删除等操作，和 Windows 资源管理器中的操作非常相似。

1. 文件的删除

将鼠标指针移到想要删除的文件上，单击鼠标右键，在弹出的快捷菜单中选择“编辑”→“删除”命令即可，如图 9.1 所示。

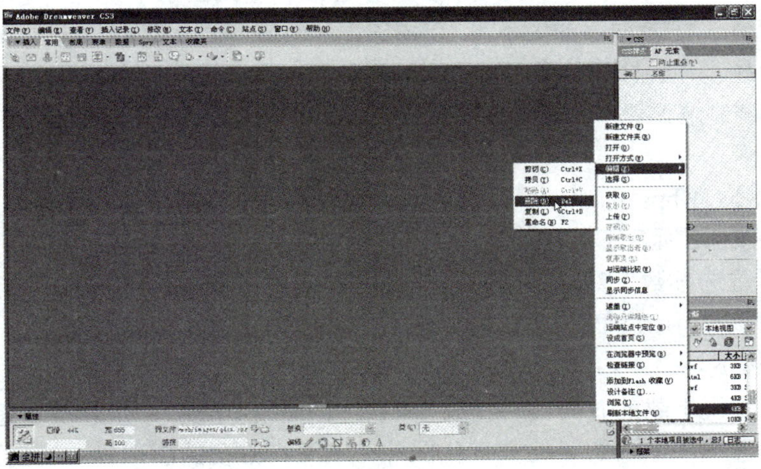

图 9.1　使用快捷菜单删除文件

2．文件的改名

将鼠标指针移到想要改名的文件上，单击鼠标右键，在弹出的快捷菜单中选择“重命名”命令。这时文件名处于待编辑状态，输入新的文件名即可。也可以用鼠标间断地单击文件名两次，使文件名处于待编辑状态，输入新的文件名即可。

3．文件的复制

将鼠标指针移到想要复制的文件上，单击鼠标右键，在弹出的快捷菜单中选择“编辑”→“拷贝”命令，或直接单击工具栏上的“复制”按钮，然后打开目标文件夹，单击工具栏上的“粘贴”按钮即可。

4．文件的移动

将鼠标指针移到想要移动的文件上，单击鼠标右键，在弹出的快捷菜单中选择“编辑”→“剪切”命令，或直接单击工具栏上的“剪切”按钮，然后打开目标文件夹，单击工具栏上的“粘贴”按钮即可。

9.1.2 网页文件的管理

在管理网页文件的工作中，有以下 3 点需要引起大家的注意：

（1）每一个网页都不能过大，网页中图片过多会增大网页的容量，使该网页的下载时间过长，影响浏览者的浏览速度；

（2）检查网页中是否有无效的超链接，或者超链接有效，但链接的目标有误，这一点非常重要；

（3）考虑到浏览者可能使用不同的浏览器，或者不同的版本，因此在上传前要保证在不同的浏览器中网页的效果基本相同。

下面我们就依次来检查网站中网页的这 3 项设置。

1．检查网页下载时间

在 Dreamweaver 中打开网页“index.htm”，在编辑窗口的右下角可以看到“1058K/152秒”，如图 9.2 所示，表示网页的大小为 1058KB，传输时间为 152 秒。这是因为在网页中插入太多图片的缘故，并且打开一个网页需要 152 秒太慢了。其实这个数据是不准的，因为这是为使用 56KB 调制解调器所预计的时间，现在的网络传输速率已经达到 512Kbps 以上，下载时间会缩短许多。

下面来看在 512Kbps 的速度下，网页的下载时间。选择菜单栏上的“编辑”→“首选参数”命令，如图 9.2 所示。

在打开的“首选参数”对话框中，选择“分类”列表框中的“状态栏”选项，在右边窗口中选择窗口的大小，再单击“连接速度”栏右边的文本框，输入“512”，单击“确定”按钮，如图 9.3 所示。

这时，可以发现下载的时间已经变成 17 秒，如图 9.4 所示。如果用户觉得 17 秒还是太慢，可以更改网页中的内容，比如优化图片、删除不必要的图片等，直到速度达到满意为止。

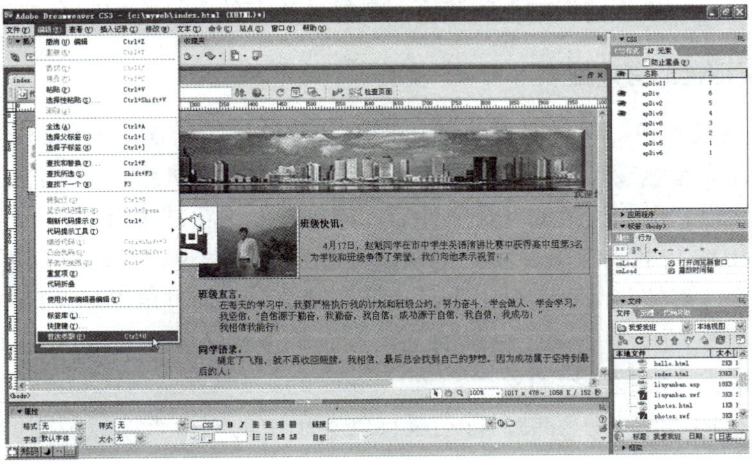

图 9.2　选择“首选参数”命令

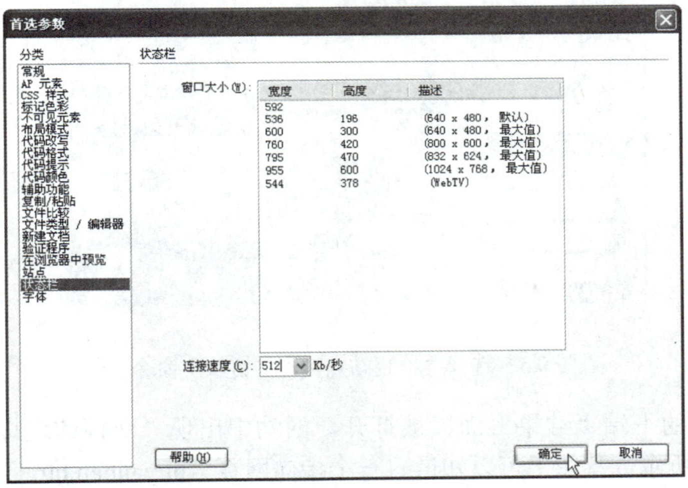

图 9.3　设置参数

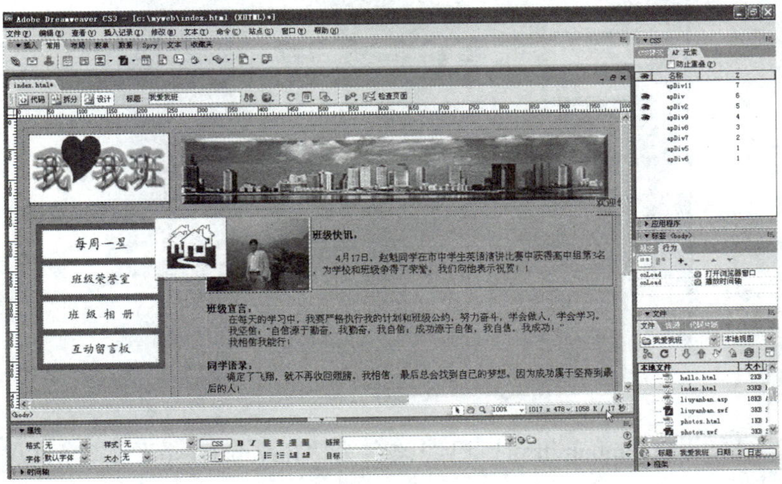

图 9.4　下载时间被更改

打开其他的网页，检查它们的下载速度，最好让所有的网页都控制在 10 秒以内。

2. 检查网页链接的有效性

在网站的建设过程中，最容易发生的错误就是超链接的错误。发生超链接错误的原因有很多，例如，建立超链接时误操作可能发生超链接错误；网页或其他文件的名称发生更改可能发生超链接错误；删除无效的网页文件后，也可能发生超链接错误。

在网页页面上的文字或者图片发生错误，可以直观地发现，及时进行更改。但超链接错误是隐性的，无法直接从网页上看出来，只能在浏览器中通过单击超链接来检验。如果真的这样做，那将是一项非常复杂、枯燥的工作，而且也没必要。Dreamweaver 提供了一项功能，可以轻松地完成对超链接的检查。

选择菜单栏上的“站点”菜单，移动鼠标到菜单中的“检查站点范围的链接”命令，如图 9.5 所示。

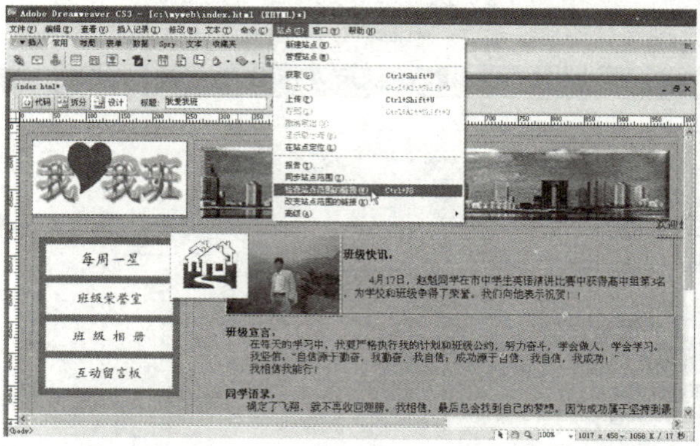

图 9.5　选择“检查站点范围的链接”命令

此时，在窗口的下端“结果”面板被打开，网站中出现“断掉的连接”项目中有问题的内容，如图 9.6 所示。从图中可以知道有一个指向网页“liuyanban.html”的超链接发生错误，原因是在网站中找不到网页“liuyanban.html”。

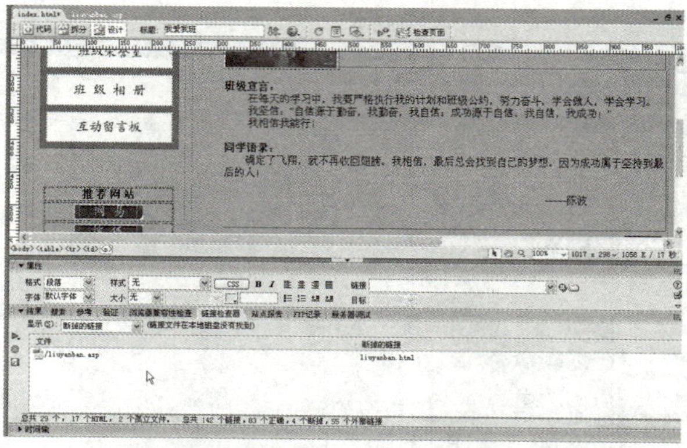

图 9.6　设置检查链接的属性

我们知道，网页“liuyanban.html”已经改名为“liuyaban.asp”了，所以打开网页更改错误的链接就可以了。

更改网页中的错误并保存，现在重新检查。在打开的“结果”面板的“链接检查器”

选项卡中，单击按钮，在弹出的菜单中选择“检查整个当前本地站点的链接”命令，确保网页的错误已经得到更正，如图 9.7 所示。

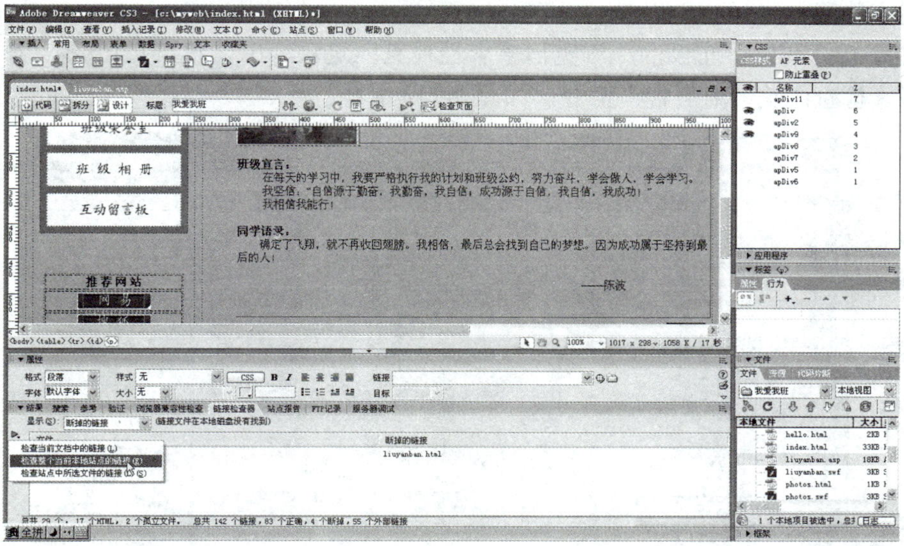
Adobe Dreamweaver CS3 - [c:\myweb\index.html (XHTML)*]
班 级 相 册
互动留言板
班级宣言：
在每天的学习中，我要严格执行我的计划和班级公约，努力奋斗，学会做人，学会学习。
我坚信，“自信源于勤奋，我勤奋，我自信；成功源于自信，我自信，我成功！”
我相信我能行！
同学语录：
确定了飞翔，就不再收回翅膀。我相信，最后总会找到自己的梦想。因为成功属于坚持到最后的人！
——陈波
推荐网站
检查当前文档中的链接
检查整个当前本地站点的链接
检查站点中所选文件的链接
断掉的链接
liuyanban.html

图 9.7　查找错误超链接

单击“显示”栏右边的下拉按钮，分别选择“断掉的链接”、“外部链接”和“孤立文件”，相应的文件描述显示在窗口中，如图 9.8 所示。

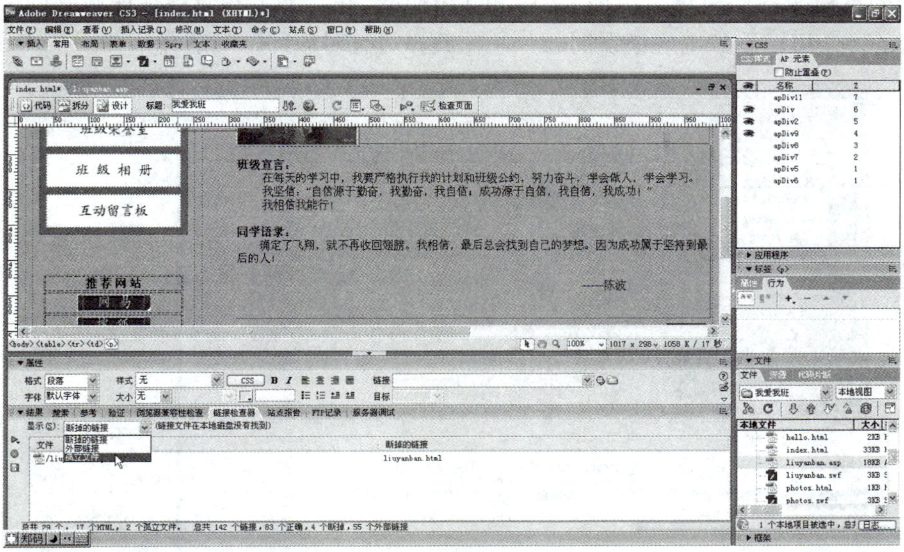
Adobe Dreamweaver CS3 - [index.html (XHTML)*]
班 级 相 册
互动留言板
班级宣言：
在每天的学习中，我要严格执行我的计划和班级公约，努力奋斗，学会做人，学会学习。
我坚信，“自信源于勤奋，我勤奋，我自信；成功源于自信，我自信，我成功！”
我相信我能行！
同学语录：
确定了飞翔，就不再收回翅膀。我相信，最后总会找到自己的梦想。因为成功属于坚持到最后的人！
——陈波
推荐网站
断掉的链接
外部链接
孤立文件
liuyanban.html

图 9.8　查找错误超链接

打开存在错误链接的网页，对错误的超链接进行修改，然后重复刚才的操作步骤，直到没有错误超链接为止。

3. 检查网页在不同浏览器中的效果

下面检查浏览器的兼容性。由于无法预料网页浏览者使用何种浏览器，以及所使用浏览器的版本，而如果制作的网页在某种常见的浏览器版本中浏览时发生问题，就会影响到整个网站的信誉，所以验证网页在常见的浏览器版本中的显示效果就非常重要。

Dreamweaver 提供检查功能，可以验证网页在常见的浏览器版本中的效果，非常实用，而且使用方法简单。

在打开的“结果”面板的“浏览器兼容性检查”选项卡中，单击按钮▶，在弹出的菜单中选择“检查浏览器兼容性”命令，如图 9.9 所示。

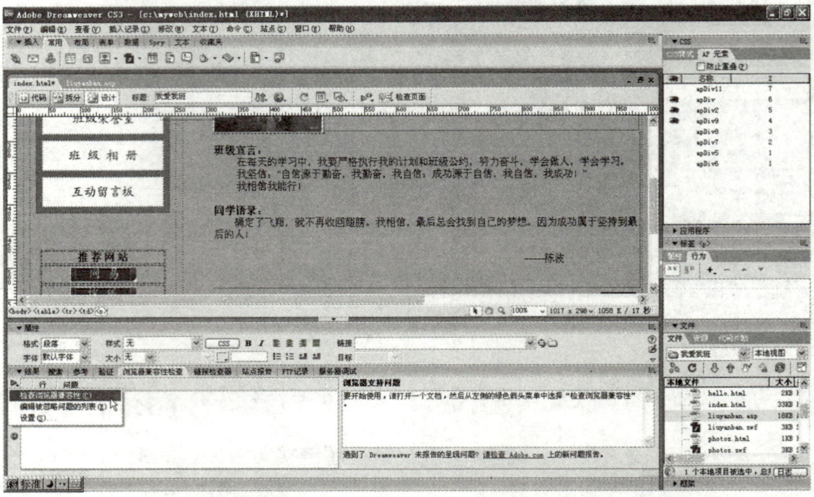
Adobe Dreamweaver CS3 - [c:\myweb\index.html (XHTML)*]
班 级 相 册
互动留言板
推荐网站
班级宣言：
在每天的学习中，我要严格执行我的计划和班级公约，努力奋斗，学会做人，学会学习。
我坚信，“自信源于勤奋，我勤奋，我自信；成功源于自信，我自信，我成功！”
我相信我能行！
同学语录：
确定了飞翔，就不再收回翅膀。我相信，最后总会找到自己的梦想。因为成功属于坚持到最后的人！
——陈波
检查浏览器兼容性(C)
编辑被忽略问题的列表(E)
设置(S)...
浏览器支持问题

图 9.9　选择“检查浏览器兼容性”命令

在“浏览器兼容性检查”选项卡中，可以看到一些与浏览器兼容存在问题的网页列表。双击相应条目，可以看到出现错误的部分，在其右边有对该问题的解释，如图 9.10 所示。

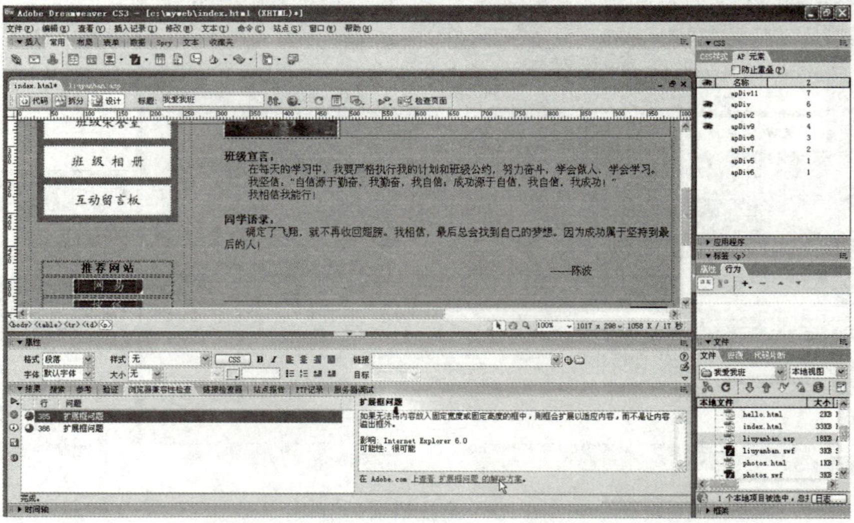
Adobe Dreamweaver CS3 - [c:\myweb\index.html (XHTML)*]
班 级 相 册
互动留言板
推荐网站
班级宣言：
在每天的学习中，我要严格执行我的计划和班级公约，努力奋斗，学会做人，学会学习。
我坚信，“自信源于勤奋，我勤奋，我自信；成功源于自信，我自信，我成功！”
我相信我能行！
同学语录：
确定了飞翔，就不再收回翅膀。我相信，最后总会找到自己的梦想。因为成功属于坚持到最后的人！
——陈波
扩展框问题
影响：Internet Explorer 6.0
可能性：很可能

图 9.10　目标浏览器检查结果

单击左侧的“浏览报告”按钮，可以查看对目标浏览器检查结果的报告，如图 9.11 所示。

认真阅读系统生成的目标浏览器检查报告，对网页中的错误进行修改。对于一些特殊的设置，可以向网络管理员咨询，通过调整使网页能够在浏览器中正确显示，如图 9.12 所示。

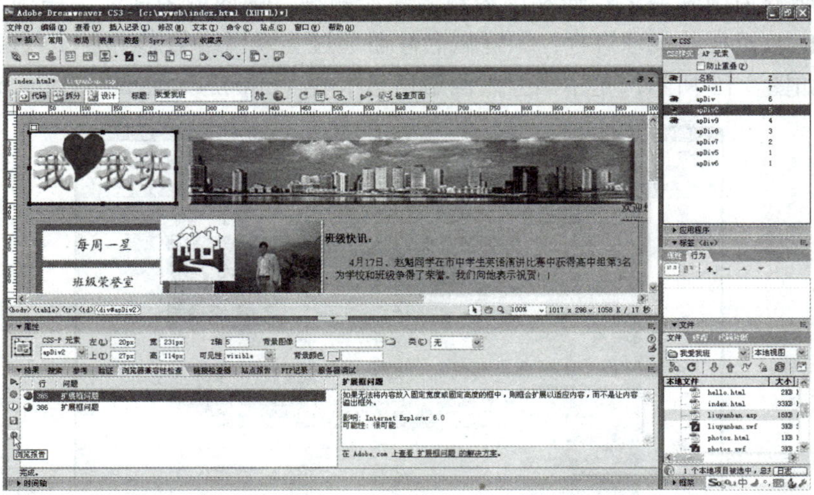

图 9.11　单击“浏览报告”按钮

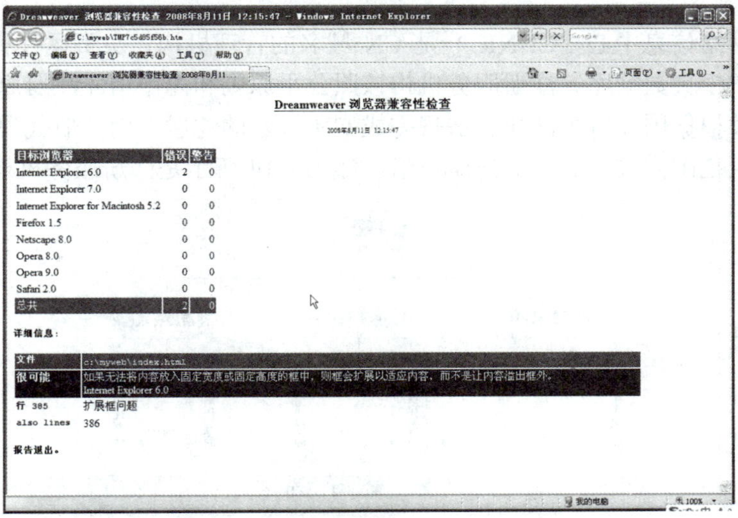

图 9.12　目标浏览器检查报告

重复上述步骤，检查网页在其他常见浏览器中的显示效果，一直到满意为止。至此，站点的检查完毕。

9.2　网站域名和空间的管理

9.2.1　注册域名

域名类似于因特网上的门牌号码，是用于识别和定位因特网上计算机的层次结构式字符标识，与该计算机的互联网协议（IP）地址相对应。但相对于 IP 地址而言，它更便于使用者理解和记忆。域名属于因特网上的基础服务，基于域名可以提供 WWW、Email 和 FTP 等应用服务。

域名注册分为国际域名注册和国内域名注册两种。国内域名注册由中国互联网络信息中心（CNNIC）授权其代理进行；国际域名注册通过互联网络信息中心 INTERNIC 授权其代理进行。如图 9.13 所示，是中国互联网络信息中心（http://www.cnnic.com.cn）的主页。

图 9.13　中国互联网络信息中心主页

中国互联网络信息中心（CNNIC）是 CN 域名的管理机构，负责运行和管理相应的 CN 域名系统，维护中央数据库。注册服务机构按照公平原则和先申请先注册原则受理 CN 域名的注册申请，并根据国家有关法律、法规完成 CN 域名的注册。而注册代理机构则负责在注册服务机构授权范围内接受域名的注册申请。如图 9.14 所示是注册服务机构的结构图。

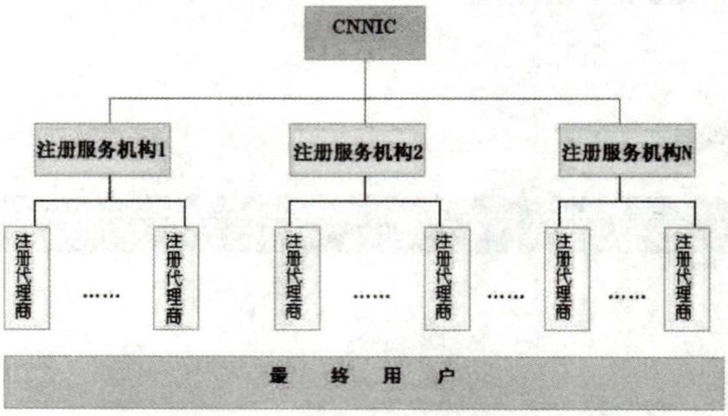

图 9.14　注册服务机构结构图

下面以访问东方网景，注册一个名为“http://www.qdgao21.com”的域名为例，简述注册域名的步骤。

首先在 IE 浏览器中输入的网址“http://www.east.net/”，将网页在浏览器中打开，如图 9.15 所示。

单击“域名服务”，在下拉菜单中选择“英文域名”命令，如图 9.16 所示。

如果想要完成域名注册，必须先注册为该网站的会员。单击“会员注册”按钮，进行会员注册。这个注册仅仅成为东方网景网的用户，所以是免费的。

如图 9.17 所示，在用户注册页面上输入姓名、电子邮件地址、登录密码等，单击“确定”按钮。此时，系统开始检查账号是否符合规定、是否重名等。

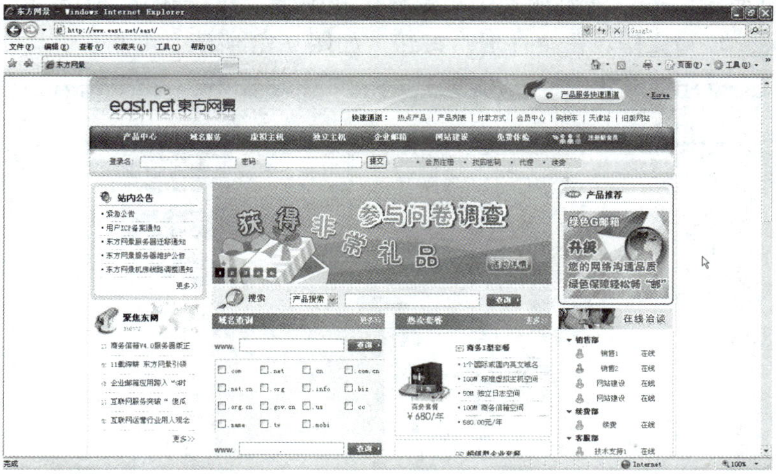

图 9.15　东方网景网

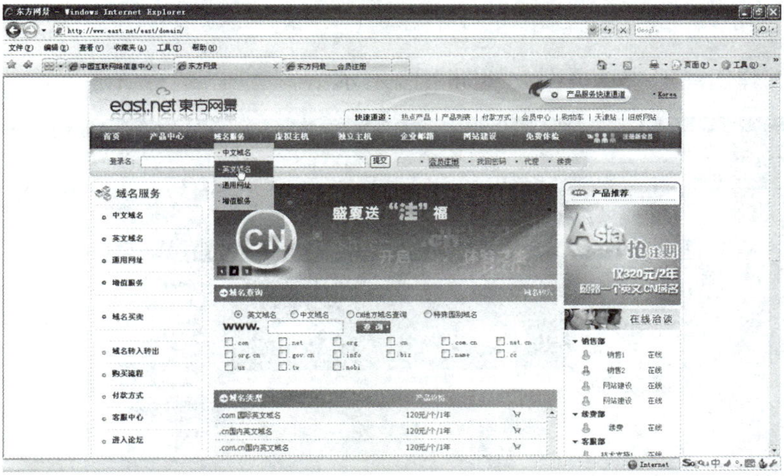

图 9.16　选择“英文域名”命令

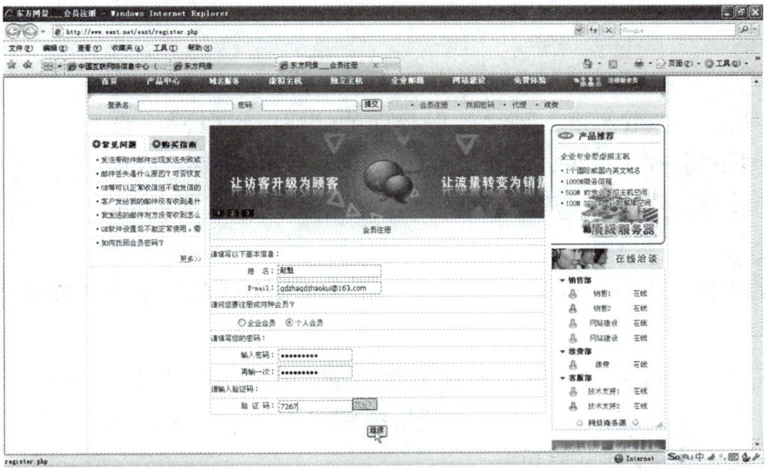

图 9.17　输入账号

在账号通过检查以后，需要输入个人资料，其中带“*”号的必须填写，其他的项目可以有选择地填写。填写完毕单击“注册”按钮，如图 9.18 所示。

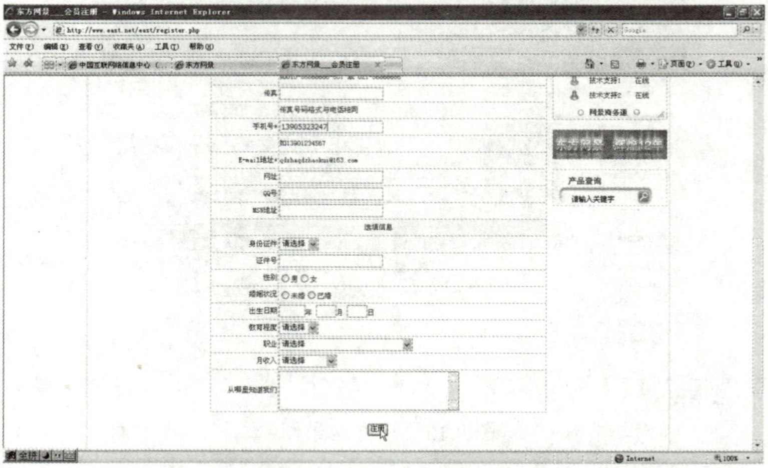

图 9.18　输入个人资料

注册完毕，弹出注册成功页面，如图 9.19 所示。

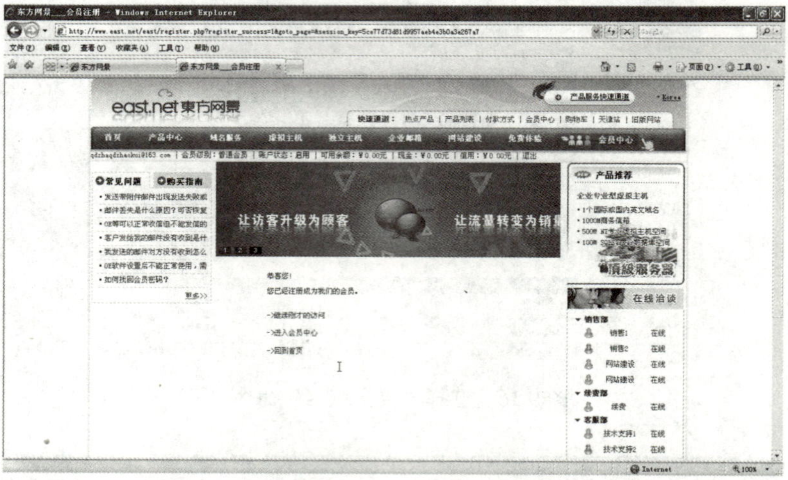

图 9.19　注册成功

如图 9.20 所示，是重新进入域名注册界面的情况，可以发现登录成功后，网页上出现了用户名及账户上的金额。注意，账户上的金额不够交费金额是不能完成注册的，到该网站所在机构交费可以对账户进行充值。选择“英文域名”，输入“qdgao21”，选择“com”，单击“查询”按钮。

在打开的窗口中，单击“放入购物车”按钮，对本次域名注册给予确认，如图 9.21 所示。

在弹出的窗口中，可以看到刚才所注册域名的相关信息，包括价格等。单击“结算”按钮可以完成购买账号的过程，单击“清空”按钮可以取消刚才的操作。如图 9.22 所示是单击“结算”按钮的操作。

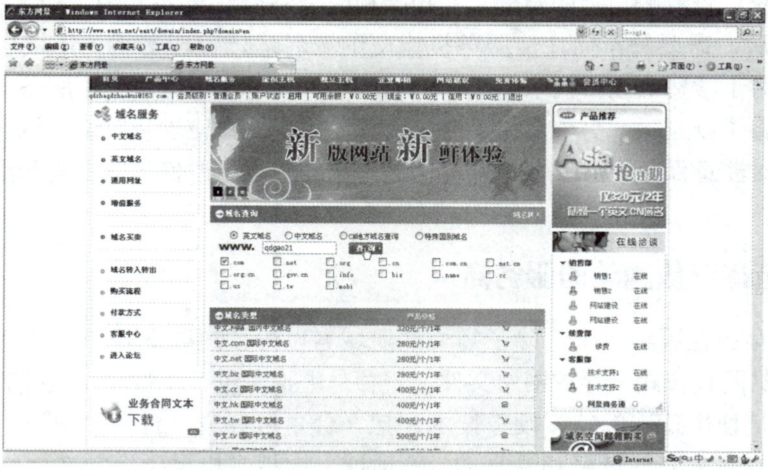

图 9.20　“管理中心”网页

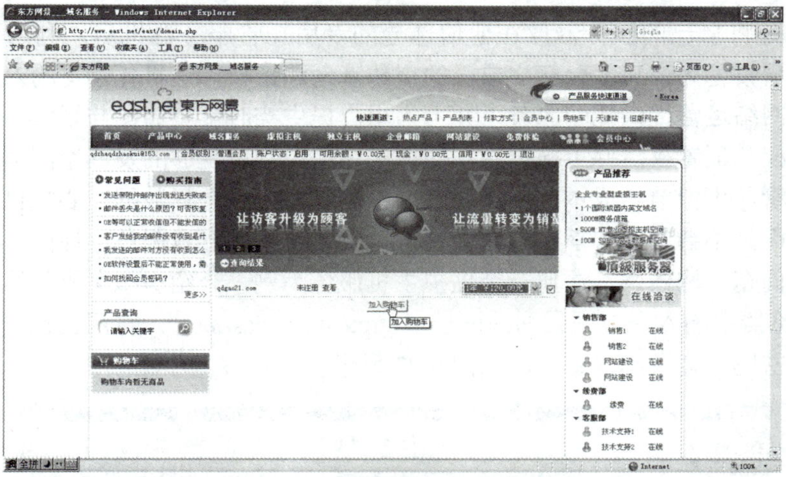

图 9.21　单击“放入购物车”按钮

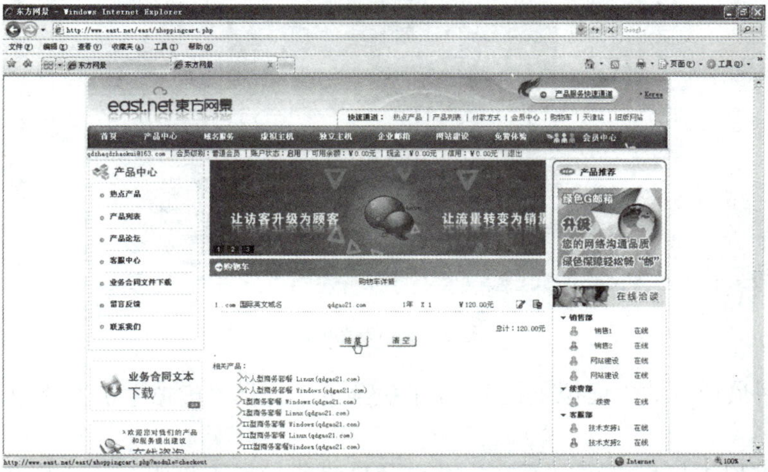

图 9.22　单击“结算”按钮

这时，系统将查看账户上的金额，在扣除相应金额后，24 小时内，域名将开通。

注册域名后，需要每年向注册服务机构交纳域名运行管理费用。年域名续费截止日和申请日相同。对于续费截止日内未完成续费的域名，将暂停服务。暂停服务 15 日仍未完成续费的域名，将予以删除。另外，如果注册信息发生变化，应当及时通知域名注册服务机构加以变更，同时注意保存注册服务机构提供给用户的用于更改信息的密码和用于转移注册服务机构的密码。

9.2.2 选择存放网站的服务商

要将网站存放在因特网上，除了需要注册域名以外，还要选择一个合适的服务商。目前各服务商提供两种方式来存放网站文件，一种是虚拟主机，一种是主机托管。

虚拟主机是使用特殊的软、硬件技术，把一台主机分成一台台“虚拟”的主机，每一台虚拟主机都具有独立的域名和共享的 IP 地址。虚拟主机属于企业在网络营销中比较简单的应用，适合个人或初级建站的中小型企事业单位。这种建站方式，适合于发布简单的信息。

主机托管是将自己的服务器放在通信部分的专用托管服务器机房，利用数据中心的线路、端口、机房设备为信息平台建立自己的宣传基地和窗口。主机托管可为对运行环境有专门要求的高级网络运营提供托管服务，并可为用户提供实时带宽监测与报告。托管用户具有对设备的拥有权和配置权，并可根据用户的需求为用户预留足够的发展空间。对于企业，一般采用主机托管，不但节约成本，用户还可以根据需要灵活选择数据中心提供的线路、端口及增值服务，而且不会因为共享主机而引起主机负载过重，导致服务器性能下降。

下面以访问东方网景网，注册一个虚拟主机服务为例，介绍虚拟主机的注册步骤。

在 IE 浏览器中输入东方网景网的网址“http://www.east.net”，将网页在浏览器中打开。输入用户名和密码，登录到网站上，如图 9.23 所示。

图 9.23　登录网站

然后单击网页顶端的“虚拟主机”，在下拉菜单中选择“虚拟主机”选项，如图 9.24 所示。

在网页“虚拟主机”中可以看到，有多种形式的虚拟主机服务。选择其中的一种，单击“立即购买”按钮，如图 9.25 所示。

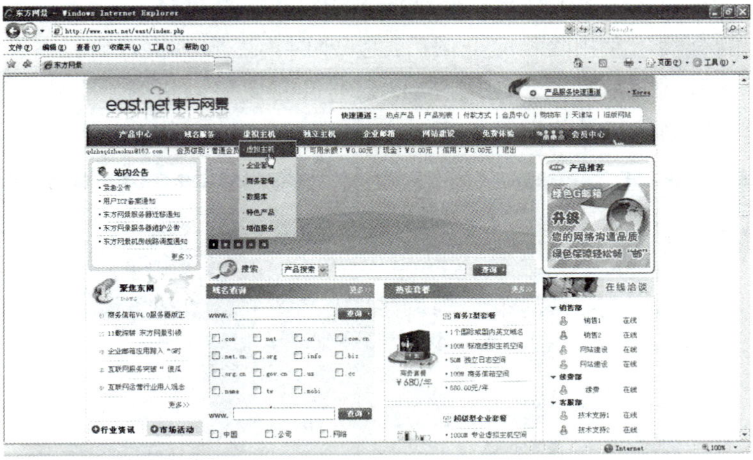

图 9.24　单击“虚拟主机”选项

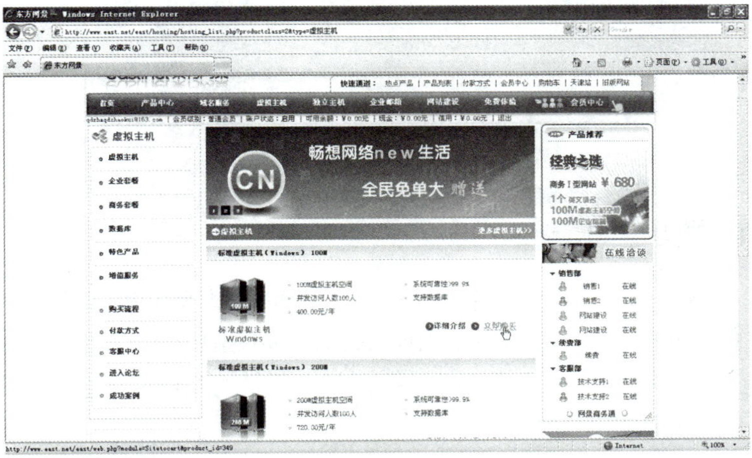

图 9.25　选择一种虚拟主机服务

在弹出的窗口中可以看到提供虚拟主机服务的硬件信息，输入 FTP 账号、密码，以及域名，单击“确定”按钮，如图 9.26 所示。

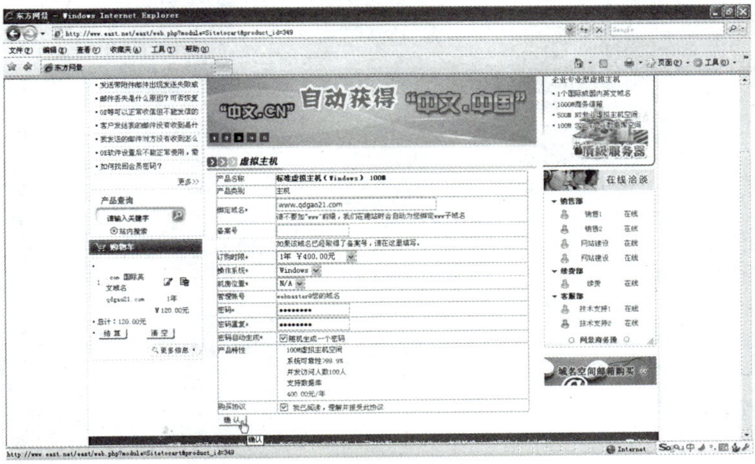

图 9.26　注册虚拟主机服务

如图 9.27 所示，该项购买交易已经被放入购物车。在屏幕左端单击“结算”按钮，系统将查看账户上的金额，在扣除相应金额后，24 小时内，服务将开通。

虚拟主机服务开通之后，通过使用 FTP 账号和密码可以将网站上传到服务中提供的空间上，输入登记的域名就可以将网页打开。

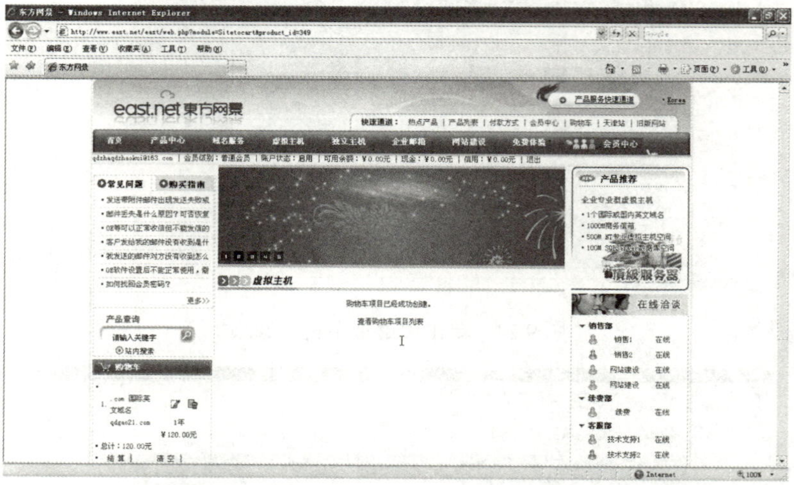

图 9.27　交易成功

9.2.3 申请网页空间

对于中学生来说，支付域名费用，选择虚拟主机，甚至主机托管都是不现实的。其实，提供免费主页空间的服务器有很多，用户只需向其提出申请，在得到答复后，按照说明上传主页即可，主页的域名和空间都免费提供。美中不足的是网站的空间有限，提供的服务一般，域名更不能随心所欲地定。

由于多数服务器在申请额满后会停止申请，所以无法向大家提供这些服务器的准确网址。如图 9.28 所示是“免费吧”搜集的网址，介绍的都是可以提供免费空间的网站。该网站的网址是 http://www.free8.com/kongjian/，读者可以查找一个合适的网站进行注册。

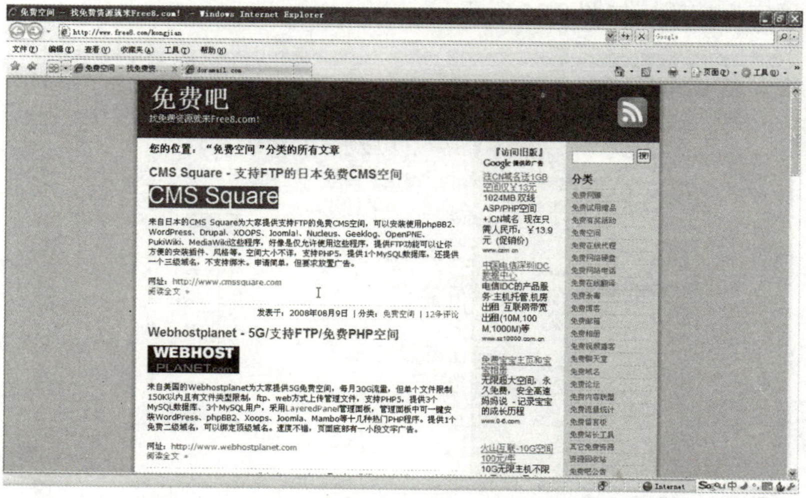

图 9.28　“免费吧”网站

值得注意的是，现在提供 FTP 空间的网站比较少而且许多是在国外。如果用户的英文好，可以去国外的服务器申请，参照“金山词霸”的帮助，成功注册应该不成问题。当然，也可以将主页上传到学校的服务器上。

各个网站的申请过程略有不同，但大同小异。有的网站会要求用户在网页顶端插入广告图片；有的网站会要求用户在论坛发帖，挣取虚拟币，支付使用空间的费用；有的网站会在用户的网站打开时弹出广告窗口等，如果感兴趣，可以试一试。

习题 9

1. 简答题

（1）网站管理包括哪两方面的内容？

（2）网页下载时间是什么意思？

（3）怎样将网页下载时间更换成 512Kbps 速率下的数值？

（4）目前常见的目标浏览器有哪几种？

（5）除了自己建立服务器以外，目前提供网站空间的方式主要有哪两种？

（6）既然有免费网页空间，为什么还有人申请虚拟主机或主机托管服务？

2. 操作题

（1）打开上一章习题编辑过的网站，对网站中的文件进行管理，删除无用的文件，将相关文件放入相应的文件夹。

（2）检查各个网页的网页下载时间、超链接的正确性，以及在不同浏览器中的浏览效果。

（3）在搜狐上搜索关于免费主页空间的信息，登录其中的一个网站，注册并申请一个免费主页空间。

第 10 章　网页的上传

制作网页的最终目的是将网页发布到 Internet 上，让需要的人浏览。所以上传网页是网页制作中的最后一步，也是最重要的一步。

10.1　在 Dreamweaver 中上传网页

不仅仅是网页的制作和网站的管理，Dreamweaver 还提供了网站的上传功能。

10.1.1　配置服务器信息

可以将网页上传到预先申请好空间的服务器上，也可以上传到学校的服务器上。无论上传到哪个服务器上，都要事先知道该服务器管理员提供的用户名和密码，否则上传请求将被服务器拒绝，即需要事先完成配置工作。

首先，在 Dreamweaver 中配置服务器的信息。打开站点后，选择菜单栏上的“站点”→“管理站点”命令，如图 10.1 所示。

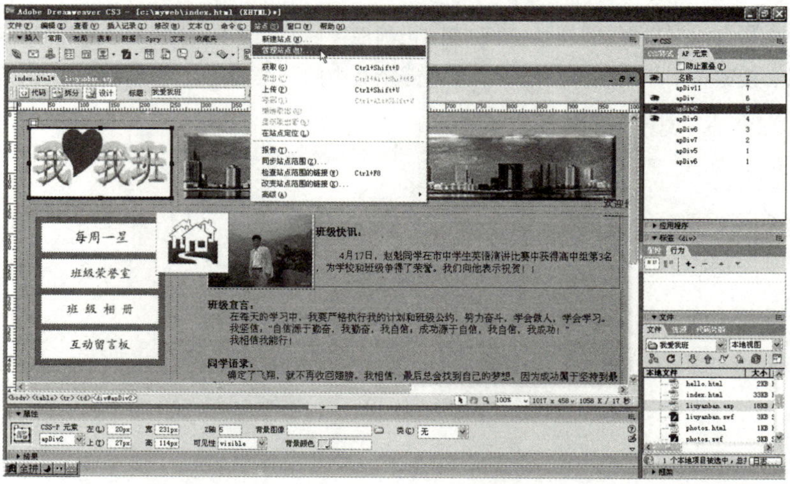

图 10.1　选择“管理站点”命令

在“管理站点”对话框中，选中需要编辑的站点，单击“编辑”按钮，如图 10.2 所示。

在弹出的对话框中，切换到“高级”选项卡。在左侧的“分类”区域内选择“远程信息”，在右侧的“远程信息”区域内单击“访问”右边的▼按钮，在下拉选项中选择“FTP”选项，如图 10.3 所示。

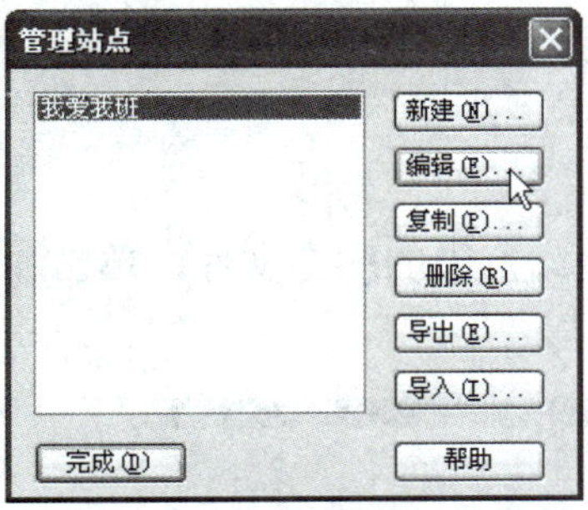

图 10.2　选择要编辑的站点

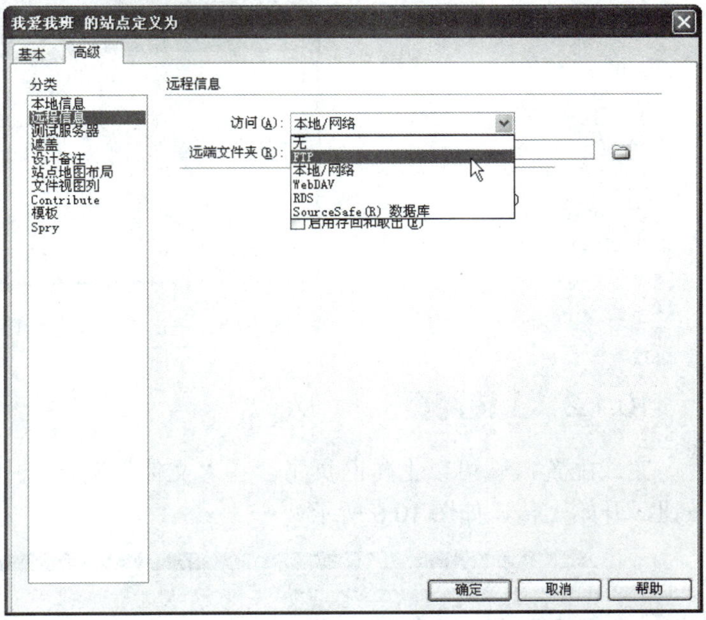

图 10.3　在“访问”栏中选择“FTP”方式

在“FTP 主机”文本框中输入服务器的 IP 地址；在“登录”文本框中输入服务器提供的用户名；在“密码”文本框中输入服务器提供的密码。最后，单击“确定”按钮，如图 10.4 所示。

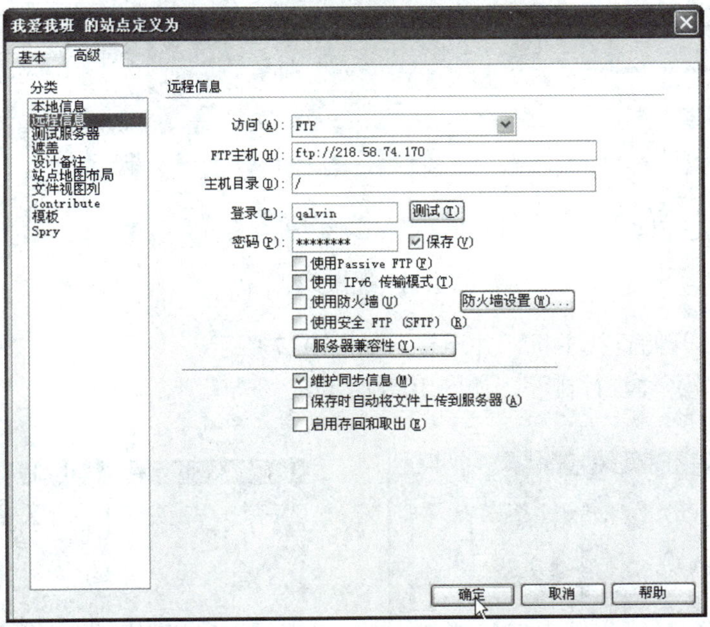

图 10.4　输入信息并确认

在返回的“管理站点”对话框中，单击“完成”按钮，如图 10.5 所示。

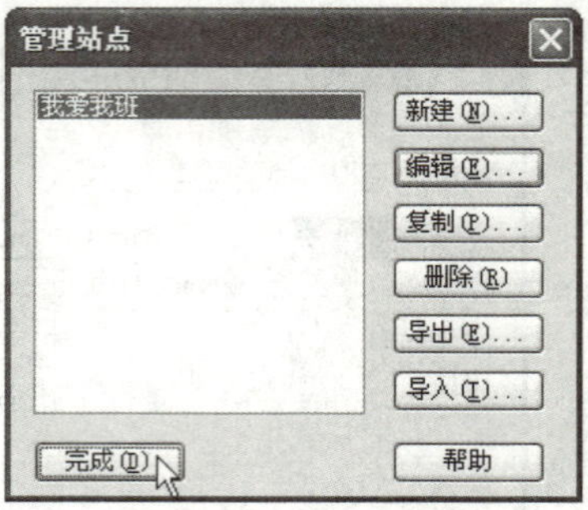

图 10.5　单击“完成”按钮

10.1.2　上传网页

完成配置，就可以上传网页了。在“文件”选项卡中选中站点中的所有文件，单击 按钮，开始上传，如图 10.6 所示。

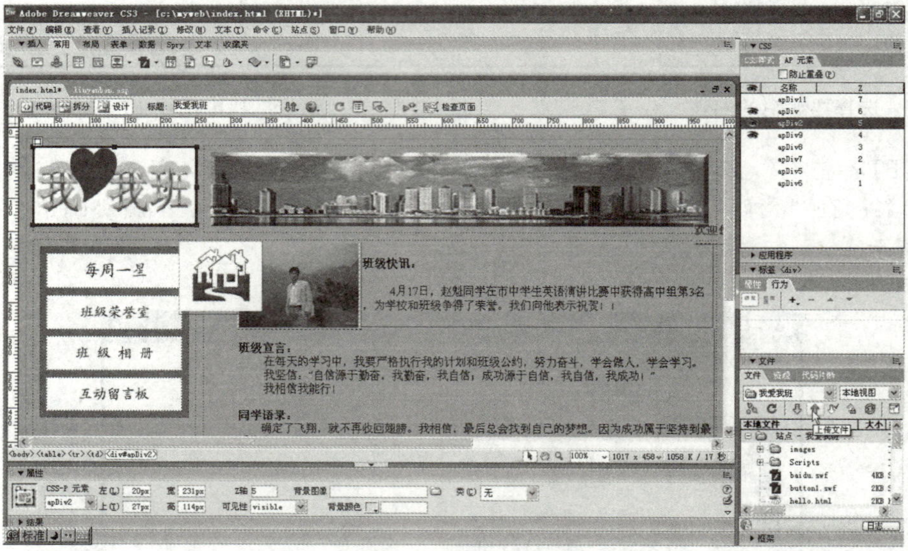

图 10.6　选择文件上传

Dreamweaver 开始查找主机，并连接，如图 10.7 所示。

接下来，先对文件进行排序，如图 10.8 所示。

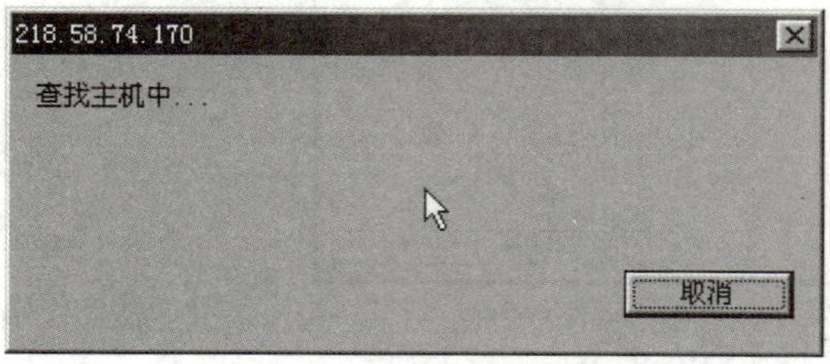

图 10.7　查找主机

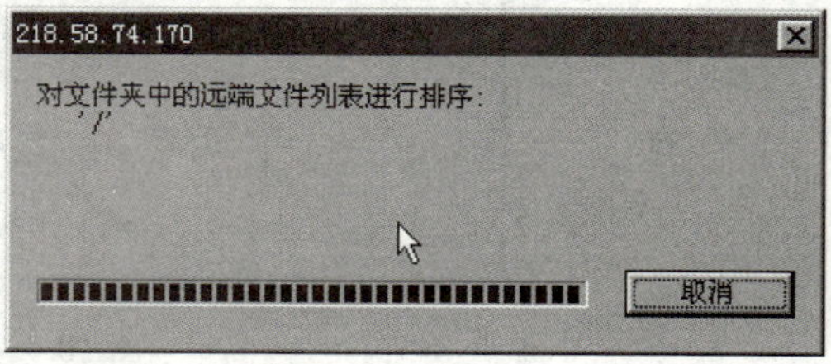

图 10.8　将文件排序

开始上传文件，如图 10.9 所示。

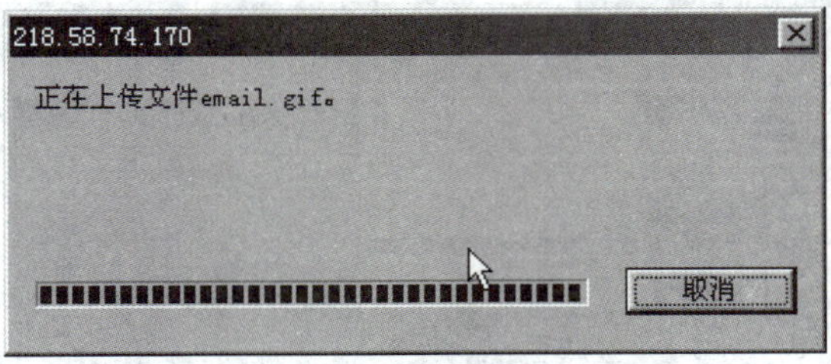

图 10.9　上传文件

10.1.3　浏览上传的网页

上传完毕，在 IE 浏览器中输入服务器提供的网址，上传的网页被打开，如图 10.10 所示。如果对网页的内容不满意，可以重新打开 Dreamweaver 进行修改，然后重新上传。

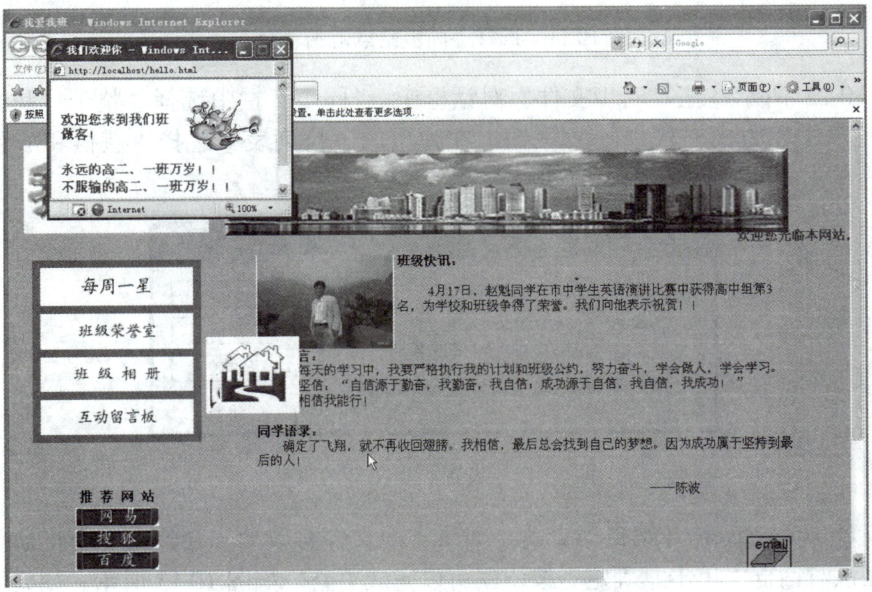

图 10.10　浏览上传的网页

10.1.4　更新网站中的文件

为保证网站的实效性，网站在上传以后还要进行日常的维护，包括网页内容的更改、网页文件的更新与删除，以及其他文件的导入与删除等。所有这些操作，都不必连接到 Internet 上进行，在本机上操作就可以了。在完成修改以后，重新上传网页即可。

由于日常维护网站仅仅对网站中的内容进行小的修改，所以不必将所有的文件都重新上传一遍。Dreamweaver 提供了“同步”命令，该命令会自动检查本地计算机上网站的内容与 Internet 上网站的内容是否一致，然后用完成时间较近的文件覆盖 Internet 上的同名文件，上传 Internet 上缺少的文件，并将无用的文件删除。

选择菜单栏上的“站点”→“同步站点范围”命令，如图 10.11 所示，打开“同步文件”对话框。

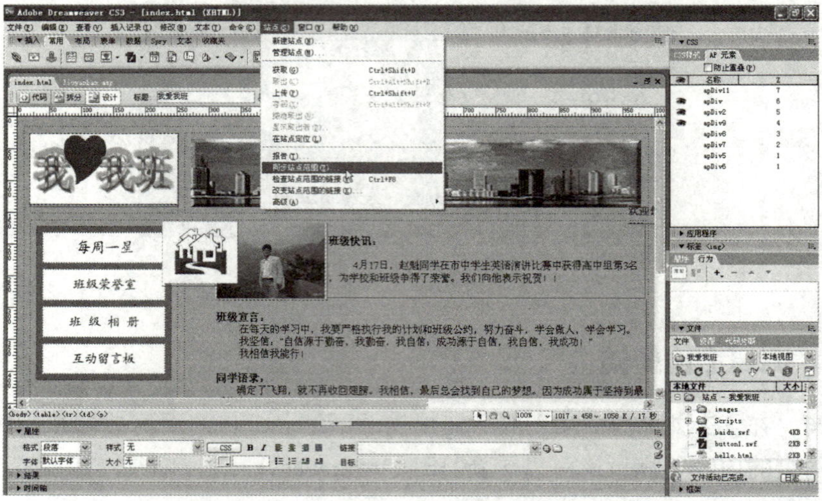

图 10.11　选择“同步站点范围”命令

如图 10.12 所示，在“同步文件”对话框中，“同步”栏中选择“整个‘我爱我班’站点”选项，单击“方向”栏中的按钮，在弹出的下拉列表中选择“获得和放置较新的文件”选项，单击“预览”按钮。

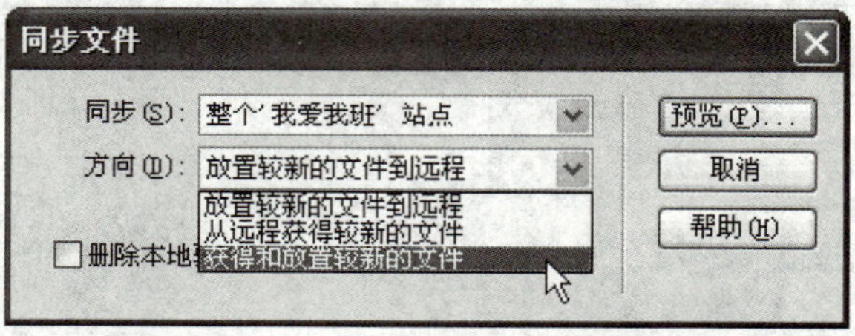

图 10.12　设置同步文件的属性

此时，Dreamweaver 开始自动更新，如果本地文件有改动，会弹出一个将被更新的文件对话框，在该对话框中单击“确定”按钮就可以完成更新，如图 10.13 所示。如果没有本地文件与服务器上的文件一致，Dreamweaver 会弹出如图 10.14 所示的没有必要更新的警告框。

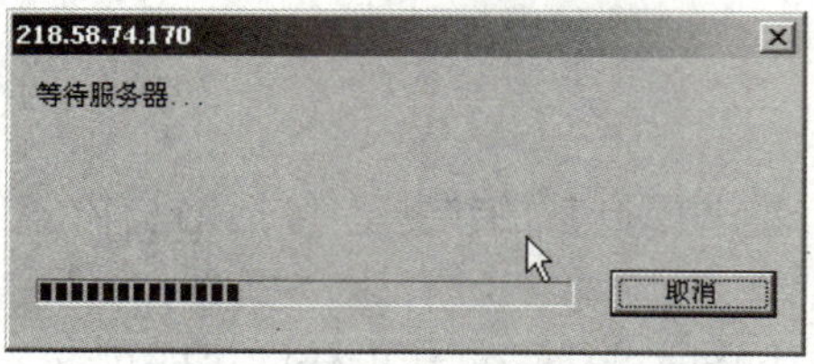

图 10.13　正在与服务器联系

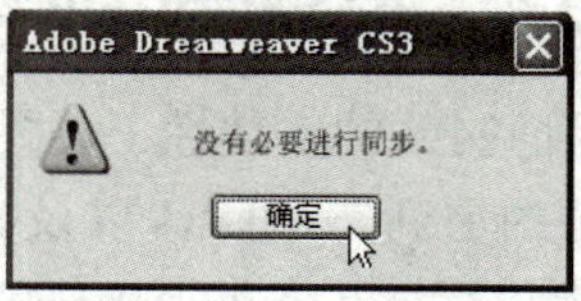

图 10.14　Dreamweaver 警告框

10.2　使用 FTP 软件上传网页

网页制作工具，无论是 Dreamweaver 还是 Frontpage，都可以直接将制作完成的网页上传到 Internet 服务器上。但这些软件都有一定的局限性，例如，它们的上传功能都不支持续传功能，当由于网络原因而导致上传网页的操作被意外终止，在下次上传时，还需要将计算机上的网站文件与 Internet 服务器上的网站文件进行比较，浪费了一定的时间和资源，并且，在上传网页的过程中，不能直观地看到服务器上的文件及文件夹的情况。

使用 FTP 软件上传网页可以很好地解决这个问题。

10.2.1　配置站点信息

下面以使用 FlashFXP 为例，介绍使用 FTP 软件上传网页的方法。FlashFXP 是一款比较优秀的 FTP 软件，使用它不仅可以将 Internet 上的文件下载到计算机上，还可以将网页文件上传到 Internet 中的服务器上。

在桌面上双击 FlashFXP 图标，就可以启动该软件。在上传网页前，应该先将存放网页的 Internet 服务器的相关信息配置一下。

选择菜单栏上的“站点”→“站点管理器”命令，如图 10.15 所示。

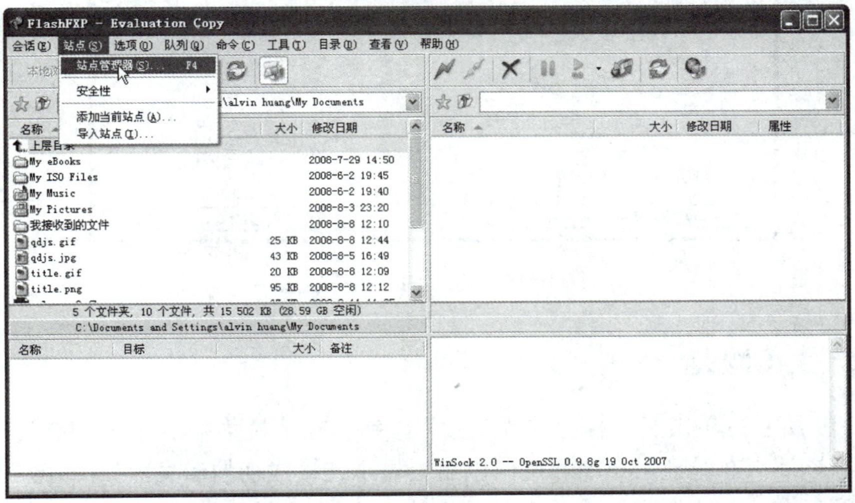

图 10.15　选择“站点管理器”命令

在“站点管理器”对话框中单击“新建站点”按钮，如图 10.16 所示。

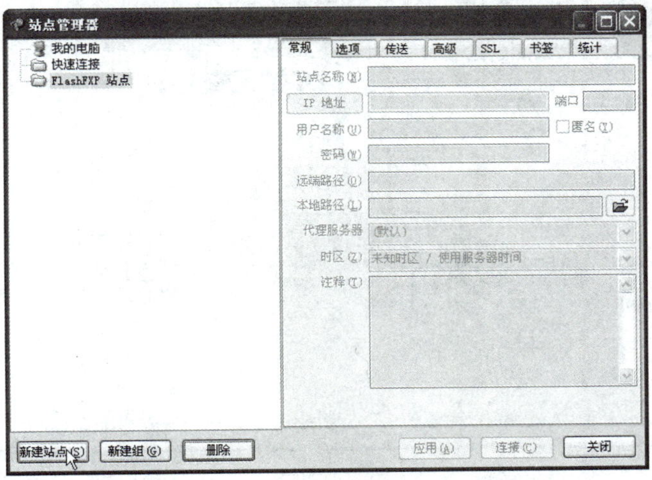

图 10.16　单击“新建站点”按钮

图 10.17　输入站点名称

在打开的“创建站点”对话框中输入站点名称“我爱我班”，单击“确定”按钮，如图 10.17 所示。

在“站点管理器”对话框中输入 FTP 服务器的地址及用户名称和密码等，最后单击“应用”按钮，完成配置，如图 10.18 所示。

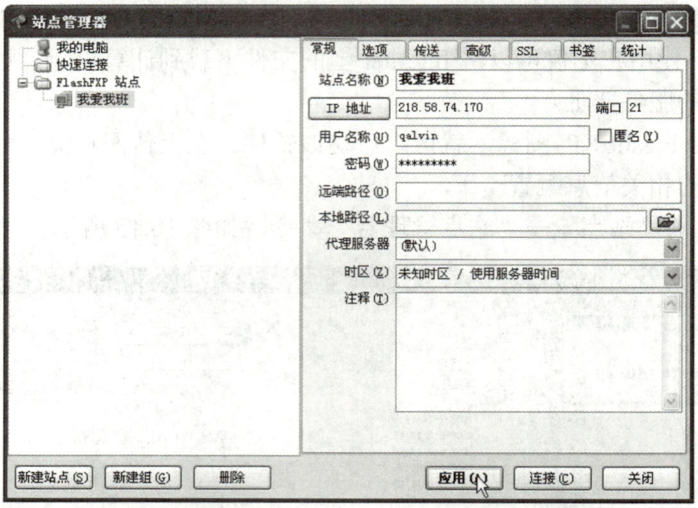

图 10.18　输入 FTP 相关信息

10.2.2　上传网页

如图 10.19 所示，单击工具栏上的“连接”按钮，在下拉菜单中选择 FTP 站点连接名称“我爱我班”，该站点在验证用户名和密码以后会显示连接成功的信息，如图 10.20 所示。连接成功后，窗口左边为本地硬盘上的文件，右边为 FTP 服务器上的文件，将左边窗口中的文件拖动到右边窗口就是上传文件；而将右边窗口中的文件拖动到左边窗口就是下载文件。

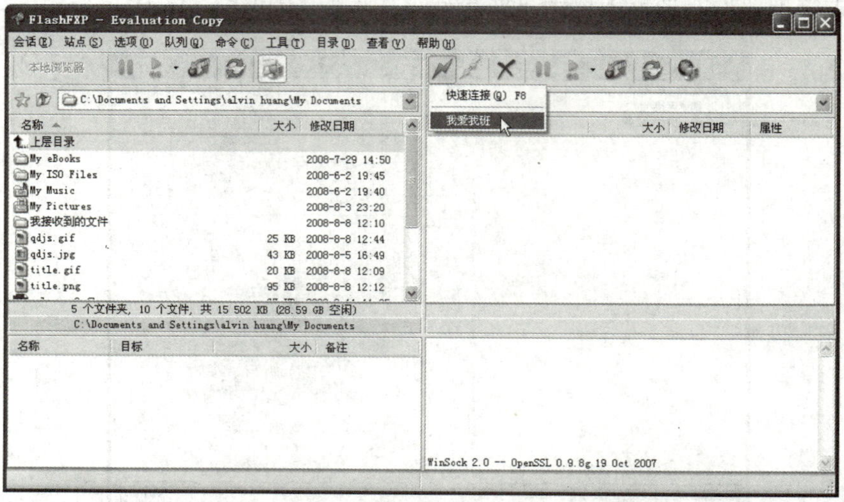

图 10.19　连接 FTP 站点

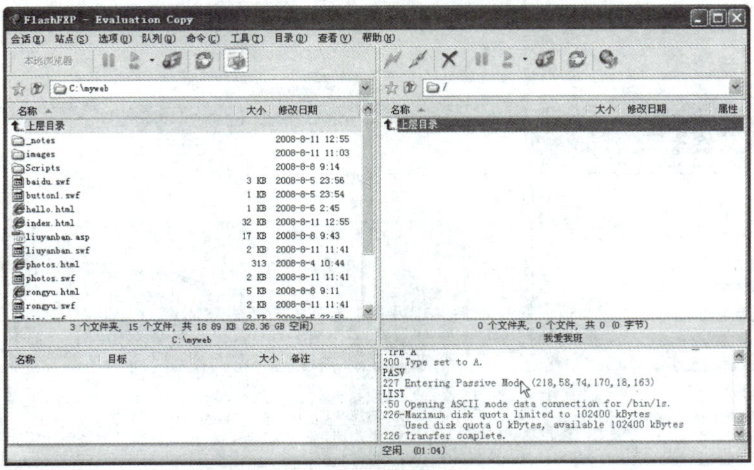

图 10.20　连接成功

如图 10.21 所示，选中网站中所有的文件和文件夹，拖动鼠标，将网站文件拖动到右边的窗口中，松开鼠标，网页文件开始上传，如图 10.22 所示。

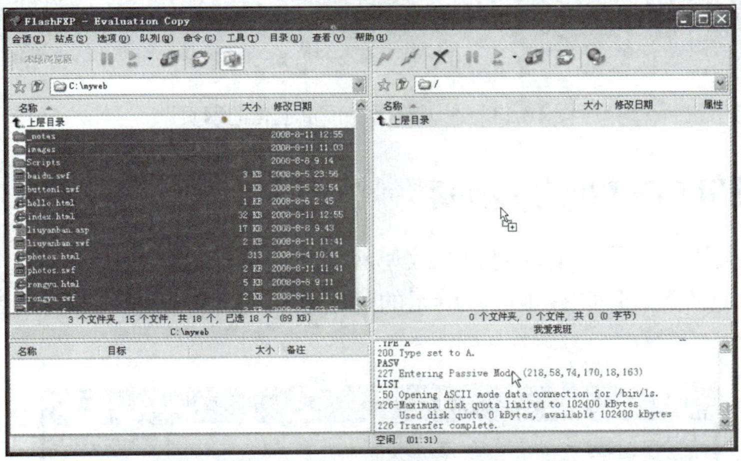

图 10.21　拖动文件到右边窗口

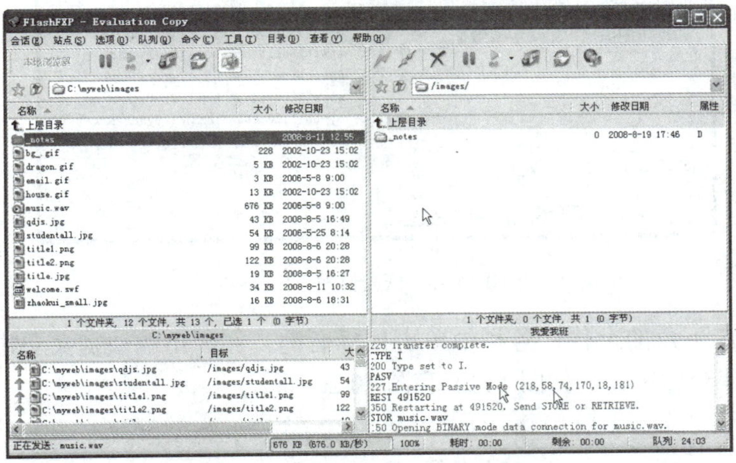

图 10.22　文件开始上传

上传完毕，关闭 FlashFXP。在 IE 浏览器中输入网址，便可以看到上传的网页，如图 10.23 所示。

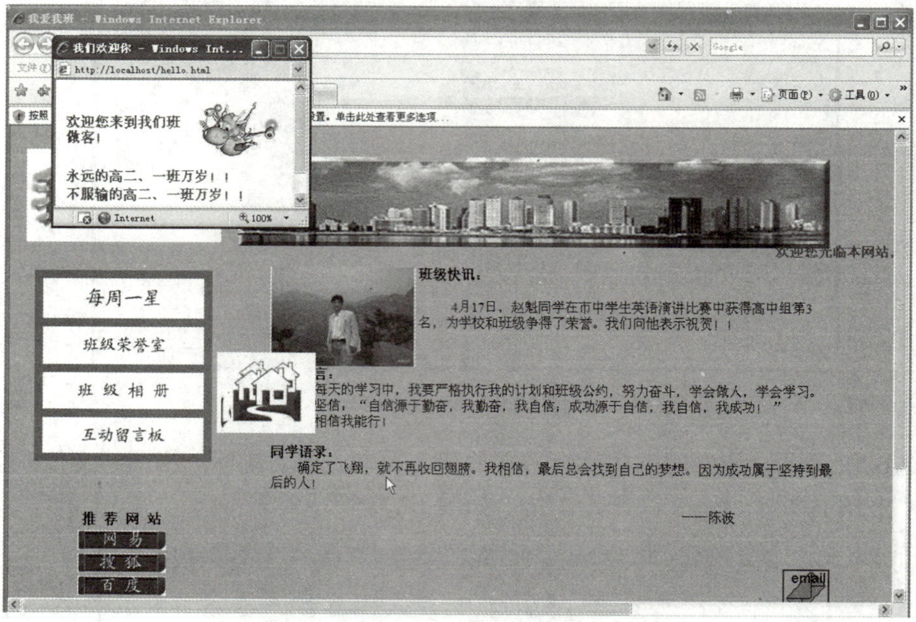

图 10.23　在浏览器中预览上传的网页

10.2.3　使用 FTP 软件续传网页

如果网页在上传的过程中出现问题，致使网页无法正确上传到 Internet 上，在下一次启动 FlashFXP 时，就会弹出如图 10.24 所示的“恢复队列”对话框，单击“载入”按钮将任务载入到程序中。

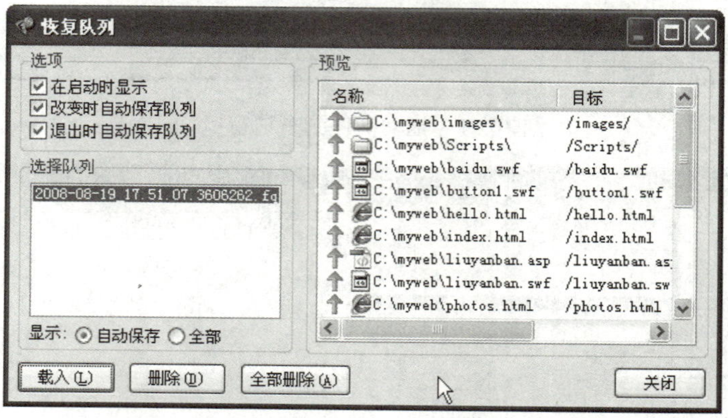

图 10.24　“恢复队列”对话框

然后在窗口左下角的上传任务栏中单击鼠标右键，在弹出的快捷菜单中选择“传送队列”命令，文件即开始续传，如图 10.25 和图 10.26 所示。

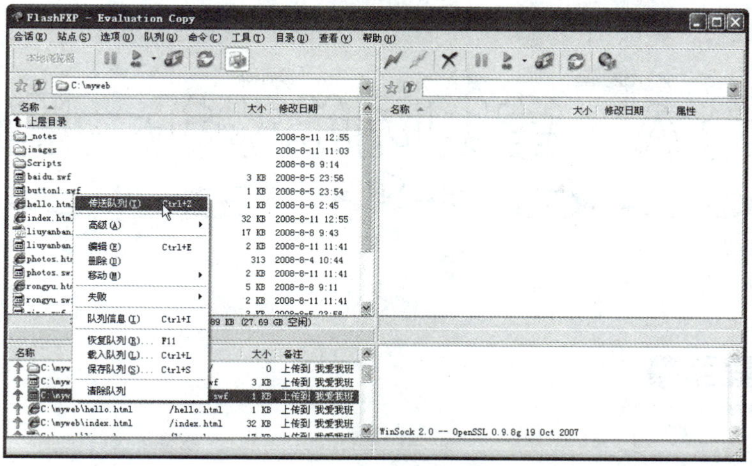

图 10.25　在快捷菜单中选择“传送队列”命令

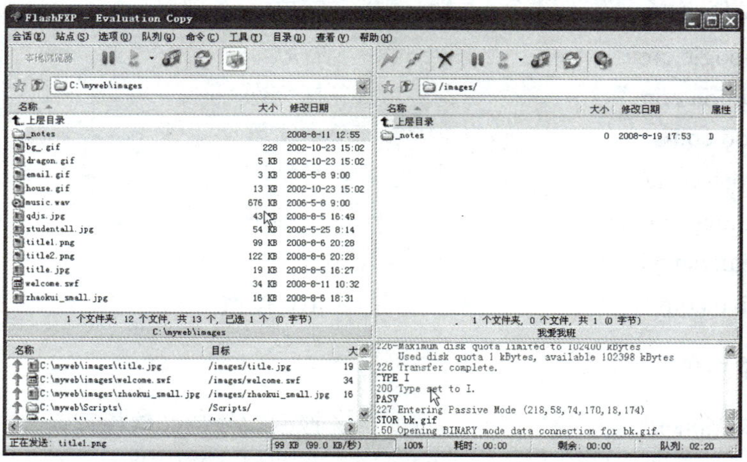

图 10.26　文件开始续传

习题 10

1. 简答题

（1）在使用 Dreamweaver 上传网页前为什么要配置服务器信息？

（2）简述使用 Dreamweaver 上传网页的步骤。

（3）使用 Dreamweaver 上传网页有什么局限性？

（4）简述使用 FlashFXP 上传网页的步骤。

2. 操作题

（1）使用 Dreamweaver 将前面几章习题中制作的网页上传到服务器上。

（2）使用 FTP 软件将前面几章习题中制作的网页上传到服务器上，注意服务器关于覆盖文件的提示信息。

附录A 常用网站地址一览表

A.1 搜索引擎

1. 中文搜索引擎

http://www.baidu.com	百度
http://www.google.com	谷歌
http://www.sogou.com/	搜狗网
http://cn.yahoo.com	中文雅虎
http://www.soso.com/	搜搜网
http://www.zhongsou.com/	中搜网
http://www.tianwang.com/	天网
http://www.live.com/	live 搜索

2. 特色搜索引擎

http://www.soft8.net/	搜索软件吧（软件搜索）
http://www.wensou.com/	文搜网（文学搜索）
http://news.baidu.com/	百度新闻（新闻搜索）
http://mp3.baidu.com/	百度 MP3（MP3 搜索）
http://image.baidu.com/	百度图片（图片搜索）
http://map.baidu.com/	百度地图（地图搜索）
http://wireless.baidu.com/	百度手机搜索（手机搜索）
http://video.baidu.com/	百度视频搜索（视频搜索）

3. 英文搜索引擎

http://www.search.com/	Search
http://www.lycos.com	LYCOS
http://www.blinkx.com/	Blinkx
http://www.alltheweb.com/	alltheweb

A.2 中文热门网点

http://www.cnnic.cn	中国互联网络信息中心
http://www.163.com	网易
http://www.sina.com.cn	新浪
http://www.cctv.com	中央电视台
http://www.peopledaily.com.cn	人民网
http://www.xinhuanet.com/	新华网
http://www.chinainfo.gov.cn	中国科技信息
http://www.sc.cninfo.net	天府热线
http://www.chinabyte.com	天极网
http://www.webunion.com	网盟

A.3 网上博物馆

http://www.sunsite.unc.edu/wm/paint	网上绘画博物馆
http://www.thinker.org	旧金山艺术博物馆
http://www.paris.org/	巴黎博物馆

A.4 网上教育

http://www.dlc.sjtu.edu.cn/	上海交大远程教育中心
http://www.gre.org	GRE 考试

A.5 网上图书馆

http://www.lib.tsinghua.edu.cn/	清华大学图书馆
http://lcweb.loc.gov/homepage/lchp.html	美国国会图书馆
http://www.nlc.gov.cn	中国国家图书馆
http://www.szlib.gov.cn/	深圳图书馆
http://www.lib.pku.edu.cn	北京大学图书馆
http://www.library.fudan.edu.cn/	复旦大学图书馆

A.6 网上报刊

http://www.chinadaily.com.cn/	中国日报
http://www.economicdaily.com.cn/	经济日报
http://www.ittime.com.cn/	IT 时代周刊

http://www.dzwz.org/	读者文摘
http://www.cpcw.com	电脑报
http://media.ccidnet.com/col/2611/2611.html	中国计算机报
http://www.computerworld.com.cn/	计算机世界日报
http://www.cfan.com.cn/	电脑爱好者
http://www.swm.com.cn/	软件世界
http://www.popsoft.com.cn/	大众软件

A.7 影视网址

http://www.oscar.com	奥斯卡金像奖
http://www.hollywood.com/	好莱坞
http://www.warnerbros.com/web/main/movies/movies.jsp	华纳兄弟公司
http://disney.go.com/	迪斯尼
http://www.mgmua.com/	米高梅
http://www.fox.com/home.htm	20 世纪福克斯
http://www.cctv.com.cn/	中国中央电视台
http://www.asiatvbiz.com/	亚洲电视
http://www.startv.com/	香港卫视
http://abc.go.com/	美国广播公司
http://www.bbc.com	英国广播公司

A.8 网上旅游

http://www.whitehouse.gov	白宫
http://www.nps.gov	美国国家公园
http://www.visit.hawaii.org	夏威夷
http://www.francetourism.com	法国
http://www.travel.it	意大利
http://www.atn.com.au	澳大利亚
http://www.louvre.fr/	卢浮宫
http://asiatour.gogocn.com/	亚洲旅游网
http://www.chinavista.com	中国指南
http://china-window.com	中国之窗

A.9 网上体育

http://www.espnstar.com.cn/new/default.htm	ESPN 体育网
http://www.fifa.com	国际足联

http://www.nba.com	NBA 主页
http://www.weiqi.com.cn	中国围棋网
http://www.sport.gov.cn	国家体育总局
http://www.acmilan.it	AC 米兰俱乐部
http://www.juventus.it	尤文图斯俱乐部
http://www.inter.it	国际米兰俱乐部
http://www.gaf.citic.com/	北京国安俱乐部
http://www.shidefc.com/	大连实德足球俱乐部
http://www.lnts.com.cn/	山东鲁能泰山足球俱乐部
http://www.zhongnengfc.com/	青岛中能足球俱乐部

A.10　中国高校网址

http://www.tsinghua.edu.cn	清华大学
http://www.pku.edu.cn	北京大学
http://www.zju.edu.cn	浙江大学
http://www.bupt.edu.cn	北京邮电大学
http://www.njtu.edu.cn	北方交通大学
http://www.bnu.edu.cn	北京师范大学
http://www.ruc.edu.cn	中国人民大学
http://www.ccom.edu.cn	中央音乐学院
http://www.crtvu.edu.cn	中央广播电视大学
http://www.tju.edu.cn	天津大学
http://www.nankai.edu.cn	南开大学
http://www.hit.edu.cn	哈尔滨工业大学
http://www.sjtu.edu.cn	上海交通大学
http://www.fudan.edu.cn	复旦大学
http://www.tongji.edu.cn	同济大学
http://www.ecnu.edu.cn	华东师范大学
http://www.nju.edu.cn	南京大学
http://www.ustc.edu.cn	中国科技大学
http://www.sdu.edu.cn	山东大学
http://www.ouc.edu.cn/	中国海洋大学
http://www.hust.edu.cn	华中理工大学
http://www.whu.edu.cn	武汉大学
http://www.lnu.edu.cn	辽宁大学
http://www.nudt.edu.cn	国防科技大学
http://www.uestc.edu.cn	电子科技大学
http://www.cqu.edu.cn	重庆大学
http://www.xjtu.edu.cn	西安交通大学
http://www.nwpu.edu.cn	西北工业大学

读者意见反馈表

书名：网页制作基础教程（Dreamweaver CS3 版）　　主编：黄洪杰　王　军　　策划编辑：关雅莉

谢谢您关注本书！烦请填写该表。您的意见对我们出版优秀教材、服务教学都十分重要。如果您认为本书有助于您的教学工作，请您认真地填写表格并寄回。**我们将定期给您发送我社相关教材的出版资讯或目录，或者寄送相关样书。**

个人资料

姓名＿＿＿＿＿年龄＿＿＿联系电话＿＿＿＿＿＿（办）＿＿＿＿＿＿（宅）＿＿＿＿＿＿（手机）

学校＿＿＿＿＿＿＿＿＿＿＿＿＿＿＿专业＿＿＿＿＿＿职称/职务＿＿＿＿＿＿

通信地址＿＿＿＿＿＿＿＿＿＿＿＿＿＿＿邮编＿＿＿＿＿＿E-mail＿＿＿＿＿＿

您校开设课程的情况为：

本校是否开设相关专业的课程　□是，课程名称为＿＿＿＿＿＿＿＿＿＿＿＿＿＿＿□否

您所讲授的课程是＿＿＿＿＿＿＿＿＿＿＿＿＿＿＿＿＿课时＿＿＿＿＿＿

所用教材＿＿＿＿＿＿＿＿＿＿＿＿＿出版单位＿＿＿＿＿＿＿＿＿＿印刷册数＿＿＿＿

本书可否作为您校的教材？

□是，会用于＿＿＿＿＿＿＿＿＿＿＿＿＿课程教学　□否

影响您选定教材的因素（可复选）：

□内容　□作者　□封面设计　□教材页码　□价格　□出版社

□是否获奖　□上级要求　□广告　□其他＿＿＿＿＿＿＿＿＿＿＿＿

您对本书质量满意的方面有（可复选）：

□内容　□封面设计　□价格　□版式设计　□其他＿＿＿＿

您希望本书在哪些方面加以改进？

□内容　□篇幅结构　□封面设计　□增加配套教材　□价格

可详细填写：＿＿＿＿＿＿＿＿＿＿＿＿＿＿＿＿＿＿＿＿＿＿＿＿＿＿＿＿＿＿

＿＿＿＿＿＿＿＿＿＿＿＿＿＿＿＿＿＿＿＿＿＿＿＿＿＿＿＿＿＿＿＿＿＿＿＿

您还希望得到哪些专业方向教材的出版信息？

＿＿＿＿＿＿＿＿＿＿＿＿＿＿＿＿＿＿＿＿＿＿＿＿＿＿＿＿＿＿＿＿＿＿＿＿

感谢您的配合，可将本表按以下方式反馈给我们：

【方式一】电子邮件：登录华信教育资源网（http://www.hxedu.com.cn/resource/OS/zixun/zz_reader.rar）下载本表格电子版，填写后发至 ve@phei.com.cn

【方式二】邮局邮寄：北京市万寿路 173 信箱华信大厦 902 室　中等职业教育分社　（邮编：100036）

如果您需要了解更详细的信息或有著作计划，请与我们联系。

电话：010-88254475；88254591

反侵权盗版声明

举报电话：（010）88254396；（010）88258888

传　　真：（010）88254397

E-mail：　dbqq@phei.com.cn

通信地址：北京市万寿路 173 信箱

电子工业出版社总编办公室

邮　　编：100036